Frauenpersönlichkeiten in Weimar
zwischen Nachklassik und Aufbruch in die Moderne

Stadtrundgänge WEIMAR WEIBLICH
Heft 2

Frauenpersönlichkeiten in Weimar zwischen Nachklassik und Aufbruch in die Moderne

Herausgegeben von Ulrike Müller
in Zusammenarbeit mit der
Landeszentrale für politische Bildung
Thüringen

Stadtrundgänge WEIMAR WEIBLICH, Heft 2

Die Deutsche Bibliothek - CIP-Einheitsaufnahme

Frauenpersönlichkeiten in Weimar zwischen Nachklassik und Aufbruch in die Moderne / hrsg. von Ulrike Müller in Zusammenarbeit mit der Landeszentrale für Politische Bildung Thüringen. [Beitr. von Renate Ragwitz ...] – Weimar : VDG, Verl. und Datenbank für Geisteswiss., 1999
(Stadtrundgänge Weimar weiblich ; H. 2)
ISBN 3-89739-066-3

Impressum

Verlag und Herausgeberin haben sich nach besten Kräften bemüht,
die erforderlichen Reproduktionsrechte für alle Abbildungen einzuholen.
Für den Fall, daß wir etwas übersehen haben, sind wir für Hinweise der LeserInnen dankbar.

Projektkoordination: Ulrike Müller, Eva Müller
Redaktion: Ulrike Müller
Gestaltung: Katharina Hertel

ISBN 3-89739-066-3

Beiträge von
Renate Ragwitz · Ulrike Müller
Christa Schleevoigt
Eva Schwarzenberger

Kulturinitiative
WEIMAR WEIBLICH
des Frauenpolitischen Runden Tisches
der Stadt Weimar

SOPHIE ROEHR
verw. SICKLER geb. SCHICK
deren Schwest
ELISE SC
MALERIN
TIER PSYCHO
MATHILD
VON FREYT
LORINGHO
1860 - 194
IN MEMOR
Hier ruht
unsere gute Mutter
Grossmutter
Frau Clara Raumer
geb. Beÿlich
11. April 1823 † 25. Mai 1910
AMALIE
HUFELAND,
GEB. HÄUBLEIN
✱ d. 4. Novbr. 1822 † d. 28. Jan. 1892
FRÄULEIN LUISE
HUFELAND,
Dame d. Grofsh. Carl Friedrichstifte
HIER
RUHT NEBEN IHM SEINE GATTIN
FRAU AMALIE HENRIETTE
RIESSNER GEB. HASE,
geb. zu Stadt Sulza den 13. De. 1774,
gest. zu Weimar den 10. Juli 1849.
Eine treue Lebensgefährtin,
Marie-Seeb
Stiftung
TERSHEIME DER DEUTSCHEN BÜHN
DELHEID VON SCH
HENRIETTE
V. SCHORN
GEB. FREYIN V. STEIN
B. IN NORDHEIM XXIV. DEC. MDCCCVII
EST. IN WEIMAR XVII. MAI MDCCCLXIX

Inhalt

4. Rundgang

5. Rundgang

VORWORT

WEIMAR WEIBLICH – eine Stadt gesehen mit weiblichen Augen und beschrieben von Frauen für Frauen und interessierte Männer.
Das erste Heft der Reihe Stadtrundgänge WEIMAR WEIBLICH mit der Thematik „Frauenpersönlichkeiten der Weimarer Klassik" fand große Resonanz im Land Thüringen und über dessen Grenzen hinaus.
Im Kulturstadt-Jahr „Weimar 99" erscheint nun das zweite Heft „Frauenpersönlichkeiten in Weimar – zwischen Nachklassik und Aufbruch in die Moderne". Ein guter Anlaß für unser Projekt, da sich viele Augen auf Weimar richten, viele Besucherinnen und Besucher in die Stadt kommen.
WEIMAR WEIBLICH – die Kulturstadtinitiative des Frauenpolitischen Runden Tisches – und die Landeszentrale für politische Bildung in Thüringen führen das gemeinsame Vorhaben fort, indem sie anhand von ausgewählten thematischen Stadtrundgängen Frauenorte und Frauenpersönlichkeiten der „Nachklassik und des Aufbruchs in die Moderne" vorstellen. Das Leben und das Wirken von Frauen in Weimar, von denen die meisten nur am Rande der Geschichtsschreibung vermerkt sind und trotzdem für ‚Turbulenzen' gesorgt haben. Dies in einer Zeit, geprägt von Revolution und Restauration, in Weimar einerseits von einem traditionellen Kulturkonservatismus, andererseits von einem kosmopolitischen Liberalismus und – vor allem im Bildungsbereich – einer zum Teil doch recht progressiven ‚Frauen-Bewegtheit'. Das Leben und Arbeiten dieser Frauen hat Zeitgeschichte mitbestimmt, ist für die kulturelle und politische Bildung von und für Frauen bis heute von Bedeutung. Frauen nehmen ihre eigene Geschichte in die Hand – ein Zeichen von Aufbruch.
Dieses Heft führt die Leserinnen und Leser in die Moderne, schafft den Übergang zu den nachfolgenden Themen der Reihe: Frauen am Bauhaus, Frauen in der Weimarer Republik, Frauen während der Zeit des Nationalsozialismus, Frauen in der DDR und leitet bis in die Gegenwart hinein.
Dank an dieser Stelle an die Autorinnen des Heftes, die durch ihr gemeinsames Interesse an diesem Projekt ein Ergebnis vorlegen, das eine große Lebendigkeit, eine jeweilige Identifikation mit dem Inhalt aufzeigt und Leserinnen und Leser zur Auseinandersetzung mit der Geschichte der Frauen in Weimar ermuntert.
Machen Sie sich auf den Weg, zu Fuß, mit dem Fahrrad – aber bitte: Immer den Frauen nach!

Eva Müller
Landeszentrale für politische Bildung Thüringen

Es gibt viele Gründe, Weimar 1999 einen Besuch abzustatten. Die Kulturstadt Europas lädt ein zu vielfältigen Veranstaltungen und kulturellen Höhepunkten, eingerahmt in ein historisches Umfeld, das die Besucherinnen und Besucher aus aller Welt in seinen Bann zieht. Für die Gestaltung eines solchen Besuches gibt es mit dem vorliegenden zweiten Heft eine Anregung, auf die sich einzulassen ich alle Leserinnen und Leser herzlich einladen möchte. Das erste Heft leiteten die Autorinnen mit dem Hinweis ein, man wolle Kontinuität in dieses Projekt bringen. Sie haben Wort gehalten und ich freue mich, daß wir uns jetzt auf einen Weimar-Rundgang der besonderen Art, aus einer Perspektive, die ebenso unspektakulär wie faszinierend ist, begeben können. Frauenpersönlichkeiten und Frauenorte Weimars zu porträtieren ist kein einfaches, aber ein sehr lohnendes Unterfangen. Es ist eine vorzügliche Gelegenheit, die vielfachen gesellschaftlichen, sozialen, politischen, kulturellen, ja historischen Leistungen von Frauen, die in Weimar gelebt und gewirkt haben, nachzuerzählen und zu würdigen. Neue Sichtweisen, jenseits von Geschichtsbuchdaten mit ihrer überwiegend männlichen Prägung, werden dadurch ermöglicht.

Frauengeschichte in Weimar wird sichtbar gemacht, Greifbares, Nachvollziehbares, Menschliches bringt uns Leserinnen und Lesern sowohl die einzelnen Persönlichkeiten als auch das so ambivalente Weimar näher. Die Stadt, seit 1945 mit den Worten Anna Seghers *„der beste und schlechteste"* Ort deutscher Geschichte zugleich, hatte in der zweiten Hälfte des 19. Jahrhunderts nicht mehr die herausragende Position als Geisteszentrum wie noch hundert Jahre zuvor und steckte wie das ganze Land mitten in der Restauration. Damit verbunden war auch die Rückkehr zu traditionellen Frauenbildern. Erzieherin oder Ehefrau und Mutter – so läßt sich weitgehend die Alternative beschreiben, vor die Frauen sich gestellt sahen. Gleichzeitig gab es aber eine Vielzahl von Aufbrüchen, etwa die Gründung des „Allgemeinen Deutschen Frauenvereines" 1865 oder die beginnende Diskussion um das Frauenwahlrecht in mehreren europäischen Staaten. 1888 gründete Hedwig Johanna Kettler in Weimar den Verein „Reform", der für die Zulassung von Frauen an den Universitäten stritt. Insgesamt war die Diskussion in der Frauenbewegung dominiert von der Forderung nach gleichberechtigter Bildung, von deren Umsetzung man am Ausgang des letzten Jahrhunderts allerdings noch weit entfernt war.

Weimar ist eine Stadt, die voller Angebote und Möglichkeiten steckt. Natürlich wird das Kulturhauptstadtjahr 1999 vom berühmtesten Mann der Stadt geprägt, und gerade im Jahr des 250. Goethe-Geburtstages gilt es, den vielen tausend Gästen aus aller Welt das Wirken des großen deutschen Dichters greifbar zu machen. Das einzelne Projekt gerät dabei schnell in die Gefahr unterzutauchen, in der Menge nicht die rechte Beachtung zu finden.

Ich bin sicher, diesem „Stadtrundgang" mit seiner besonderen Sichtweise wird es so nicht ergehen. Viel Freude bei Lektüre und Erkundung wünscht Ihnen

Dr. Birgit Bauer
Staatssekretärin und Frauenbeauftragte
der Thüringer Landesregierung

EINLEITUNG
oder auch: „Die Sehnsucht hat allemal Recht“ (Bettina von Arnim)

Der Zeitraum, um dem es in unserem 2. Heft der Stadtrundgänge WEIMAR WEIBLICH geht, ca. 1830 bis 1910, birgt gewaltige historische Entwicklungen, sowohl im sozialen und politischen Bereich als auch auf dem Gebiet der Technik.

Diese Entwicklungen sollen im folgenden etwas ausführlicher skizziert werden, um die Annäherung an die Wirkung und die spezifischen Leistungen der vorgestellten Frauenpersönlichkeiten zu erleichtern. Aus unserer heutigen Blickrichtung entstehen dabei dennoch manchmal andere Bilder als die, die sich damals den ZeitgenossInnen dargeboten haben. In einigen Fällen, wie zum Beispiel bei der Oberin Bertha Döbling, erkennen wir aus der jetzigen Distanz eine größere, auch überregionale Bedeutung im Kontext weiblicher Aufbrüche, in anderen, wie bei Elisabeth Förster Nietzsche, kommt uns möglicherweise eher das Gruseln ... Wie schon bei den Vorarbeiten zu Heft 1 war es auch diesmal besonders wertvoll, herkömmliche Vorstellungen – auch eigene – über Verhaltensweisen und ‚Verhältnisse damals‘ bei genauerer Annäherung an Personen und Lebenshintergründe in Frage gestellt zu sehen, und besonders schön, wieder so viele interessante historische Frauenpersönlichkeiten neu kennenzulernen. Archive und historische Bibliotheken bergen für die Ent-Deckung weiblicher Kulturgeschichte(n) nicht allein die bekannte Enttäuschung, daß Dokumente über eine gesuchte Frau wieder einmal nur in dürftigem Maße oder gar nicht vorhanden sind, weil deren Lebensleistung zu gering bewertet wurde, sondern sie bergen immer noch und immer wieder eine Menge ungehobener Schätze. Sie vermögen bei den Beteiligten leuchtende Augen hervorzurufen, wenn da, inmitten von Papieransammlungen, die alle gerade n i c h t das Gesuchte enthalten, auf einmal ganz andere Begegnungen zustande kommen. So ein Erlebnis bescherte uns z. B. die Sichtung des Nachlasses der Familie Falk oder auch die unerwartete Bekanntschaft mit den Volksdichtungen der Henriette von Schorn.

Auch für dieses Heft wieder der Hinweis: es konnten längst nicht alle Frauen mit einem eigenen Artikel bedacht werden; gerade im Kapitel „Schriftstellerinnen und Damen der Gesellschaft“ mußte, einfach aus Zeit-, Platz- und Balancegründen, eine Auswahl getroffen werden, und diese bleibt letztlich immer auch ein wenig ungerecht. Charlotte von Ahlefeld beispielsweise, Jenny von Gustedt, Silvia von Ziegesar oder auch die Gräfin Olga von Meyendorff sind dabei, ohne daß ihnen dies persönlich anzulasten wäre! schlicht ‚unter den Tisch gefallen‘ und treffen dort u. a. auf mehrere Künstlerinnen – einige werden im Verlauf dieses Artikels noch genannt –, die ebenfalls keine Berücksichtigung fanden. Sie treffen vermutlich auch auf eine ganze Reihe inzwischen gänzlich unbekannter verdienter Frauen der Zeit. Bei den Recherchen zu Wohnanschriften, Häusern, Orten der Salonkultur, blieben wie üblich ein paar Lücken, während eine zunehmende Anzahl bedeutender öffentlicher Gebäude zu verzeichnen war. Hier spiegelt sich der Fortschritt vor allem im Bildungsbereich; wir stellen dennoch nur eine beschränkte Auswahl vor. Besonders interessierte und motivierte LeserInnen und StadtgängerInnen sind, ausgehend von unserem Angebot ‚im Überblick', zu ausführlicheren Nachforschungen eingeladen, und wir freuen uns über weitere Hinweise.

Nun aber zurück ins 19. Jahrhundert und dort zunächst zur politisch-gesellschaftlichen Situation in Thüringen und in Deutschland: Das Großherzogtum Sachsen-Weimar-Eisenach bleibt bis zum Beginn des 20. Jahrhunderts, allen revolutionären und restaurativen Stürmen zum Trotz, ein liberal verfaßtes Herzogtum, seit 1871 als föderalistischer Bestandteil des Deutschen Kaiserreiches. Das zähe Ringen zwischen fortschrittlich-demokratischen und reaktionären Kräften um die politsche Macht, ja die gesamtgesellschaftliche Ordnung, führt bekanntlich, nach der mehr oder weniger gescheiterten Revolution von 1848, in eine zunehmend erstarrte konstitutionelle Monarchie, die sogenannte „Wilhelminische Ära" mit einem autoritären Verwaltungsapparat und mit Bismarck als Kanzler. Die eigentlichen großen und sichtbaren Veränderungen vollziehen sich auf technischem, wirtschaftlichem, und sozialem Gebiet durch die industrielle Revolution: mit einem sprunghaften Anwachsen der Bevölkerung, mit technischem Fortschritt, dem Wohlstand der ‚Gründer' und ersten Großindustriellen auf der einen, Massenverelendung auf der anderen Seite; es schlägt die erste große Stunde der Parteien. In Weimar rollt bereits im Jahr 1846 die erste Eisenbahn vom neu erbauten Bahnhof. In den 70er Jahren entwickelt sich Thüringen zum vierten industriellen Ballungszentrum im deutschen Reich; 1875 wird in Gotha die SPD gegründet und 1898 entscheiden sich schon 42,9 % der Thüringer Wahlberechtigten für die Sozialdemokraten. – 1901 führt Ernst von Abbe für die Zeißwerke in Jena bereits den 8-Stunden-Tag ein; und da ist sie schon, die MODERNE!

Frauen, seit 1848 frauenpolitisch erstmalig gemeinschaftlich organisiert (Luise Otto-Peters: 1. Nummer der „Frauen-Zeitung" im April 1849) und sogar auf den Barrikaden zu finden (Emma Herwegh, Louise Aston u. a.), kämpfen deutschlandweit um Bürgerinnenrechte, Selbstbestimmung, Bildung und Ausbildung, gegen überkommene Vorurteile, Diskriminierung und Gewalt (1865 erste gesamtdeutsche Frauenkonferenz in Leipzig). Sich offen politisch organisieren, wählen, studieren, die Berufe ihrer Wahl erlernen und ausüben, das dürfen sie noch lange nicht. Und doch engagieren sich immer mehr *„Frauenspersonen"* – nach dem Vereinsgründungs- und Versammlungsverbot von 1850 oft unter dem Deckmantel ‚harmloser' Sozialarbeit. Nach und nach entwickelt die Frauenbewegung ihre charakteristischen Richtungen: die sozialreformerische, die bildungsbürgerliche, die konfessionell gebundene, die proletarische, die radikale und pazifistische und auch die kriegsbegeistert patriotisch-nationale. In Weimar gründet die Pädagogin Hedwig Kettler im Jahr 1888 den „Frauenverein Reform", dessen Zielsetzungen – gleichberechtigte Bildung und Ausbildung für Mädchen und Jungen – innerhalb der bürgerlichen Frauenbewegung als radikal gelten. Von Weimar geht auch der Impuls aus zur Gründung des ersten deutschen Mädchengymnasiums in Karlsruhe im Jahr 1893. In der zweiten Hälfte des 19. Jahrhunderts hat im Bürgertum neben dem Bereich der Krankenpflege der weibliche Berufsstand der Lehrerin an höheren Mädchenschulen als Frauenberuf mit Sicherheit die rasanteste Entwicklung genommen, dafür gibt es gerade in Weimar viele Belege. In der Schrift „Von Weimar bis Weimar 1872 bis 1897, Festschrift zur Feier des fünfundzwanzigjährigen Bestehens des deutschen Vereins für das höhere Mädchenschulwesen" wird deutschlandweit eine hoffnungsvolle Bilanz gezogen: während der Lehrerinnenberuf an Mädchenschulen in den 50er Jahren in der Regel noch ein Versorgungsposten (ohne Ausbildung) für unverehelichte Frauen aus ‚besseren Kreisen' war, haben an der Vereinsjahresversammlung in Berlin im Jahr 1886 bereits 290 ausgebildete Lehrerinnen (von ingesamt 451 Anwesenden) teilgenommen. Als Förderinnen einer staatlichen Lehrerinnenausbildung und eines Angebots öffentlicher höherer Schulen für Mädchen *„überall, wo das Bedürfnis es erfordert"* werden in dem Bericht neben der badischen Kronprinzessin Victoria ausdrücklich Großherzogin Sophie von Sachsen-Weimar-Eisenach und ihre Tochter, die Kaiserin Augusta, genannt.

Der wissenschaftliche und technische Fortschritt erbringt für Frauen einerseits ein größeres Bildungsangebot, erweiterte Berufschancen und Arbeitserleichterungen im Bereich der Haushaltsführung, andererseits eine verschärfte ‚Hausfrauisierung', ein neues Ensemble von Weiblichkeitsklischees (aus Psychoanalyse und Medizin) und drastische Formen von Verelendung (z. B. in der Südthüringer Hausindustrie im Bereich der Zündholzherstellung). In Weimar spiegeln sich technische Weiterentwicklung und verändertes weibliches Selbstbewußtsein am ehesten auf kultureller Ebene, z. B. im Übergang vom sittsam gemalten Mädchenporträt der Malerin Louise Seidler, die noch von Goethe gefördert wurde, zu einem Foto von lachenden, halbbekleideten Schauspielerinnen im Umkleideraum des Hoftheaters wider. Frauen gewinnen, vielleicht im Kulturbereich noch mehr als anderswo (aber unter unfreieren Bedingungen als z. B. im benachbarten Frankreich, wo eine George Sand oder eine Marie d'Agoult zwar umstritten, aber fast schon ein wenig göttinnengleich im öffentlichen Rampenlicht stehen), an persönlichem und politischem Selbstbewußtsein und beruflicher Professionalität. Das große Berlin, aber auch das kleine Weimar, gehören im gesamtdeutschen Maßstab – auch in ihrer Wechselbeziehung – zu den Hochburgen dieser Entwicklung. Die weibliche Literaturproduktion, gebunden an den durch die

Aufklärung in Gang gesetzten Aufbruch im Bildungsbereich, der *„wahre Leseleidenschaften"* entfesselt, erreicht in den 30er Jahren mit einer eigenen literarischen Form, dem Briefroman, einen ersten Höhepunkt. Dem vorausgegangen ist eine Entwicklung, die von der Literaturwissenschaft bis heute noch gründlicher unterschätzt wird als die Salonkultur: die des weiblichen Briefschreibens als persönliches Überlebensmittel, als geselliger Gesprächsort und als Experimentierfeld für künstlerischen Selbstausdruck. Im Jahr 1835 wird Bettina von Arnim schlagartig als Schriftstellerin berühmt: mit ihrem ersten Briefroman „Goethes Briefwechsel mit einem Kinde" – womit wir wieder in Weimar angekommen wären.

Auch in Weimar schreiben und veröffentlichen Frauen, relativ häufig noch unter Pseudonym, mehr Werke denn je: urwüchsig-volkstümliche wie Henriette von Schorn, frauenbewußte wie Helene Böhlau, historisch-dokumentierende wie Adelheid von Schorn, sozialreformerisch-emanzipatorische wie Natalie von Milde, schwärmerisch-künstlerische wie Helene von Nostitz. Unmittelbare Vorbilder oder Anstifterinnen sind weniger die historischen Damen der Weimarer Klassik als die zeitgenössischen Berliner Demokratinnen: Bettina von Arnim – deren inzwischen dritter Briefroman in Preußen gleich nach seinem Erscheinen erst einmal verboten wird – oder auch Fanny Lewald, die sich bei ihrem Brieffreund Großherzog Carl Alexander in Weimar offen darüber beschwert, daß sie, im Gegensatz zu ihrem Lebenspartner, dem in Weimar wirkenden Publizisten Adolf Stahr, auf dem offiziellen Parkett der Hofgesellschaft als weibliche Besucherin nicht zugelassen wird. Zu den Themen ‚Demokratisierung der Gesellschaft' und ‚Emanzipation der Juden' fällt Carl Alexander in der Diskussion mit den fortschrittlichen Schriftstellerinnen der Zeit, die für ihn so etwas wie politische Beraterinnen darstellen, mehr Konstruktives ein als ausgerechnet zu diesem ganz konkreten Problem der Benachteiligung von Frauen in der Gesellschaft.

Internationale Bedeutung erreichen Frauen in und aus Weimar in dieser bewegten Zeit weniger im literarischen als im musikalisch-darstellerischen Bereich: als Sängerin – wie Rosa von Milde, als Pianistin – wie Ingeborg von Bronsart oder als Schauspielerin – wie Marie Seebach; zusätzlich machen sich einige von ihnen auch als Komponistinnen oder Gesanglehrerinnen einen Namen. Frauen befördern in Weimar auch den künstlerischen Aufbruch ins 20. Jahrhundert, sichtbar in der ersten Reihe allerdings eher in der angestammten Rolle als Förderin und geistreiche Salondame – z. B. in den Kreisen um Harry Graf Kessler und dem belgischen Architekten van de Velde – denn als eigenständige Künstlerin; weniger sichtbar in der zweiten Reihe später auch als Schülerin und Lehrerin am Bauhaus. Leider unterstützen Frauen – gastgebend, malend, schreibend – in Weimar mehr oder minder bewußt auch den früh aufkommenden nationalkonservativen Kurs, der schließlich bis nach Buchenwald führen wird. Eine ehrbare und originelle Dame wie die Malerin und Psychologin Ma-

thilde von Freytag Loringhoven beispielsweise wütet auf einmal in scharfer deutsch-nationaler Tonlage gegen die moderne Kunst und wohl nicht nur, weil die Hälfte des von ihr als privater Hundefriedhof genutzten Geländes dem Neubau der Kunstgewerbeschule Henry van de Veldes zum Opfer fällt. Ungefähr zur gleichen Zeit übrigens, im Herbst 1902, als die erste große Anti-Sexismus-Kampagne der Frauenbewegung auf ihrem Höhepunkt angekommen ist, wird auf dem Bahnhof zu Weimar eine gewisse Dr. jur. Anita Augspurg, führende Vertreterin der radikalen Frauenbewegung, unter dem Verdacht des § 361 Nr. 6 StGB verhaftet: *„mit Haft wird bestraft ... eine Weibsperson, welche wegen gewerbsmäßiger Unzucht einer polizeilichen Aufsicht unterstellt ist, wenn sie den ... polizeilichen Vorschriften zuwiderhandelt, oder welche, ohne einer solchen Aufsicht unterstellt zu sein, gewerbsmäßig Unzucht treibt."* Sie wird verhaftet in Folge eines Irrtums der Polizei wegen des Verdachtes auf umstürzlerische Umtriebe. Und – auch etwa zur gleichen Zeit – muß sich eine gewisse Dr. Rosa Luxemburg vor dem Weimarer Landgericht für ihre im September 1905 auf dem Jenaer SPD-Parteitag gehaltene Rede über den politischen Massenstreik verantworten, was ihr, Berichten zufolge, offenbar sehr gut gelingt.
Die berühmt-berüchtigte Elisabeth Förster-Nietzsche schließlich kommt in jenen Jahren zu ganz anderen Erfolgen. Zu Beginn des neuen Jahrhunderts setzt sie sich als Hüterin des unsterblichen brüderlichen Geistes und als ‚Grande Dame' des Aufbruchs in die künstlerische Moderne in Szene. Im Verlauf der 20er und 30er Jahre gelingt es ihr, mit Hilfe der kolossalen Fälschung von Friedrich Nietzsches Werk bruchlos ihren „Willen zur Macht" zu bezeugen und so zur Hitler-Jüngerin zu avancieren.

Um der Entwicklung von der Nachklassik bis zum Aufbruch in die Moderne insgesamt und dann auch im Detail gerecht werden zu können, ist es sinnvoll, auch noch für einen Augenblick ins klassische Weimar zurückzukehren, das die Voraussetzungen für die besondere geistige Sphäre der Frauen, die dort seither gelebt und Bedeutung erlangt haben, so wesentlich prägte.
Weimar und die Klassik – für viele, nicht nur BesucherInnen, bis heute auf den ersten Blick zwei Begriffe und ein Gedanke – Goethe. Bei näherem Hinsehen dann zweidreiviertel Gedanken und vier Namen: Goethe, Wieland, Schiller, Herder ... Doch nicht nur die Leserinnen und Leser von Heft 1, Stadtrundgänge WEIMAR WEIBLICH, wissen spätestens seit dem Kulturstadtjahr 1999: da gab es ja noch eine ganze Reihe weiterer Gedanken und auch Namen von Gedankengeberinnen, z. B.: Charlotte von Stein, Caroline von Wolzogen, Corona Schröter, Caroline Herder, Christiane Vulpius, Henriette von Egloffstein, Caroline Bertuch, Johanna Schopenhauer, Caroline Bardua und allen voran die Initiatorin des Ganzen, die erst Wieland, dann Goethe nach Weimar holte: die Friedensregentin Anna Amalia – und das sind längst nicht alle. In knapp drei Generationen sorgten maßgeblich Frauen dafür, daß die Weimarer Klassik schließlich zu dem wurde, was ihr, als kultureller Ort, nicht als

Kultplatz, bis heute Weltruhm einbringt. Dazu sei nur als ein zentrales Stichwort von mehreren möglichen genannt: die Salonkultur. In der ersten Generation finden wir Anna Amalia und ihre Tafelrunde im Wittumspalais und in Tiefurt, in der zweiten Johanna Schopenhauer und ihre literarische Teegesellschaft im Hinterhaus der Windischengasse 13. In der dritten, der Tochter-Generation, begegnen uns im Goethe-Wohnhaus am Frauenplan die Freundinnen Ottilie von Goethe und Adele Schopenhauer, die im Jahr 1829 ihre hauseigene Salonzeitschrift „Chaos" herausgeben. Der Name der Zeitschrift deutet an, daß wir uns hier, wenngleich Goethe noch lebt, bereits nicht mehr in der Klassik befinden. Wann endet also die Klassik, wann beginnt die Nachklassik? Eigentlich gebührt den Damen der dritten Generation aus unserem ersten Heft die Erwähnung als erste Generation in diesem, dem zweiten Heft der Reihe. Die Malerin Louise Seidler und die Bildhauerin Angelica Facius werden von den jungen Vertretern der Weimarer Malerschule und des Neu-Weimarer Vereins wie zum Beispiel Friedrich Preller d. J. noch in den 60er Jahren des Jahrhunderts als anerkannte Autoritäten erwähnt. Ottilie von Goethe kehrt nach Jahrzehnten ruhelosen Reisens durch die Welt nach Weimar zurück und führt dort bis zu ihrem Tod 1872, wiederum im Haus am Frauenplan, gemeinsam mit ihrer Schwester Ulrike von Pogwisch unter bescheidenen materiellen Bedingungen einen Salon. Eine nähere Freundschaft verbindet sie mit der schon erwähnten Schriftstellerin und Saloninhaberin Amalie Winter, die in den 40er Jahren dem literarischen Zirkel angehört, der sich auf Schloß Ettersburg trifft. Also höret die Klassik doch nimmer auf? Ja und Nein. Den Nachfahrinnen und Nachfahren dieser so einmaligen Epoche – Einheimischen wie BesucherInnen – hat die Entwicklung eines eigenen kulturellen Profils offenbar weniger Kopfzerbrechen bereitet, als uns heute in ihrer Darstellung und Beurteilung. Sie fanden eine Tradition vor, bauten – meist in verehrender Bezogenheit – auf dieser auf und schufen zugleich etwas Neues.

Wenn sich jemand bewußt Gedanken macht über das Verhältnis zum kulturellen Erbe, dann sind es die Regierenden, Maria Pawlowna oder auch ihr Sohn Carl Alexander. Nach dem „Goldenen Zeitalter" kann allenfalls, naturnotwendig mit bescheidenerem Glanz ausgestattet, ein „Silbernes Zeitalter" kommen, und dafür bedarf es kultureller Konzeptionen, die auch an den neuen politischen und sozialen Erfordernissen der Zeit nicht vorübergehen. Maria Pawlowna gebührt daher als großer Anregerin und Wegbereiterin schon in der frühen Zeit ihres Wirkens besondere Aufmerksamkeit; gerade in ihrer Person vereinen sich Traditionsbewußtsein und Reformwille. Sie holt nicht nur den berühmtesten Pianisten im Europa seiner Zeit, Johann Nepomuk Hummel als Hofkapellmeiser nach Weimar, gestaltet mit Unterstützung Fürst Pücklers Park und Schloßanlagen Belvedere in genialer Weise um, sie initiiert noch zu Leb- und Regierungszeiten des Großherzogspaars Carl August und Luise eine Bildungs- und Sozialpolitik, die günstige Voraussetzungen schafft für das spätere Engagement von

Frauenrechtlerinnen in Weimar. Es hat in Weimar im 19. und beginnenden 20. Jahrhundert tatsächlich auch Streiterinnen der Frauenbewegung gegeben, und sie haben sogar einen entsprechenden Verein gegründet, der mit der bürgerlichen Frauenbewegung auf nationaler und internationaler Ebene zusammenarbeitete. Die Namen der beteiligten Frauen sind allerdings heute kaum noch bekannt (am allerwenigsten in der eigenen Stadt …). Ähnlich steht es um bedeutende Weimarer Sozialreformerinnen. Dem allgemeinen Interesse proportional ist leider auch die Forschungslage entsprechend dürftig. In diesen Bereichen engagierten Frauen wie Henriette Rießner, Minna Schellhorn oder der eingangs erwähnten Berta Döbling ist gerade deshalb ein eigenes Rundgangs-Kapitel mit Verweisen auf die entsprechenden von ihnen geschaffenen oder geleiteten sozialen Einrichtungen gewidmet.

Nur wenige Wochen nach den ersten Recherchen für Heft 2 der Stadtrundgänge WEIMAR WEIBLICH konnten wir, die Autorinnen, schon bemerken: zwischen – rundgerechnet – 1830 und 1910 finden sich mindestens ebenso viele und ebenso bemerkenswerte Frauen in Weimar wie zwischen 1750 und 1830. Und was in der Klassik – nicht zuletzt durch die Impulse der Aufklärung, den Herderschen Universalismus und die weibliche Salonkultur – angelegt wurde, kommt in der Nachklassik noch stärker zur Entfaltung: grenzüberschreitende europäische Begegnung im Rahmen von Kunst, Geselligkeit und Politik. Herzogin Anna Amalia sorgte einst für die Verbindung zur italienischen Musik und Malerei, Emilie von Bernstorff brachte literarische und religiöse Impulse aus Dänemark und dem deutschen Norden nach Weimar, Luise von Göchhausen führte französische Korrespondenzen, Johanna Schopenhauer bereiste England und machte sich mit ihrer „Reise nach England" als Schriftstellerin einen großen Namen, Amalie von Imhoff dichtete ein schwedisches Versepos nach … Die Vorzeichen der neuen Epoche zeigen sich bereits zu Beginn des 19. Jahrhunderts: Seit 1803 lebt die zukünftige Großherzogin Maria Pawlowna, Enkelin von Katharina der Großen, in Weimar, die später mit soviel Umsicht, Begabung, Großzügigkeit und einer ausgesprochenen Kulturleidenschaft die Bedeutung der Nachklassik als eigene innovative Kunstepoche begründen wird.
Im Kontext der europäischen Kulturgeschichte dieser Zeit sind die Frauen der Nachklassik vielleicht sogar von größerer Bedeutung als diejenigen der Klassik, insbesondere die Besucherinnen. Folgerichtig schlagen wir in Heft 2 ein neues Kapitel auf, nämlich das der „berühmten Besucherinnen", wobei der Bekanntheitsgrad an den damaligen, nicht an den heutigen Maßstäben gemessen worden ist. Sonst wäre z. B. die – einst weltberühmte, heute weitgehend unbekannte – Sängerin und Komponistin Pauline Viardot-Garcia in diesem Kapitel wohl kaum neben Bettina von Arnim zu finden. Hier galt es auszuwählen, um den Rahmen des Heftes nicht zu sprengen. So verzichteten wir schweren Herzens auf die Darstellung einiger gleichfalls sehr berühmter deutscher Musikerin-

nen, z. B. der Sängerinnen Wilhelmine Schröder-Devrient und Johanna Wagner und der Pianistin und Komponistin Clara Schumann, die mehrfach in Weimar gastierte; zuletzt spielte sie am 27. Oktober 1854 unter Liszts Leitung Robert Schumanns Klavierkonzert in a-moll.

In der seit Heft 1 bewährten Kapiteleinteilung findet sich in diesem Heft unter der Überschrift „Regentinnen" eine weitere, höchst interessante ‚Ausländerin': die oben schon genannte aus Den Haag stammende Prinzssin Sophie, die durch ihre Verheiratung mit dem weimarischen Erbprinzen Carl Alexander im Jahr 1842 nach Weimar kommt. Hier wird eine europäische Verbindungslinie aktiviert, die bis ins Mittelalter zurückreicht: die Beziehung Thüringens zu den Niederlanden. Die fortschrittlich-liberale, durchaus frauenbewußte Gesinnung, das sozial- und kulturpolitische Engagement, der politische Realismus und die Wohlhabenheit der Schwiegertochter Maria Pawlownas sind für Weimar ein großer Glücksfall. Als Großherzogin setzt sie die Reihe der starken Weimarer Regentinnen fort. Durch ihre Förderung der von Maria Pawlowna gegründeten Industrieschulen der Frauenvereine und die Eröffnung eines nach ihr benannten Mädchengymnasiums setzt sie ebenso Maßstäbe wie durch die Gründung des Goethe- und Schiller-Archivs und die Herausgabe der ersten Goethe-Gesamtausabe.

Insgesamt verlagert sich in der Zeit der Weimarer Nachklassik im künstlerischen Bereich das Hauptgewicht der aktuellen, über Deutschland hinaus reichenden Bedeutung zunächst von der Dichtung auf die Musik, in der beginnenden Moderne dann für kurze Zeit auf die Bildende Kunst; der Literatur bleibt dabei ein hoher Stellenwert erhalten. Einmal mehr – und das wird für Weimar immer ein aktuelleres Thema sein als anderswo – gebührt dabei besondere Aufmerksamkeit dem Verhältnis zwischen Tradition und Innovation. Während im Weimar der Nachklassik auf der einen Seite, auch in der Kontinuität der weiblichen Salonkultur, für die bis heute währende Geschichte der Rezeption Goethes und Schillers als deutsche Kulturheroen die entscheidenden Grundsteine gelegt werden, entwickelt sich die Stadt auf der anderen Seite zu einem Zentrum innovativ künstlerischer, vor allem musikalischer Impulse, an dem Frauen entscheidend Anteil haben. Die schon in der Klassik vorgeprägte, nicht zuletzt aus der Gesprächskultur der europäischen, insbesondere der französischen Salons stammende enge Bezogenheit der verschiedenen Kunstgenres aufeinander mit ihrer Begabungsvielfalt und ihrer Lust am Gesamtkunstwerk bleibt bestehen. In den 40er Jahren müssen dafür als zentrale Begegnungsorte das Schloß Ettersburg mit Sophie und Carl Alexander, in den 50er und 60er Jahren die Altenburg mit Franz Liszt und der Fürstin Carolyne zu Sayn-Wittgenstein, in den 80er Jahren die ehemalige Hofgärtnerei, der Wohn- und Wirkungsort des späten Liszt in Weimar, genannt werden.

In direkter Abhängigkeit von der zunehmenden Reiselust und kulturellen Mobilität des 19. Jahrhunderts wächst außerdem die Bedeutung von Hotels und Gasthöfen als Unterkunftsort und Treffpunkt;

da sind vor allem der „Russische Hof" (vormals „Alexanderhof") und der „Erbprinz" als Treffpunkt progressiver Geister aus dem In- und Ausland zu nennen. Bleibender ‚Tatort' der Künste ist das Hoftheater mit der Hofkapelle, flankiert von einer Reihe privater Salons wie denen von Amalie Winter, von Henriette und Adelheid von Schorn, Bertha Froriep, Emilie Merian-Genast und dem Sängerehepaar von Milde.

Zu einem zweiten – und in diesem Falle spezifisch weiblichen Wirkungsbereich – entwickelt sich, in enger Verknüpfung mit dem Frauenbildungswesen, das Sozialwesen, und zwar mit der für das 19. Jahrhundert typischen Mischung aus karitativen und politisch-emanzipatorischen Zielsetzungen: einerseits dem traditionellen Verhaftetsein in der Rolle dienender Nächstenliebe, andererseits dem Aufbruch zu neuen, auch öffentlichkeitswirksamen Formen kompetenten sozialen Handelns. Das Weimarer „Sophienhaus" entwickelt sich zu einer der fortschrittlichsten Krankenpflege-Ausbildungsstätten in Deutschland.

Höchst interessant ist die für eine Reihe Weimarer Frauenpersönlichkeiten der Zeit charakteristische und in ihrer Art wohl einmalige Synthese aus den drei schon genannten Strömungen: der Goethe-Verehrung, der künstlerisch-musikalischen Professionalität und dem sozial-emanzipatorischen Engagement, wie sie bei solchen Frauenpersönlichkeiten wie Großherzogin Maria Pawlowna, Natalie von Milde oder Emilie Merian-Genast zu finden ist. Die Aufbruchstimmung aus Liberalismus, Republikanismus, 48er-Revolution, jüdischer Emanzipations- und beginnender Frauenbwegung erhält in Weimar durch die bleibende Bindung an die idealistischen und humanistischen Werte der Klassik, die wiederum eng mit dem Hof verknüpft ist, eine dauernde Mäßigung und auch Skepsis gegenüber spontanen revolutionären Volksbewegungen ‚von unten'. Andererseits sorgt ein hohes Bildungsideal, das seine Nahrung ja zu einem großen Teil aus der leidenschaftlichen Verehrung der Klassiker und der genauen Kenntnis ihrer Werke bezieht, durch die Salonkommunikation aktiviert wird und darin dann auch die Auseinandersetzung mit aktueller Emanzipationsliteratur vorantreibt, gerade bei adligen Frauen für hohe und auch vehement geäußerte Ansprüche an emanzipatorisches und demokratisches kulturelles und politisches Handeln. Die schon erwähnte sozial- und kulturpolitische Konzeption Maria Pawlownas, das 1817 von ihr gegründete „Patriotische Institut der Frauenvereine", ihre Industrie- und Gewerbeschulen für Mädchen und junge Frauen, bedürfen einer differenzierten Lesart. Zwar kommt das Konzept von oben, doch darf es nicht gleichgesetzt werden mit demjenigen, das der späteren massenhaften Rekrutierung von weiblichem Hilfspersonal für den opferfreudigen Dienst an der Nation durch Maria Pawlownas Tochter Augusta in Preußen zu Grunde liegt. Maria Pawlowna hat einen eher liberal heimatkulturbezogenen, Augusta einen eher autoritär heroisch-nationalen Patriotismus-Begriff. Die wie ihre Mutter organisatorisch geniale, doch in frauenpolitischer Hinsicht konservativere preußische Königin und ab

1871 erste deutsche Kaiserin bündelt die weiblichen Sanitäts- und Versorgungskräfte 1869 im „Vaterländischen Central-Frauenverein unter dem roten Kreuz", der während der nachfolgenden preußisch-österreichischen Kriege vor allem die eigenen Truppen versorgt. Diese geschickte Einbindung engagierter Frauen in nationale Interessen lähmt die Frauenbewegung nach 1871 nachhaltig und ist einer der Gründe für deren auffällige Zurückhaltung bei der internationalen Friedensbewegung der 90er Jahre und auch vor dem 1. Weltkrieg. Die „Vaterländischen" hatten vor dem 1. Weltkrieg über eine halbe Millionen Mitglieder; die bürgerliche Frauenbewegung, organisiert im „Bund Deutscher Frauenvereine", rund 300 000.

Noch ein paar Sätze mehr zur allgemeinen politischen Linie und und zur bildungspolitischen Entwicklung des Großherzogtums Sachsen-Weimar-Eisenach in dieser Zeit: Maria Pawlowna und Carl-Friedrich, später auch Carl Alexander und Sophie, stehen zum einen in der eher antimilitaristisch ausgerichteten Traditon der Friedensregentin Anna Amalia, zum anderen setzen sie die von Carl August so früh begonnene Demokratisierung der Rechts-, Wirtschafts- und Verwaltungsstrukturen fort. (1817 Verfassungsreform, Pressefreiheit im neuen Grundgesetz, 1821 erste moderne Steuergesetzgebung in Deutschland, 1833 Beitritt der Thüringer Staaten zum Zollverein). Von den 12, ab 1823 noch 8 thüringischen Kleinstaaten betreibt das Herzogtum Sachsen-Weimar-Eisenach neben Gotha-Coburg die fortschrittlichste Politik. Beide Herzogtümer bieten nach der 48er-Revolution, auch aufgrund ihrer innigen Beziehung zur europäischen Literatur-, Musik- und Theaterszene, Demokraten und Republikanern Zuflucht, die im Polizeistaat Preußen steckbrieflich gesucht werden; zu ihnen gehören Richard Wagner und Hoffmann von Fallersleben. Sachsen-Weimar-Eisenach bleibt auch im preußisch-österreichischem Krieg 1866, sehr zum Ärger Preußens, neutral.

Die relative Fortschrittlichkeit der Weimarer Sozial- und Bildungspolitik liegt wesentlich im Glauben an die Humanisierung der Menschheit durch Literatur, Musik und Kunst begründet, der schon Anna Amalias Politikverständnis leitete. In dieser Auffassung von ‚Kultur als Politik' wird dem Lesen und der Förderung verantwortlich humanistischen Handelns durch die Literatur eine zentrale Stellung eingeräumt. Zum einen profitieren davon im Herzogtum nach und nach auch Frauen der unteren Schichten – das patriotische Institut übernahm Einrichtung und Angebot des für Mädchen fehlenden allgemeinbildenden Elementarunterrichts. Und zum anderen argumentieren damit unüberhörbar ‚frauenbewegte' Damen des gehobenen Bürgertums und der Aristokratie, die sich – wie Amalie Winter – gegen die Konvenienzehe oder – wie Fanny Lewald – für gleichberechtigte Schulbildung und Ausbildung für Mädchen einsetzen.

Es läßt sich eine Entwicklungslinie ausmachen von der Neugestaltung der – der Allgemeinheit zugänglich gemachten – Herzoglichen Bibliothek durch Anna Amalia im Jahr 1766 über das 1859/60 von Maria Pawlowna für die 1830 gegründete Lesegesellschaft eingerichtete und finanzierte Lesemuseum bis zum „Lesezimmer für Frauen“, das 1902 von der Frauenrechtlerin Natalie von Milde gegründet und von der regierenden Erbgroßherzogin Pauline gefördert wird. Erwähnung verdienen in diesem Zusammenhang noch zwei Paragraphen aus den gesetzlichen Bestimmungen, die Maria Pawlowna von Anbeginn für das Patriotische Fraueninstitut erlassen hat: in dem einen wird in den für die *„ärmere weibliche Jugend“* eingerichteten Industrieschulen das Vorlesen während des praktischen Unterrichts (Nähen, Kochen, Flachsspinnen u. a.) empfohlen, um den Bildungsstand und das moralische Bewußtsein zu heben – daraus resultiert schon bald die Einrichtung von Wanderbibliotheken und in den 30er Jahren das Angebot von Theorieunterricht in den Bereichen Haus- und Landwirtschaft. In dem anderen Paragraphen wird die Gleichbehandlung aller Kinder in Bezug auf Stand und Geburt geboten. Das bezog sich offenbar auch auf die religiöse Herkunft. In ihrem Porträt Maria Pawlownas zitiert Natalie von Milde einen Bericht, nach dem in den Industrieschulen des Zentralvereins Lengefeld auch *„israelitische Kinder“* mitunterrichtet wurden; wenn deren Eltern sich dagegen stellten, habe das Zentraldirektorium vermittelnd eingegriffen. Natalie von Milde bietet in ihrem Wirken übrigens ein typisches Beispiel für die nachklassische Kombination aus literarischer Traditonsbindung und emanzipatorischem Frauenbewußtsein. In ihrer Untersuchung der literarischen Frauengestalten bei Goethe kommt sie zu dem Ergebnis, Goethe befürworte eindeutig das weibliche Streben nach Emanzipation. Folgerichtig auch ihr Redebeitrag auf dem Internationalen Frauenkongreß in London im Jahr 1899 zum Thema: „Die deutsche Frau in der Literatur“. Ein ähnlich gelagertes Mehrfach-Engagement zeichnet die schon genannte Emilie Merian-Genast aus: sie ist eine erfolgreiche Sängerin, führt einen hochangesehenen Salon und ist 1876 Mitbegründerin, dann langjährige erfolgreiche Leiterin des „Vereins für weibliche Kunstindustrie“, einer Einrichtung für sozial benachteiligte Frauen und Mädchen der unteren Stände.

Wie sah es überhaupt in der Lebensrealität der unteren Schichten der Landbevölkerung und im städtischen Handwerks- und Handelsbereich aus mit weiblichen „Aufbrüchen in die Moderne“? Darüber finden sich nur vereinzelte Zeugnisse. In der Anzeigenbeilage der „Weimarischen Zeitung“ Nr. 18 vom 4. März 1840 findet sich unter der Rubrik *„Steckbrief“* folgende Meldung: *„Die unten beschriebene Maria Rosina List aus Hardisleben ist wegen Mangel aller Reisemittel und nicht ausreichender Legitimation in Laucha anzuhalten und am 29. v. M. von dem dortigen Magistrate mittelst Zwangspasses, auf 1 Tag gültig, in ihre Heimath zurückgewiesen worden, dort aber nicht angelangt. Alle wohllöblichen Justiz- und Polizeibehörden werden ersucht, sie im Betretungsfalle verhaften zu lassen und hierher abzuschicken. (...) Großherzogl. S. Justizamt das. / Beschreibung: Name: Marie Rosine List; Wohnort; Hardisleben; Stand, Dienstmagd; Alter: 25 Jahre; Statur: klein;*

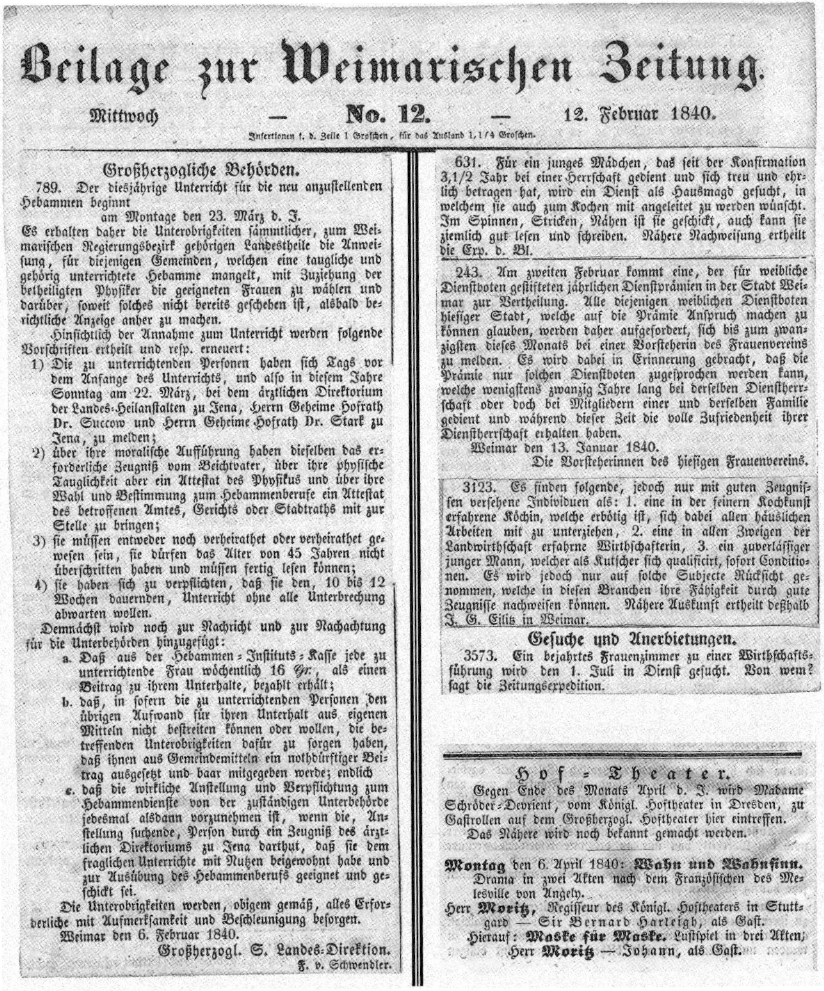

Beilage zur Weimarischen Zeitung.

Mittwoch — No. 12. — 12. Februar 1840.

Insertionen f. d. Zeile 1 Groschen, für das Ausland 1,1/4 Groschen.

Großherzogliche Behörden.

789. Der diesjährige Unterricht für die neu anzustellenden Hebammen beginnt

am Montage den 23. März d. J.

Es erhalten daher die Unterobrigkeiten sämmtlicher, zum Weimarischen Regierungsbezirk gehörigen Landestheile die Anweisung, für diejenigen Gemeinden, welchen eine taugliche und gehörig unterrichtete Hebamme mangelt, mit Zuziehung der betheiligten Physiker die geeigneten Frauen zu wählen und darüber, soweit solches nicht bereits geschehen ist, alsbald berichtliche Anzeige anher zu machen.

Hinsichtlich der Annahme zum Unterricht werden folgende Vorschriften ertheilt und resp. erneuert:

1) Die zu unterrichtenden Personen haben sich Tags vor dem Anfange des Unterrichts, und also in diesem Jahre Sonntag am 22. März, bei dem ärztlichen Direktorium der Landes-Heilanstalten zu Jena, Herrn Geheime Hofrath Dr. Succow und Herrn Geheime Hofrath Dr. Stark zu Jena, zu melden;
2) über ihre moralische Aufführung haben dieselben das erforderliche Zeugniß vom Beichtvater, über ihre physische Tauglichkeit aber ein Attestat des Physikus und über ihre Wahl und Bestimmung zum Hebammenberufe ein Attestat des betroffenen Amtes, Gerichts oder Stadtraths mit zur Stelle zu bringen;
3) sie müssen entweder noch verheirathet oder verheirathet gewesen sein, sie dürfen das Alter von 45 Jahren nicht überschritten haben und müssen fertig lesen können;
4) sie haben sich zu verpflichten, daß sie den, 10 bis 12 Wochen dauernden, Unterricht ohne alle Unterbrechung abwarten wollen.

Demnächst wird noch zur Nachricht und zur Nachachtung für die Unterbehörden hinzugefügt:

a. Daß aus der Hebammen-Instituts-Kasse jede zu unterrichtende Frau wöchentlich 16 Gr., als einen Beitrag zu ihrem Unterhalte, bezahlt erhält;
b. daß, in sofern die zu unterrichtenden Personen den übrigen Aufwand für ihren Unterhalt aus eigenen Mitteln nicht bestreiten können oder wollen, die betreffenden Unterobrigkeiten dafür zu sorgen haben, daß ihnen aus Gemeindemitteln ein nothdürftiger Beitrag ausgesetzt und baar mitgegeben werde; endlich
c. daß die wirkliche Anstellung und Verpflichtung zum Hebammendienste von der zuständigen Unterbehörde jedesmal alsdann vorzunehmen ist, wenn die, Anstellung suchende, Person durch ein Zeugniß des ärztlichen Direktoriums zu Jena darthut, daß sie dem fraglichen Unterrichte mit Nutzen beigewohnt habe und zur Ausübung des Hebammenberufs geeignet und geschickt sei.

Die Unterobrigkeiten werden, obigem gemäß, alles Erforderliche mit Aufmerksamkeit und Beschleunigung besorgen.

Weimar den 6. Februar 1840.

Großherzogl. S. Landes-Direktion.
F. v. Schwendler.

631. Für ein junges Mädchen, das seit der Konfirmation 3,1/2 Jahr bei einer Herrschaft gedient und sich treu und ehrlich betragen hat, wird ein Dienst als Hausmagd gesucht, in welchem sie auch zum Kochen mit angeleitet zu werden wünscht. Im Spinnen, Stricken, Nähen ist sie geschickt, auch kann sie ziemlich gut lesen und schreiben. Nähere Nachweisung ertheilt die Exp. d. Bl.

243. Am zweiten Februar kommt eine, der für weibliche Dienstboten gestifteten jährlichen Dienstprämien in der Stadt Weimar zur Vertheilung. Alle diejenigen weiblichen Dienstboten hiesiger Stadt, welche auf die Prämie Anspruch machen zu können glauben, werden daher aufgefordert, sich bis zum zwanzigsten dieses Monats bei einer Vorsteherin des Frauenvereins zu melden. Es wird dabei in Erinnerung gebracht, daß die Prämie nur solchen Dienstboten zugesprochen werden kann, welche wenigstens zwanzig Jahre lang bei derselben Dienstherrschaft oder doch bei Mitgliedern einer und derselben Familie gedient und während dieser Zeit die volle Zufriedenheit ihrer Dienstherrschaft erhalten haben.

Weimar den 13. Januar 1840.

Die Vorsteherinnen des hiesigen Frauenvereins.

3123. Es finden folgende, jedoch nur mit guten Zeugnissen versehene Individuen als: 1. eine in der feinern Kochkunst erfahrene Köchin, welche erbötig ist, sich dabei allen häuslichen Arbeiten mit zu unterziehen, 2. eine in allen Zweigen der Landwirthschaft erfahrne Wirthschafterin, 3. ein zuverlässiger junger Mann, welcher als Kutscher sich qualificirt, sofort Conditionen. Es wird jedoch nur auf solche Subjecte Rücksicht genommen, welche in diesen Branchen ihre Fähigkeit durch gute Zeugnisse nachweisen können. Nähere Auskunft ertheilt deßhalb J. G. Eilis in Weimar.

Gesuche und Anerbietungen.

3573. Ein bejahrtes Frauenzimmer zu einer Wirthschaftsführung wird den 1. Juli in Dienst gesucht. Von wem? sagt die Zeitungsexpedition.

Hof-Theater.

Gegen Ende des Monats April d. J. wird Madame Schröder-Devrient, vom Königl. Hoftheater in Dresden, zu Gastrollen auf dem Großherzogl. Hoftheater hier eintreffen.

Das Nähere wird noch bekannt gemacht werden.

Montag den 6. April 1840: **Wahn und Wahnsinn.** Drama in zwei Akten nach dem Französischen des Melesville von Angely.

Herr **Moritz**, Regisseur des Königl. Hoftheaters in Stuttgard — Sir Bernard Harleigh, als Gast.

Hierauf: **Maske für Maske.** Lustspiel in drei Akten; Herr **Moritz** — Johann, als Gast.

Augen: blau; Nase: lang; Haare: blond; Gesicht: lang; Mund: gewöhnlich; besondere Kennzeichen: keins.“ Nun, das war sicher alles andere als ein Aufbruch in die Moderne, sondern wohl eher ein Ausbruch aus der Perspektivenlosigkeit.

Der Aufbruch eines jungen Mädchens aus armen Verhältnissen in den beruflichen Alltag klang im positiven Falle noch so: *„Ein Mädchen, das alle häuslichen Arbeiten verrichten kann, sucht sogleich einen Dienst.“* Oder von der anderen Seite: *„Zu Johannis wird ein braves Mädchen gesucht, welches tüchtig waschen kann und sich aller häuslichen Arbeit unterzieht.“* (Anzeigenbeilage der „Weimarischen Zeitung“ Nr. 43 vom 30. Mai 1840).

Die Eröffnung des Weimarer Paulinenstifts in einem Neubau in der Schröterstraße (heute Washingtonstraße) am 5. Juli 1886 war auf jeden Fall ein bedeutender Schritt, eine echte Chance, um der Ausbeutung und Verelendung von mittellosen jungen Frauen entgegenzuwirken. Die als „Mägdebildungsanstalt und Mägdeherberge" konzipierte Einrichtung hatte laut Statut *„... den Zweck, junge Mädchen, die nach ihrer Konfirmation den dienenden Stand wählen wollen, für denselben vorzubereiten und auszubilden, daneben aber auch ehrbaren dienstlos gewordenen Mädchen ... Herberge und Beköstigung zu gewähren"* – auch das wird in der „Weimarischen Zeitung" berichtet. Vielleicht hätte auch Rosine List trotz *„gewöhnlichen Mundes"* dort Aufnahme gefunden? Der Weimarer Maler Friedrich Preller d. J. berichtet in seiner Autobiographie „Eine Künstlerjugend" (Weimar 1930, S. 61), wie er sich als Gymnasiast in den 50er Jahren des 19. Jahrhunderts über die Bauern amüsierte, die mit alltäglichen Anliegen zu einem Amtsmann in Remda/Thüringen kamen. Er zitiert dabei als besondere Anekdote die Klage einer Bäuerin: *„Sähen se, Herr Amtmann, Hiebe müssen wir Weiwer haben, das wissen wer, aber doch nicht gerade mit dem eisernen Rollostab"* und die ‚weise' Antwort des Amtmannes, der dem Ehemann den Gebrauch eines hölzernen Stabes empfahl ...

Zwischen den weiblichen Emanzipationsbestrebungen und Aufbrüchen innerhalb von Adel und Bildungsbürgertum und der sozialen Realität in der Masse der Bevölkerung haben, bei aller Förderungswilligkeit der Regentinnen, mit Sicherheit immer noch Welten gelegen. Das belegt im übrigen auch ein Blick auf den Jahresbericht des „Gewerbevereins zu Weimar" für das Jahr 1891/92 (Weimar, 1892), eine durchaus angesehene Einrichtung innerhalb des Bürgertums. Er zeigt, daß Ende des Jahrhunderts in den angeseheneren Bereichen von Handwerk und Handel in Weimar fast nur Männer tätig waren. Bei 462 Vereinsmitgliedern findet sich unter Berufen wie *„Hofkleidermacher", „Mühlenbauer", „Hofphotograph", „Hofschieferdecker", „Lotteriekollekteur", „Bürstenmachermeister"* und *„Fleischermeister"* nur eine explizite Berufsbezeichnung für eine Frau: *„Kaufmann"*. In drei Fällen wird das Geschäft bezeichnet: *„Feuerhake, Frau, Putzgeschäft", „Schmidt, Fräulein, Schirmgeschäft", „Firnau, Minna, Frl., Stickereigeschäft"* und in zwei weiteren der Familienstand an den Beruf gekoppelt: *„Peiser, Frau, Kaufmannswitwe", „Wettig, Frau, Zinngießerwitwe"*.

Und nun soll diese lange Einleitung auch ruhig mit Frau Wettig, der Weimarer Zinngießerwitwe, enden, sie war gewiß eine würdige und verdiente Frau. Vielleicht hat sie noch die Anekdoten gekannt – die die Weimarer BürgerInnen einander in den 40er Jahren über die adlige Bettina von Arnim erzählten. Eine gipfelt in Bettinas unnachahmlich empört-despektierlichem Satz vor den Toren des preußischen Hofes (weil sie zu einem Verwandtenbesuch nicht vorgelassen wird): *„Sollen die sich ihre alte Hofdame doch einpökeln!"* Wir werden leider nie erfahren, ob Frau Wettig darüber gelacht hat.

Ulrike Müller
Kulturinitiative Weimar Weiblich

1. Rundgang

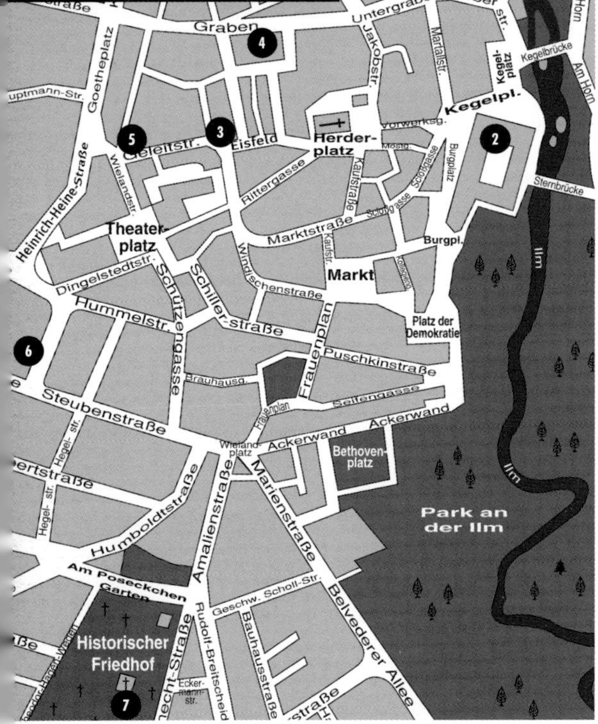

1. **Goethe- und Schillerarchiv** (GSA): eingeweiht unter Großherzogin Sophie
2. **Schloßmuseum:** ehem. Residenzschloß, Regierungssitz der Großherzoginnen Maria Pawlowna und Sophie
3. **Brunnen vor dem Geleithaus:** gestiftet von Maria Pawlowna
4. **Sparkasse am Graben 4**
5. **ehem. Lesemuseum** (Nike-Tempel) **am Goetheplatz:** eingerichtet unter Maria Pawlowna
6. **Sophienstiftsplatz mit Eckermann-Schule** (ehem. Sophienstift) **und Wielandschule** (ehem. Lehrerseminar)
7. **Russisch-Orthodoxe Grabkapelle für Maria Pawlowna auf dem Historischen Friedhof**.

Das großherzogliche Residenzschloß in Weimar, Lithographie, C. W. Arldt, 1835

Herzogliches Lustschloß Belvedere, kolorierte Radierung, C. A. Schwerdgeburth, 1826

MARIA PAWLOWNA geborene Großfürstin von Rußland (1786–1859) Großherzogin von Sachsen-Weimar-Eisenach

Als Maria Pawlowna am 3. August 1804 Carl Friedrich, den Sohn des Herzogspaares Luise und Carl August heiratet, ist die Verbindung des Hauses Sachsen-Weimar mit den Romanows und ganz besonders mit dieser hochgebildeten, tatkräftigen und literatur- und kunstinteressierten Frau ein Glücksfall für Weimar und seine weitere Geschichte.

Ihr herausragendstes Verdienst wird nach dem Tod Carl Augusts und Johann Wolfgang von Goethes die Initiierung eines geistigen Profils sein, das in einer sinnvollen Symbiose von Musik, bildender Kunst, Architektur und Dichtung bestehen kann. (1)

Maria Pawlowna, geboren am 4. Februar 1786 bei St. Petersburg (16. Februar nach dem Gregorianischen Kalender), ist das fünfte Kind des russischen Großfürsten Pawel Petrowitsch und der Großfürstin Fjodorowna (Sophie-Dorothea von Württemberg-Mömpelgard). Als Maria Pawlowna zehn Jahre alt ist, tritt ihr Vater, Sohn der Kaiserin Katharina II., die Tronfolge an.

Bereits 1799 wendet sich Herzog Carl August von Sachsen-Weimar-Eisenach an Kaiser Paul I. von Rußland und dessen Gemahlin mit der Bitte, einer Eheschließung zwischen Erbherzog Carl Friedrich und Maria Pawlowna zuzustimmen. Nach der Ermordung des Kaisers Paul I. 1801, erklärt Marias Bruder, Alexander I., sein Einverständnis mit der Vermählung. Wie innerhalb des europäischen Hofadels üblich, ist die Heirat das Ergebnis politischer Erwägungen. Maria Pawlowna hat die Interessen Rußlands zu vertreten. Der Heiratsvertrag, für Sachsen-Weimar-Eisenach von Wilhelm von Wolzogen ausgehandelt, enthält in erster Linie das Reglement für eine handfeste finanzielle Transaktion rund um Barvermögen und Aussteuer.

Am 9. November 1804 zieht das Erbherzogspaar in Weimar ein. Einige Wochen zuvor ist schon der Brautschatz, der „Trosseau", der russischen Großfürstin eingetroffen: Auf etwa 80 Wagen, gezogen von 110 Pferden, kamen die „Mobilien und Effekten" Maria Pawlownas an.

Das junge Paar bezieht den Nordflügel des seit 1803 wieder aufgebauten **Residenzschlosses (heute Schloßmuseum)**. Maria Pawlowna ist es, die im Laufe der nächsten 55 Jahre entscheidend am „Goldenen und Silbernen Zeitalter" Weimars mitwirkt. (2) Wie alle großen historischen Persönlichkeiten wird auch sie dabei in einem politischen, sozialen und regionalen Spannungsfeld handeln.

Maria Pawlowna, in Weimar meist die Großfürstin oder Hoheit genannt, wird von ihren ZeitgenossInnen als eine gutaussehende, anmutige, allseits bewunderte Erscheinung gepriesen; dazu zeigt sie sich klug, energisch und standesstolz. Luise von Göchhausen, Hofdame der Herzogin-Mutter Anna Amalia, vermerkt am 14. November 1804: *„Die Götter haben uns einen Engel herniedergesandt. Ein Engel an Geist, Güte und Liebenswürdigkeit* *ist diese Prinzessin; auch habe ich noch nie in Weimar einen solchen Einklang aus allen Herzen über alle Zungen ergehen hören, seit sie der Gegenstand aller Gespräche geworden ist. Die Großfürstin beträgt sich mit so viel Verstand, Herzensgüte und Liebenswürdigkeit, daß sie wirklich Wunder tut; auch unser Vater Wieland ist begeistert und macht wieder Verse".* (3) Auch in den Briefen der Herzogin Luise an ihren Bruder, den Prinzen von Hessen-Darmstadt, spiegelt sich deutlich der Eindruck wider, den diese nach den ersten Begegnungen von ihrer Schwiegertochter gewonnen hat. Sie schreibt am 23. November 1804: *„Die Frau ist eine charmante Person, voll Verstand, Grazie und angenehme Gaben. Ich habe nie Jemand gesehen, der sich in diesem Alter mit so viel Leichtigkeit und Sicherheit bewegt und mit jedem das Richtige zu sprechen weiß. Sie ist hübsch, ohne schön zu sein, sieht geistvoll und fein aus und hat dabei etwas Gutes ...".* (4) Auf politischem Gebiet allerdings bereitet Maria Pawlowna dem Herzogtum eine herbe Enttäuschung durch ihre Zurückhaltung im deutsch-französichen Krieg.

Maria Pawlowna ist das genaue Gegenteil ihres Gemahls Carl Friedrich, der wohl als redlich und gütig, aber auch als ehrgeiz- und antriebsarm beschrieben wird. Doch scheinen beide einander gut ergänzt zu haben, wenngleich sie es ist, die Familiendinge und auch öffentliche Fragen am herzoglichen Hof entscheidet. Ein Jahr nach der Vermählung wird dem Paar der erste Sohn geboren, der aber bereits 1806 stirbt. 1808 folgt Marie und 1811 Prinzeß Augusta. Erst am 24. Juni 1818 begrüßt Weimar den nächsten Erbprinzen und späteren Großherzog Carl Alexander. Augusta wird als Gemahlin Wilhelms I. von Preußen 1871 deutsche Kaiserin und geht so in die große Geschichte ein. Zu ihren Kindern hat Maria Pawlowna ein inniges Verhältnis: täglich verbringt sie mit ihnen mehrere Stunden, um – für ein höfisches Leben keineswegs selbstverständlich – den persönlichen Kontakt zu haben, aber auch auf Bildung und Erziehung Einfluß zu nehmen. Besonders Carl Alexander, den spätgeborenen Sohn, liebt die Großfürstin. Sie wählt, beraten von Goethe, Frederic Soret als seinen Erzieher aus.

Ihr privates Vermögen erlaubt es der russischen Zarentochter und Zarenschwester, eine Reihe sozialer Einrichtungen zu schaffen und Wohltätigkeit zu üben, auch ist es ihr möglich, zahlreiche kulturelle Projekte und Unternehmungen zu finanzieren.

Beträchtliche Teile ihres Geldes gibt Maria Pawlowna für soziale Aufgaben aus; sie regt u. a. den Ausbau von Armen- und Krankenpflegehäusern an und gewährt dem Falkschen Institut (siehe unter Rosalie Falk), einem Waisenhaus, Unterstützung. Ihre Hilfe gilt der Arbeit der zentralen karitativen Frauen-Vereine, die in den Jahren 1813/14 zur Linderung der Not und zur Pflege der Kranken eingerichtet worden waren. Die Großfürstin wird zur Begründerin des „Patriotischen Instituts der Frauenvereine", nach deren Vorbild später ihre Tochter Augusta die „Vaterländischen Frauenvereine vom Roten Kreuz" ins Leben rufen wird; diese haben dann allerdings, vor allem im Kontext des deutsch-französischen Krieges 1870/71 eine ein-

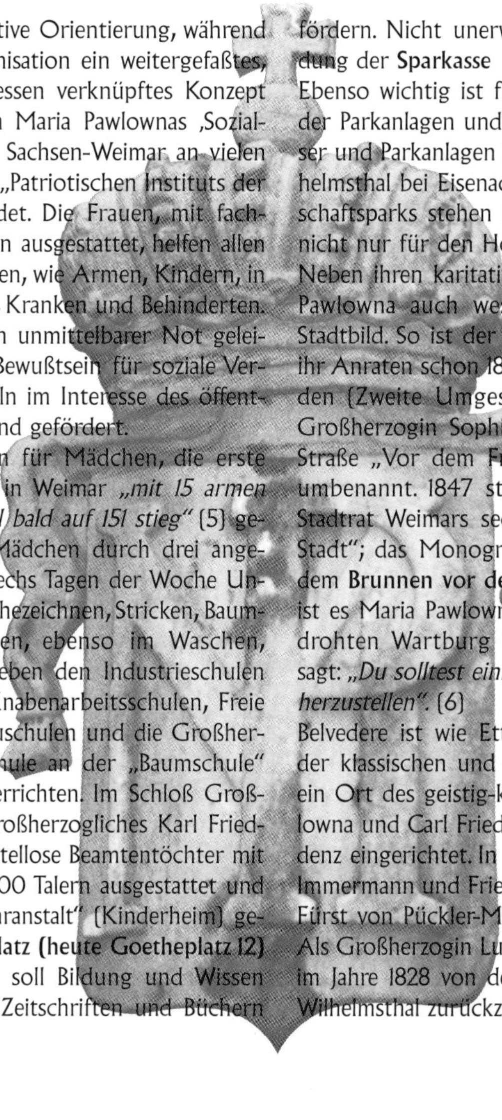

seitig national-konservative Orientierung, während Maria Pawlownas Organisation ein weitergefaßtes, auch mit Bildungsinteressen verknüpftes Konzept zu Grunde liegt. Durch Maria Pawlownas ‚Sozialarbeit' werden im Land Sachsen-Weimar an vielen Orten Lokalvereine des „Patriotischen Instituts der Frauenvereine" gegründet. Die Frauen, mit fachlichen Grundkenntnissen ausgestattet, helfen allen Gruppen von Bedürftigen, wie Armen, Kindern, in Not geratenen Familien, Kranken und Behinderten. Zum einen wird Hilfe in unmittelbarer Not geleistet, zum anderen das Bewußtsein für soziale Verantwortung und Handeln im Interesse des öffentlichen Wohls geweckt und gefördert.

In den Industrieschulen für Mädchen, die erste wird am 2. Januar 1816 in Weimar *„mit 15 armen Mädchen, deren Anzahl bald auf 151 stieg"* (5) gegründet, erhalten die Mädchen durch drei angestellte Lehrerinnen an sechs Tagen der Woche Unterricht im Nähen, Wäschezeichnen, Stricken, Baumwoll- und Flachsspinnen, ebenso im Waschen, Bügeln und Kochen. Neben den Industrieschulen läßt Maria Pawlowna Knabenarbeitsschulen, Freie Gewerke- und Ackerbauschulen und die Großherzogliche Landesbaumschule an der „Baumschule" (ab 1834 Marienhöhe) errichten. Im Schloß Großkromsdorf wird ein „Großherzogliches Karl Friedrich-Damenstift" für mittellose Beamtentöchter mit einem Kapital von 30 000 Talern ausgestattet und 1857 eine „Kinderbewahranstalt" (Kinderheim) geschaffen. Das **am Carlsplatz (heute Goetheplatz 12)** errichtete **Lesemuseum** soll Bildung und Wissen durch die Lektüre von Zeitschriften und Büchern fördern. Nicht unerwähnt bleiben darf die Gründung der **Sparkasse (Graben 4)** 1821.

Ebenso wichtig ist für Maria Pawlowna die Pflege der Parkanlagen und Bäume in Weimar. Die Schlösser und Parkanlagen Belvedere, Ettersburg und Wilhelmsthal bei Eisenach werden erweitert, die Landschaftsparks stehen nun für alle Menschen offen, nicht nur für den Hof.

Neben ihren karitativen Leistungen bewirkt Maria Pawlowna auch wesentliche Veränderungen im Stadtbild. So ist der heutige Sophienstiftsplatz auf ihr Anraten schon 1822 erstmalig umgestaltet worden (Zweite Umgestaltung im Jahr 1875 unter Großherzogin Sophie, siehe dort). 1834 wird die Straße „Vor dem Frauentore" in „Marienstraße" umbenannt. 1847 stiftet die Großherzogin dem Stadtrat Weimars sechs Brunnen „zur Zierde der Stadt"; das Monogramm MP ist heute noch an dem **Brunnen vor dem Geleithaus** zu sehen. Auch ist es Maria Pawlowna, die auf der von Verfall bedrohten Wartburg ihrem Sohn Carl Alexander sagt: *„Du solltest einmal daran denken, dies wieder herzustellen".* (6)

Belvedere ist wie Ettersburg und Tiefurt auch in der klassischen und nachklassischen Zeit Weimars ein Ort des geistig-kulturellen Lebens. Maria Pawlowna und Carl Friedrich haben es als Sommerresidenz eingerichtet. In ihrer Regierungszeit sind Karl Immermann und Friedrich Hebbel ebenso Gast wie Fürst von Pückler-Muskau und Anton Rubinstein. Als Großherzogin Luise sich nach Carl Augusts Tod im Jahre 1828 von den Regierungsgeschäften nach Wilhelmsthal zurückzieht, ist sie, Maria Pawlowna, in viele Aufgaben der Landesmutter hineingewachsen. Und es zeigt sich, was Goethe im Gespräch mit Eckermann sagt: *„... Sie ist eine der besten und bedeutendsten Frauen unsrer Zeit, und würde es sein, wenn sie auch keine Fürstin wäre. Und das ist's eben, worauf es ankommt, daß, wenn auch der Purpur abgelegt worden, noch sehr viel Großes, ja eigentlich noch das Beste übrigbleibe."*(7)

Es gehört zu Maria Pawlownas Bestrebungen in diesen Jahrzehnten, in Weimar einen neuen „Musenhof" zu begründen. Nach Goethes Tod 1832 war es still geworden in dem *„Musenwitwensitz"* (Heinrich Heine, 1836). Deshalb ist die Förderung der Geselligkeit auch im nachklassischen Weimar ein wichtiges Ziel Maria Pawlownas. Sie und ihr Sohn Carl Alexander, erkennen, daß das Großherzogtum Sachsen-Weimar-Eisenach nur durch neue kulturelle Konzepte und Projekte vor dem Abstieg in die Bedeutungslosigkeit bewahrt werden kann; die Idee eines „Silbernen Zeitalters" in Anknüpfung an das „Goldene Zeitalter" wird geboren. In Fortsetzung der Tafelrunde und der literarischen Teegesellschaften des klassischen Weimar finden nun literarische Abende im Schloß statt, meist zweimal im Monat. Zu den Vortragenden gehören aus Weimar u. a. Friedrich von Müller, Stephan Schütze, Ludwig von Froriep, Ludwig von Schorn, Gustav A. Schöll und Ludwig Preller. Aber auch viele Wissenschaftler der Universität Jena werden eingeladen.

Individuelle Begabung und eine große Liebe zur Musik veranlassen Maria Pawlowna, ähnlich wie einst Herzogin Anna Amalia, berühmte auswärtige Virtuosen wie August Eberhad Müller, Johann Nepomuk Hummel und Franz Liszt nach Weimar zu holen. Als Regentin erhält sie bei dem jeweils amtierenden Hofkapellmeister Musikunterricht u. a. bei Hummel. Sie beherrscht nicht nur das Transponieren und Partiturenlesen, sondern erwirbt umfassende Kenntnisse der Musiktheorie, ja komponiert selbst. (Eine als anonym gekennzeichnete Komposition in der Sammlung der „Liebesträume" von Franz Liszt stammt von Maria Pawlowna.) Als Hummel von ihr zum Großherzoglichen Kapellmeister berufen wird (1819/1837) erhält er von der Großherzogin bedeutende finanzielle Mittel. Er ist in diesen Jahren der berühmteste Klaviervirtuose in Europa. Es gelingt Hummel, berühmte SolistInnen zu Konzerten nach Weimar zu verpflichten, u. a. Jenny Lind (siehe dort), Clara Schumann und Nicollo Paganini. Auch Franz Liszt, der 1848 als Hofkapellmeister und Leiter des Musiktheaters fest in weimarische Dienste tritt, erhält sein Gehalt aus der Privatschatulle Maria Pawlownas. Das Musikleben nimmt durch ihn einen bedeutenden Aufschwung. Die Altenburg, wo Franz Liszt und Carolyne von Sayn-Wittgenstein wohnen, nimmt in diesen Jahren viele berühmte BesucherInnen auf. (7)

Die dreißiger und vierziger Jahre des 19. Jahrhunderts sind unter Maria Pawlownas Regentschaft also einerseits geprägt von einer neuen Geselligkeit, andererseits von der Anknüpfung an die literarischen Traditionen Weimars. Ebenso gilt das Interesse der Musik, der bildenden Kunst und der Stadt- und Landschaftsarchitektur.

Nach dem Tod Carl Friedrichs 1853 übernimmt nun der Sohn Carl Alexander das Regierungsamt. Gemeinsam mit ihrer Schwiegertochter Sophie führt Maria Pawlowna bis zu ihrem Tod das inzwischen übliche Mäzenatentum für die kulturelle Entwicklung fort.

Maria Pawlowna stirbt am 23. Juni 1859 in Belvedere. Ihr letzter Wille in ihrem Testament ist, nach dem Ritual der russisch-orthodoxen Kirche bestattet zu werden, denn die Zarentochter ist Angehörige der ostkirchlichen Konfession. Der Trauergottesdienst für sie wird im Haus der Frau von Stein abgehalten. Seit 1804 befand sich dort im Erdgeschoß eine eigens für Maria Pawlowna eingerichtete „Griechische Kapelle", in der orthodoxe Priester seither die Gottesdienste abhielten. 1860 beginnt man auf dem **Neuen Weimarer Friedhof (heute: Historischer Friedhof)** direkt neben der Fürstengruft mit dem Bau der **russisch-orthodoxen Grabkapelle,** deren Grundstein in russische Erde gelegt wird, die für diesen Zweck extra aus Rußland herbeigebracht worden ist. Mit Hilfe eines Durchbruches der Grundmauern zwischen Kapelle und Fürstengruft wird erreicht, daß der Sarkophag Maria Pawlownas direkt unterhalb des russischen Gotteshauses und zugleich neben den Sarkophagen der herzoglichen Familie plaziert werden kann. Am 24. November 1862 wird die Kapelle durch Erzpriester Stefan Sabinin geweiht.
„Die fünf mit Blattgold belegten Zwiebelkuppeln der Kapelle und der davorliegende Bau der Fürstengruft mit seiner achteckigen Laterne und dem dorischen Portikus ergeben ein einmaliges architektonisches Ensemble." [8] Beide Bauwerke sind heute einer der Hauptanziehungspunkte für die Gäste Weimars auf dem Historischen Friedhof. Die Kapelle wird außerdem bis heute von der russischen Gemeinde in Weimar für Gottesdienste genutzt.

Lohnend für den Stadtrundgang ,mit weiblichen Augen' ist auch ein Blick auf die unmittelbare Umgebung der Kapelle: „Im Wäldchen" befinden sich die Grabstätten der Hofdamen und Kammerfrauen der Großfürstin, darunter das Mausoleum der Gräfin Eleonore Maximiliane Ottilie Henckel von Donnersmarck (1756–1843), ihres Zeichens Oberhofmeisterin. Sie war, aus preußischem Adel stammend, 1804 mit Maria Pawlowna nach Weimar gekommen und spielte an deren Hof eine bedeutende Rolle. Wegen ihrer Originalität, ihres Witzes und ihrer freimütigen Sprache besaß sie eine gewisse Berühmtheit. Ihre Enkelin Ottilie heiratete 1816 August von Goethe. Ebenfalls in einem Ehrenmausoleum hat Anna Dillon, die Kammerfrau und Freundin Maria Pawlownas, ihre letze Ruhestätte gefunden. Auch sie war, zusammen mit ihrer Herrin, 1804 aus St. Petersburg gekommen. 1823 wurde sie zunächst im Kassengewölbe auf dem Jakobsfriedhof bestattet und erst ein reichliches Jahr später auf den Historischen Friedhof überführt. Maria Pawlowna ließ ihr nach Coudrays Entwurf einen klassizistischen Steinsarg errichten. Ein Jahr vor dem Tod der Großherzogin wurde die Hofdame Constanze Gräfin von Fritsch ebenfalls in direkter Nähe der russisch-orthodoxen Kirche zur letzten Ruhe gebettet. Die Hofdame zählte zu den einflußreichen Angehörigen des Hofes in der Weimarer Adelsgesellschaft der ersten Hälfte des 19. Jahrhunderts. Nach dem Tod der Gräfin Henckel von Donnersmarck war sie Oberhofmeisterin geworden. Eine weitere bekannte Hofdame der Maria Pawlowna war seit 1815 Caroline Gräfin von Egloffstein (siehe Stadtrundgänge WEIMAR WEIBLICH, Heft 1). Sie war musikalisch außerordentlich begabt und wurde deshalb von der Großherzogin sehr geschätzt.

rr

Abb. S. 26 Großherzogin Maria Paulowna, Punktierstich von E. Müller nach Gemälde von F. Jagemann (Ausschnitt), um 1910

Abb. S. 28 Wappen der Großherzogin Maria Pawlowna am Brunnen vor dem Geleithaus, Foto von Ulrike Müller, 1999

Abb. S. 30 Russisch-orthodoxe Kirche mit Gruft, Westansicht, C. H. F. Streichhahn !859/60

(1) Vgl.: Detlef Jena, Maria Pawlowna, Großherzogin an Weimars Musenhof, Graz-Wien-Köln 1999

(2) Der Begriff „Silbernes Zeitalter" ist vermutlich von Maria Pawlowna geprägt worden. Als Epochenbegriff ist er in der Regionalhistoriographie des 19. Jahrhunderts ein eingebürgerter Begriff für die kulturellen Leistungen des „nachklassischen Weimar" in der Regierungszeit von Carl Alexander und Sophie.

(3) Zitiert in: Maria Pawlowna, Ein Gedenkblatt zum 9. November 1904, hrsg. von Natalie von Milde, Hamburg 1904, Seite 93, Brief von Luise von Göchhausen, 14. November 1804

(4) Eleonore von Bojanowski, Luise, Großherzogin von Sachsen, Weimar und ihre Beziehungen zu ihren Zeitgenossen, Stuttgart 1903, Seite 273

(5) Vgl. Maria Pawlowna, Ein Gedenkblatt, a.a.O., Seite 24

(6) Carl Alexander, Erinnerungen an die Wiederherstellung der Wartburg, in: Wener Noth, Die Wartburg, Leipzig 1967, Seite 5

(7) Goethe gegenüber Eckermann, 23. Oktober 1828, in: Johann Peter Eckermann, Gespräche mit Goethe in den letzten Jahren seines Lebens, Berlin und Weimar 1987, Seite 605

(8) Roland Dressler, Jochen Klauss, Weimarer Friedhöfe, Weimar-Köln-Wien 1996, Seite 110

Weitere Literatur: Angelika Pöthe, Carl Alexander, Mäzen in Weimars „Silberner Zeit", Böhlau Verlag Köln-Weimar-Wien 1998

Adelheid von Schorn, Das nachklassische Weimar, Erster Teil: unter der Regierungszeit Karl Friedrichs und Maria Paulownas, Weimar 1911

SOPHIE, geborene Prinzessin der Niederlande (1824–1897) Großherzogin von Sachsen-Weimar-Eisenach

Nach Anna Amalia, Luise und Maria Pawlowna – jede dieser Frauenpersönlichkeiten verhalf dem Weimarer Hof im 18. und 19. Jahrhundert auf ihre Art zu Form und Gestalt und leistete Bedeutendes für die Allgemeinheit – ist es nun Großherzogin Sophie, die bedeutenden Einfluß auf den Charakter des literarisch-kulturellen Lebens in Weimar nimmt. Sophie, geboren am 8. April 1824 in Haag, ist die Tochter des späteren niederländischen Königs Wilhelm II. und der Königin Anna Pawlowna, Schwester der russischen Großfürstin Maria Pawlowna. Die junge Prinzeß, einzige Tochter, erhält wie ihre zwei Brüder, Prinz von Oranien und Prinz Heinrich, eine umfangreiche Bildung. Ihr Interesse gilt vor allem der Natur, den Pflanzen, Tieren, aber auch der Musik und Kunst. Ebenso mag sie die englische, französische und italienische Literatur, liest diese in der jeweiligen Sprache, beschäftigt sich mit Pascal und Bacon und sammelt Gedichte und Sprichwörter. Ab ihrem 16. Lebensjahr begleitet Sophie ihren Vater, der 1840 den Thron bestiegen hat, vielfach auf Reisen durch das Land und wohnt den Empfängen und gesellschaftlichen Veranstaltungen am Hofe der Eltern bei.

Aufgrund ihrer verwandtschaftlichen Beziehungen ist Weimar der jungen Prinzeß nicht fremd. Schon als Zehnjährige hält sie sich mit ihrer Mutter für längere Zeit in der kleinen Stadt an der Ilm auf, um die Verwandtschaft besser kennenzulernen: die Tante Maria Pawlowna, den Onkel Carl Friedrich, die Cousinen Marie und Augusta und den Cousin Carl Alexander. Aber auch der junge Erbgroßherzog Carl Alexander besucht mehrmals die Verwandtschaft in Holland, denn beiden Fürstenhäusern erscheint frühzeitig eine Vermählung von Sophie und Carl Alexander als standesgemäß und zweckmäßig. Jedoch haben wohl nicht nur fürstliche Vernunftgründe bei der am 8. Oktober 1842 in Den Haag stattfindenden Hochzeit eine Rolle gespielt: Die jungen Brautleute sind einander zugetan, so daß ihre emotionale Bindung für den Fortbestand der über fünfzig Jahre währenden Ehe von erheblicher Bedeutung sein wird, auch wenn beide in den vielen Jahren individuelle Vorlieben und einen eigenen Lebensstil pflegen. Während Carl Alexander sich leidenschaftlich für Literatur, Theater und bildende Kunst interessiert, seinem idealistischen Schönheitsstreben und seiner immensen Reiselust frönt, ist es Sophie mit ihrem klaren und praktischen Verstand, die ihrem Mann ein Leben lang Stütze und Rückhalt ist und vor allem auch Entscheidungen trifft. Carl Alexander erkennt und schätzt alsbald Sophies Kunstverständnis und ihre Tatkraft, vor allem bei der Realisierung mancher kultureller, pädagogischer und sozialer Projekte, die ohne sie wohl nicht zu Stande gekommen wären, denn: Sophie verfügt wie schon ihre Schwiegermutter Maria Pawlowna über beträchtliche Geldmittel, die sie mit Hilfe ihres

Schatullenverwalters, Hofrat Marshall, selbst verwaltet. Die junge Erbgroßherzogin ist bei ihrer Ankunft in Weimar 18 Jahre alt. Das Urteil einiger Zeitgenossen über Sophie ist nicht gerade schmeichelhaft. Vor allem Henriette von Pogwisch, die Mutter von Ottilie von Goethe, berichtet bzw. ‚klatscht', Sophie habe *„… nur Geld für ihre Kleider und vermittelte leider das Bild einer tanz-, lach- und putzsüchtigen jungen Frau."* (1) Auch Caroline Jagemanns Eindruck über Sophie scheint nicht frei gewesen zu sein von stark subjektiver Färbung: *„… übrigens hat die Prinzeß von ihren Eigenschaften noch nichts entwickelt, als daß sie gern tanzt, sich gern putzt und viel Geschmack in ihrer Toilette zeigt. Man hofft allgemein, daß sich zu ihrem Frohsinn nach und nach eine würdige Haltung gesellen wird …".* (2)

Diesen wohl nicht ganz richtigen Urteilen kann Sophie bald entgegentreten. Sie beweist in der Folgezeit, daß sie nicht die tanz- und lachlustige ‚niedliche' junge Frau ist, sondern durchaus ein *„Urtheil"* (3) über Regierung und Gesellschaft der vierziger Jahre in Weimar klar und deutlich wiedergibt. Sie erkennt bald nach ihrer Wohnungnahme im **Weimarer Residenzschloß** die geistige und kulturelle Stagnation und Lähmung, in der sich Weimar befindet, das Netz von Intrigen, in das sie verwickelt werden soll und vor allem, daß nur neue kulturelle Projekte die Stadt vor dem Fall in die Bedeutungslosigkeit bewahren können.

In den ersten zehn Jahren ihrer Ehe – bis zum Regierungsantritt 1853 – wird Ettersburg das Sommerschloß von Sophie und Carl Alexander, wie es das einst auch bei Anna Amalia war. Am 19. April 1844 schreibt Carl Alexander: *„Meine Frau und ich betreiben die Ettersburger Einrichtung, um mit Gottes Hilfe, nächsten Monat hinaufzuziehen."* (4) Von Mai bis Oktober ist nun das Schloß nahe bei Weimar ein geselliger Ort inszenierter Romantik, das im Spannungsbezug von Traditionspflege und Zukunftshoffnung lebt. (5) *„Ettersburg ist ein Zauberschloß, wo es das ganze Jahr Erdbeeren giebt und gar keine Etiquette"* (6), hält die Schriftstellerin Amalie Winter (siehe dort) im Briefwechsel mit Carl Alexander fest. Damit drückt sie ihre Gefühle und Eindrücke vom höfischen Leben, stellvertretend für viele BesucherInnen Ettersburgs aus, das *„dort oben ganz anders"* ist, nämlich lockerer, frei von Zwängen und höfischer Etikette. Ettersburg wird in jenen Jahren Treffpunkt zahlreicher stadtbekannter Persönlichkeiten aber auch berühmter Frauen und Männer aus dem In- und Ausland.

Zu dem geselligen Kreis gehören u. a.: Friedrich von Müller, Friedrich Riemer, Johann P. Eckermann, Gustav A. Schöll, Hermann Sauppe, Robert Froriep, Freiherr von Maltitz, Franz von Schober, Amalie Winter, Gräfin von Fabrice, Freiherr von Beaulieu-Marconnay, Cäcilie Gräfin von Beust, Graf von Beust, Caroline Gräfin von Plötz, Gräfin von Redern, James Marshall, Freiherr von Ziegesar, Hans Christian Andersen, Hermann Fürst von Pückler-Muskau, Berthold Auerbach, Franz Liszt, Moritz Hartmann, Emmanuel Geibel, Graf von Moltke und Fanny Lewald-Stahr (siehe dort). (7)

Ohne die niederländische Fürstentochter ist der Ettersburger Kreis mit seinem Ettersburger Jour-

nal, seinen Theateraufführungen, literarischen Zirkeln, Gesprächen und seinen gärtnerischen und landschaftsgestalterischen Aktivitäten nicht vorstellbar.
In den vierziger Jahren und Anfang der fünfziger Jahre werden auch die Kinder Sophies und Carl Alexanders geboren: Karl August (1844), Marie (1849), Sophie (1851) und Elisabeth (1854).
Im Jahr 1854, an ihrem 30. Geburtstag, gründet Sophie die erste gymnasiale Bildungsstätte für Mädchen in Weimar. Es ist ihr Ziel, das weibliche Bildungs- und Erziehungswesen weiterzuentwickeln. Sie erkennt – durchaus auch beeinflußt von Impulsen der aufkommenden Frauenbewegung –, daß Frauen in der Gesellschaft viel geringere Bildungschancen haben als Männer. Das Stift erhält ihren Namen und wird zuerst im damaligen Froriepschen Haus (8) untergebracht, wo den „Töchtern höherer Stände" einerseits ein recht umfangreiches Lehrprogramm an Allgemeinwissen vermittelt wird, wo andererseits aber auch ihre Rolle im späteren Leben als dem Manne untergeordnetes Wesen geprägt wird. 1878 zieht diese Erziehungsanstalt in den zwischen 1875 und 1878 errichteten **Neubau des Sophienstifts (heute Johann-Peter-Eckermann-Schule)** um. Zwischen 1875 und 1877 ist in unmittelbarer Nähe auch das **Lehrerseminar (heute Christoph-Martin-Wieland-Schule in der Gropiusstraße)** entstanden. Für den Neubau der beiden Schulgebäude mußte vorher (1874) eine grundlegende Umgestaltung des Platzes vorgenommen werden; die alte „Federwischmühle" wurde abgerissen, die dort zusammentreffenden Flußläufe des „Wilden Grabens" und der „Lotte" verrohrt und unterirdisch weitergeführt. Erst 1896 erhält der von der Großherzogin so grundlegend umgestaltete Platz den Namen **Sophienstiftsplatz.**
Mit ihrem Wohltätigkeitssinn fördert Sophie, wie einst Maria Pawlowna, aus ihrer Privatschatulle weitere wichtige soziale Unternehmungen, so das Blinden- und Taubstummeninstitut und die „Kinderbewahranstalt" am Rollplatz. Nach dem Tod ihrer Schwiegermutter 1859 übernimmt Sophie die Leitung des „Patriotischen Instituts der Frauenvereine". 1874/75 veranlaßt sie in Anerkennung der von Maria Pawlowna geschaffenen Industrieschulen die Aufnahme des Handarbeitsunterrichtes für Mädchen in den Volksschulen. Um die Kranken- und Armenpflege effektiver zu betreuen, gründet Sophie 1875 eine Pflegerinnengemeinschaft. Ein Jahr später findet die Aufnahme dieser Anstalt in dem eigens zu diesem Zwecke erbauten Sophienhaus (siehe unter Berta Döbling) statt. Drei Jahre zuvor hatte Sophie in Sulza ein Heilbad für Asthmakranke und schwache Kinder errichten lassen.
In diesen ganzen Jahren sind Sophie und Carl Alexander bestrebt, die Tradition Weimars zu bewahren sowie neu zu beleben und die Stadt wieder zu einem geistigen Mittelpunkt Deutschlands zu machen. In diesem Abschnitt des „Silbernen Zeitalters" in Weimar werden die Deutsche Schillerstiftung (1859), die Kunstgewerbeschule (1860), die Deutsche Shakespeare-Gesellschaft (1864), das Landesmuseum (1869) und die Orchesterschule (1872) gegründet. Zu Ehren des herzoglichen Paares wird

am 1. Juli 1875 der von Robert Härtel geschaffene Carl-Alexander-Sophienbrunnen (später Vimariabrunnen) am Landesmuseum eingeweiht und *„dem Schutz der Bevölkerung empfohlen".* Die Verbindungsstraße zwischen Bahnhof und Innenstadt, die an dem Bahnhof vorbeiführt, wird 1878 Sophienstraße genannt (1938 Bahnhofstraße, 1946 Leninstraße, heute Carl-August-Allee). Besonders große Verdienste erwirbt sich die Großherzogin Sophie auch bei der Verwaltung des schriftlichen Nachlasses des Goethe-Erbes. Am 15. April 1885 stirbt Walther von Goethe, der letzte Enkel des Dichters und alleiniger Erbe seines Besitzes. In seinem Testament vermacht er Liegenschaften und Sammlungen dem Staat Sachsen-Weimar, den literarischen Nachlaß und die Korrespondenz der Großherzogin Sophie. Nur wenige Tage nach der Übernahme des Erbes veranlaßt diese die Gründung eines Goethe-Archivs, das bereits am 22. April 1885 im herzoglichen Schloß untergebracht wird. Mit der Übergabe des Schillernachlasses durch die Familie von Gleichen-Rußwurm 1889 wird das Archiv zum Goethe- und Schiller-Archiv erweitert. 1893 regt Sophie den Bau eines gesonderten Archivgebäudes an, das nach dem Entwurf des Weimarer Architekten Otto Minkert 1896 vollendet und eingeweiht wird. Dieses neue **Goethe- und Schiller-Archiv (GSA, heute Hans-Wahl-Straße 4)** wird eine der bedeutendsten deutschsprachigen literaturgeschichtlichen Forschungs- und Arbeitsstätten, die neben Goethes und Schillers literarischen Nachlässen sehr bald auch diejenigen von Wieland, Herder, Mörike, Hebbel, Büchner, Heinrich Heine, Bertuch

und Liszt sowie später auch Nietzsches aufnimmt. Das Archiv enthält außerdem die Nachlässe einer Reihe bedeutender Frauenpersönlichkeiten, u. a. von Henriette, Caroline und Julie von Egloffstein, Charlotte von Stein, Luise von Göchhausen, Bettina von Arnim, Malwida von Meysenbug und Gabriele Reuter.

Zu Sophies verantwortungsbewußten und weitsichtigen Überlegungen, Planungen und Ausführungen

gehört auch 1885 die Gründung der Goethe-Gesellschaft, und im selben Jahr noch kann die Erbin Fachwissenschaftler zur Mitarbeit gewinnen, die die Herausgabe einer lang gewünschten Gesamtausgabe von Goethes Werken vorbereiten. Schon zwei Jahre später erscheinen die ersten Bände der Weimarer Goethe-Ausgabe, nach der Herausgeberin auch Sophien-Ausgabe genannt. (10)

In den letzten Lebensjahren zieht sich Sophie vom gesellschaftlichen Leben zurück. 1894 stirbt ihr Sohn, der Erbgroßherzog Karl August (1859 war schon ihre achtjährige Tochter Sophie gestorben). Trotz schwerer Krankheit 1895 führt sie ihre Tätigkeit für das Goethe- und Schiller-Archiv weiter.

Als die Großherzogin Sophie am 23. März 1897 stirbt, hat sie gemeinsam mit ihrem Mann Carl Alexander fast ein halbes Jahrhundert die Geschicke der Stadt geprägt. Ihre sozialen, pädagogischen, wissenschaftlichen und kulturellen Leistungen im nachklassischen Weimar zeigen, daß sie als Fürstin Bedeutendes für die Allgemeinheit geleistet und dabei der Frauenförderung ein hohes Maß an Aufmerksamkeit gewidmet hat.

Ihre letzte Ruhestätte findet sie in der Fürstengruft auf dem Historischen Friedhof. rr

---

Abb. S. 32 Großherzogin Sophie, Druck nach Gemälde (Ausschnitt) von Franz Dürck (1809–1897), gedruckt bei J. Adam, undatiert

Abb. S. 35 Großherzogin Sophie, Lithographie (Ausschnitt) von Woldemar Hau, 1851 (?)

Abb. S. 36 Goethe- und Schillerarchiv, Foto von Ulrike Müller

(1) Vgl. Ottilie von Goethe, Tagebücher und Briefe, 2. Band, Wien 1963, S. 13 und 36
(2) Die Erinnerungen der Karoline Jagemann, Hrsg. Eduard von Bamberg, Dresden, o.J., S. 566
(3) Urtheil der Erbgroßherzogin Sophie über Weimar und dessen Zustände und frühen Kreise 1842. In: Thüringisches Hauptstaatsarchiv Weimar, Hausarchiv Sophie XXVII, 204
(4) Alt-Weimars-Abend, Briefe und Aufzeichnungen aus dem Nachlasse der Gräfinnen Egloffstein, München 1923, S. 539 f.
(5) Vgl. Angelika Pöthe, Carl Alexander, Mäzen in Weimars „Silberner Zeit", Köln-Weimar-Wien 1998, S. 73 f.
(6) Zitiert ebenda: S. 72, aus einem Brief von Amalie Winter an Carl Alexander vom 14. Juni 1844
(7) Vgl. Angelika Pöthe, Schloß Ettersburg, Weimars Geselligkeit und kulturelles Leben im 19. Jahrhundert, Köln-Weimar-Wien 1995
(8) Vgl. Artikel Bertha Froriep
(9) Paul von Bojanowski, Sophie, Großherzogin von Sachsen, Braunschweig 1897, S. 30
(10) Die Sophienausgabe erscheint von 1887 bis 1919 mit 143 Bänden im Verlag von Hermann Böhlaus Nachfolger.

Weitere Literatur: Adelheid von Schorn, Das nachklassische Weimar, Zweiter Teil: unter der Regierungszeit von Karl Alexander und Sophie, Weimar 1912

MARIE LUISE KATHARINA AUGUSTA,
geborene Prinzessin von Sachsen-Weimar,
1. Deutsche Kaiserin
(1811–1890)

Große Erwartungen knüpfen sich an die Zukunft des kleinen Mädchens, dem dritten Kind des Erbprinzlichen Paares, der Großfürstin Maria Pawlowna (siehe dort) und Carl Friedrich, Großherzog von Sachsen-Weimar-Eisenach, das am 30. September zur nächtlichen Stunde geboren wird – just zu der Stunde, als *„wunderschön und flammend"* der *„große Komet"* am mitternächtlichen Himmel erscheint. (1) Ein Glücksbringerzeichen, heißt es, und man prophezeit dem Säugling, der *„... so vornehm und so vernünftig ... daliegt, ... daß man sich gar nicht wundern würde, wenn eine Krone schon mitgeboren wäre"*, (2) eine bedeutsame herrscherliche Zukunft. Über die Siebenjährige notiert Diana von Gersdorff in ihr Tagebuch: *„Prinzessin Augusta imponiert schon jetzt jedem, der ihr begegnet. Mit ihren Blicken scheint sie die Zukunft durchdringen zu wollen, scheinbar steht auch sie wie ihre Mutter auf einer seelischen Stufe, zu der andere sich erst emporarbeiten müssen."* (3) Ähnlich äußert sich die vertraute, Jugendgefährtin und spätere engste Freundin, Jenny von Gustedt: *„Prinzessin Augusta war ein schönes Kind mit früh entwickeltem, energischem Charakter. Sie hat ihren Gouvernanten die Erziehung nicht leicht gemacht."* (4)

Im Schloß Belvedere, im „Prinzessinnengarten" zu Jena und im Schloß Wilhelmsthal bei Eisenach verbringt die Prinzessin Augusta zusammen mit den Geschwistern ihre Kinderjahre. Sie wächst unter der Fürsorge der Witwe des Botanikers Batsch, Amalie Batsch, heran, die den Kindern eine mütterliche Freundin ist. Augusta hängt sehr an ihr; das ist in den Briefen der späteren Kaiserin Augusta an ihr *„innigstgeliebtes Bätschen"* eindrucksvoll bezeugt. Eine weitere kluge Erzieherin und spätere Ratgeberin hat sie in der Oberhofmeisterin Frau von Hopfgarten. Den Hauptanteil an ihrer Erziehung übernimmt jedoch die Mutter, Großherzogin Maria Pawlowna, selbst. Sie hält die Kleine schon frühzeitig dazu an, sich die Zeit einzuteilen und ihre Pflichten ernstzunehmen. Gleichzeitig fordert sie von ihr die genaueste Beachtung der fürstlichen Etikette, und Augusta beherrscht diese Umgangsformen bald so perfekt, daß sie viele Jahre später am Preußenhof deswegen bewundert wird. Nachteilig wirkt sich ihr oftmals steifes und geziertes Auftreten jedoch bei öffentlichen Anlässen aus; es bewirkt, daß die Preußenkönigin und spätere Kaiserin, vom Volk als kalt und unnahbar empfunden, niemals populär wird.

Der Mutter ist es auch zu verdanken, daß in der Tochter von klein auf das Interesse für das geistige Erbe Weimars geweckt und gefördert wird. Maria Pawlowna, die selbst malt und musiziert, sorgt dafür, daß die gleichfalls talentierte Augusta eine gründliche musikalische Ausbildung bei dem Hofkapellmeister Johann Nepomuk Hummel bekommt; von der Weimarer Malerin Louise Seidler

Kriegsdienst im Haushalt.

Ein Wort an die deutschen Frauen.

Herausgegeben von dem

Hauptvorstande des Vaterländischen Frauen-Vereins.

Sieben Monate dauert nun schon der Krieg. Die halbe Welt steht gegen uns: Engländer, Franzosen, Belgier, Russen, Japaner. Unsere Gegner sagen, wir hätten angefangen. Aber wo sieben gegen einen kämpfen, da wird doch nicht der Eine der Angreifer sein.

Weswegen hat man uns angegriffen? Unser Verbrechen war, daß wir zu tüchtig gearbeitet haben. Von Jahr zu Jahr haben unsere Äcker reichere Frucht getragen, unsere Fabriken mehr Waren erzeugt, unsere Kaufleute sie in alle Welt versandt. Immer reicher ist unser Volk geworden. Wir können uns heute besser nähren und kleiden als früher, und auch die Wohnungen sind besser geworden. Wir haben so viel Geld erspart, daß jetzt fast jedem, wenn er alt oder gebrechlich wird, seine Rente ausgezahlt werden kann. In den Sparkassen liegen gewaltige Summen aufgehäuft. Das gefällt den Engländern nicht. Sie sehen mit Schrecken, wie in allen

(siehe Stadtrundgänge WEIMAR WEIBLICH, Heft 1) und dem Direktor der Weimarer Kunstschule, Heinrich Meyer, bekommt sie Mal- und Zeichenunterricht. Sie spricht fließend russisch, widmet sich mit Vorliebe englischen und französischen Sprachstudien und bildet sich durch die Lektüre meist historischer Werke. Maria Pawlowna wird in ihrem Bemühen von keinem Geringeren als Goethe maßgeblich unterstützt. Er verfolgt die Entwicklung der Prinzessin von Anfang an und berät die Mutter in allen Fragen der Erziehung und Bildung. Augustas *„Feuerseele“* hat es ihm angetan. (5) Er schätzt ihre lebhafte Wißbegier, die auch vor naturwissenschaftlichen Fragen nicht haltmacht; gemeinsam beobachten sie am 7. September 1820 im „Prinzessinnengarten“ die Sonnenfinsternis. Der Dichter fördert besonders ihr literarisches Interesse, indem er *„... ihr neuerschienene Bücher vorlegt und ihren Inhalt erklärt, ihr gelegentlich auch ein Buch schenkt.“* (6)

Als Prinzessin Augusta am 6. Juni 1829 Weimar verläßt, um Prinz Wilhelm von Preußen als Braut nach Potsdam zu folgen, bemerkt Goethe in einem Brief an Zelter: *„Augusta ... verbindet frauenzimmerliche und prinzeßliche Eigenschaften auf eine so vollkommene Weise, daß man wirklich in Bewunderung gerät und ein gemischtes Gefühl von Hochachtung und Neigung ihr gegenüber hat“.* (7) So ist eigentlich anzunehmen, daß die Prinzessin am preußischen Hofe „*... ein Leben äußerer Erfolge und inneren Glücks erwarten ...*“ (8) kann. Doch die Erwartungen erfüllen sich nicht. Ein Grund dafür besteht in der Unterschiedlichkeit der Charaktere und der Lebensauffassungen beider Partner: da gibt es einerseits Wilhelm, den *„nüchterne*(n) *Berufssoldat*(en) ...“, der, altpreußischer Tradition anhängend, reformerisch-liberalem Gedankengut ablehnend gegenübersteht und mit Literatur und Kunst nichts anfangen kann, andererseits die junge Frau, tolerant und aufgeklärt erzogen, „*... interessiert an ästhetischen Fragen, mit einem klaren sozialen Blick und starker Verantwortung“.* (9) Ein anderer, wohl weit gewichtigerer Grund für diese sich so wenig glücklich gestaltende eheliche Verbindung aber heißt Elisa, Prinzessin von Radziwill; sie ist die Jugendliebe des inzwischen Einunddreißigjährigen. Beide waren miteinander verlobt, doch aus der Heirat wurde nichts: Die

Minister des Preußenkönigs bestanden – nach dem preußischem Grundsatz, daß die künftige Gemahlin des Hohenzollerprinzen ebenbürtig, d. h. Tochter aus einem der regierenden Fürstenhäuser sein müsse –, auf einer Annulierung der Verbindung. Der Vater konnte oder wollte Wilhelm nicht beistehen. Wilhelm, resigniert, löst schweren Herzens die Verlobung. Er heiratet, um eine mögliche Thronfolge zu sichern, Augusta. Doch seine Jugendliebe wird er niemals vergessen. Für die Prinzessin von Preußen, die spätere 1. deutsche Kaiserin, bleibt der „Schatten Elisa" immer gegenwärtig, und es wird später heißen, *„... daß die langen Jahre einer kalten Ehe ... die Kaiserin hart und bitter gemacht hätten."* (10) Auch Kronprinzessin Viktoria von England, mit Augusta verwandtschaftlich verbunden, äußert sich dazu ähnlich, wenn sie bemerkt, daß *„... für die Kaiserin auch die Ehe Dienst sei, (...) sie dürfe nicht etwa Freude, sondern müsse Pflicht sein."* (11) Allerdings ist Augustas Tagebuchaufzeichnungen sowie dem Briefwechsel zwischen den Eheleuten und auch dem zwischen ihr und Jenny von Gustedt zu entnehmen, daß zumindest Augusta ihrem Mann ehrlich zugeneigt gewesen ist.

Vor allem in den ersten Jahren in Potsdam macht Augusta die kaum verdeckte feindselige Haltung des Hofes ihr gegenüber zu schaffen, und es kommt fast zum Eklat, als ihr Schwager, der Kronprinz, ihr verbieten will, *„... mit dem Gottesleugner Goethe"* noch länger im Briefwechsel zu bleiben. (12) Man behauptet allen Ernstes, *„... in Weimar ersetze man die Religion durch Schöngeist."* (13) Kein Wunder, daß Augusta sich immer wieder dazu aufgerufen fühlt, *„... die ethischen Postulate der deutschen Klassik ..."* zu verteidigen, die den Preußen als eine *„... gefährliche Idee ..."* erscheint, die dazu geeignet sei, die *„traditionelle Ordnung"* infrage zu stellen. (14)

Erbittert reagiert Augusta auf die Bemerkung des königlichen Schwiegervaters, die ihr hinterbracht wird, *„... sie sei ein ganz verrücktes Frauenzimmer ... Ihm wäre es lieber, sie könnte nur gerade lesen und schreiben: Was für andere Frauen Liebschaften sind, das sind für die Prinzessin Augusta gelehrte Bücher."* (15) Schließlich, als sie sich aktiv in die politischen Geschäfte einmischt, wird auch ihr Verhältnis zu Bismarck stark belastet, ja, feindselig. Sie bemerkt dazu: *„Bismarck hat einen unversöhnlichen Charakter und ist jedem feindlich gesinnt, der eine eigene Meinung vertritt oder ihm seinen Willen entgegenstellt. So gehört mir seine besondere Liebe. Wenn nur nicht alle sich von ... ihm einwickeln ließen!"* (16) Die Spannung erreicht ihren Höhepunkt im Revolutionsjahr 1848, als ihr Mann sich vor dem aufgebrachten Volk nach England in Sicherheit bringen muß. Augusta plant, den gefährdeten Preußenthron für ihren Sohn, den Kronprinzen Friedrich Wilhelm, zu retten. Sie will den hilflos agierenden König zur Abdankung zwingen und ihren Gemahl, der sich beim Volk durch seine allen Reformen gegenüber abgeneigte Haltung unbeliebt gemacht hat, zum Thronverzicht zugunsten des Sohnes überreden. Sie selbst würde sich dazu bereit erklären, bis zu dessen Volljährigkeit die Amtsgeschäfte zu übernehmen. Bei der Ausführung des Plans kommt sie allerdings an Bismarck nicht vorbei. Sie weiht ihn ein; er, ganz entschieden gegen weibliche Einmischung auf diesem brisantem Terrain, königstreu und jedem Umsturz abhold, sagt unumwunden: Nein!

Später wird er dann in seine Memoiren Häme über die Kaiserin ausschütten, indem er in diesem Zusammenhang urteilt, *„... daß nach seiner unverrückbaren Überzeugung, eine politisierende Dame sich selbst ihres Damenrechtes begibt."* (17) Nachdem Bismarck 1862 Kanzler wird, resigniert sie und zieht sich vollends aus der Politik zurück. Aus tiefster religiöser Überzeugung und sozialer Verantwortung heraus widmet sie sich nunmehr vorwiegend Werken christlicher Nächstenliebe und der Humanität. Der Entschluß dazu war in ihr schon 1847 herangereift, als sie in ihrem Tagebuch notierte: *„Auch ich erblicke meine einzige Aufgabe darin, dem Elend in der Welt zu steuern. ... Ohne nach rechts oder links zu sehen, müßt man helfen, wo Kinder in Not sind oder Menschen Hunger leiden ... Was haben die armen Kinder getan, denen das Los zuteil wurde hier* (gemeint ist: in dieser engen stinkenden Gasse, Anm. d. Verf.) *ihre Jugend zu verbringen. Von Rechts wegen müßte sich ein Staat oder das Christentum dieses Staates für bankrott erklären, solange es in seinem Gebiet noch Menschen gibt, die hungern und frieren."* (18)

1866, als infolge des deutsch-dänischen Krieges Verwundete und Krüppel zu pflegen, Witwen und Waisen zu versorgen sind, gründet Augusta, sich die sozialen Einrichtungen der Thüringer Frauenvereine zum Vorbild nehmend, die ihre Mutter 1817 ins Leben rief, den ersten „Vaterländischen Frauenverein". Sie entwickelt ein großes Organisationstalent; noch im selben Jahr entstehen 44 Zweigvereine, 1869 erfolgt der Zusammenschluß zum „Vaterländischen Central-Frauenverein" unter dem roten Kreuz im weißen Feld. Mehr als 30 000 Frauen in 291 Vereinen dienen im Deutsch-Französischen Krieg 1870/71 in dieser „Armee der Kaiserin" für „Gott, Kaiser und Vaterland", indem sie, an vorderster Front, Verwundeten helfen. *„Das Vaterland erwartet, daß alle Frauen bereit sind, ihre Pflicht zu tun"*, ruft ihnen Kaiserin Augusta zu und fordert, daß sie ihren Patriotismus auf diese Weise tatkräftig unter Beweis stellen. Der Vorstand des „Vaterländischen Frauenvereins" rekrutiert sich allerdings vorwiegend aus Männern; in der Regel sind es Generäle oder Geheime Regierungsräte. Die wenigen Frauen entstammen Adelskreisen. Auch in den sich anschließenden Friedensjahren sind es die Männer, die in den Generalversammlungen reden und entscheiden: *„Der Führungsstil ... ist ... autoritär, standesbewußt und militärisch."* Die Frauen werden jetzt zur Linderung *„außerordentlicher Notstände"* sowie zur *„... Hebung und Förderung der Krankenpflege"* herangezogen. (19)

Der „Vaterländische Frauenverein" hatte, obwohl er zahlenmäßig wesentlich stärker war, nichts mit den eigentlichen Frauenverbänden, die gleichzeitig entstanden waren und den mühsamen Weg der Frauenemanzipation einschlugen, zu tun. Er ist eigentlich als ein problematisches Kapitel in der Geschichte der Frauenbewegung anzusehen, da innerhalb des Verbandes das alte unter der Männervorherrschaft bestehende Machtgefüge erhalten blieb.

Unter dem Protektorat der Kaiserin erfährt der von der jüdischen Sozialreformerin Lina Morgenstern (genannt: „Suppen-Lina") initiierte Verein „Berliner Volksküchen", einer Anstalt, in der den Armen täglich eine warme Mahlzeit zum Selbstkostenpreis verabreicht wird, eine große Bedeutung. Die Einrichtung, von zahlreichen privaten Spendern unterstützt, spielt bald darauf eine große Rolle bei der Truppenversorgung und später auch – die Grenzen des Patriotismus hinter sich lassend – bei der Betreuung der französischen Gefangenentransporte auf den Bahnhöfen im Krieg 1870/71.

Den Liebeswerken des „Vaterländischen Frauenvereins" gilt *„ ... die letzte Sorge der alten Kaiserin, die selbst schwer krank, sich keine Ruhe gönnt, überall nach dem Rechten sieht oder sich berichten läßt und zu helfen versucht."* (20)

Am 7. Januar 1890 stirbt Kaiserin Augusta, und Reichstagspräsident von Lewetzow wird der *„hohen Entschlafenen"* am nächsten Tag vor dem versammelten Reichstag nachrufen, sie habe *„... in unwandelbarer Treu ihrer Pflicht gelebt."* (21) es

---

Abb. S. 37 Prinzessin Augusta, Stich (Ausschnitt) von Franz Krüger (1787-1857), undatiert

Abb. S. 38 Aufruf des konservativen vaterländischen Frauenvereins, in: Ingeborg Weber-Kellermann „Frauenleben im 19. Jahrhundert", München 1998

Abb. S. 40 Vorstandssitzung des Vaterländischen Frauenvereins unter Vorsitz von Kaiserin Augusta, Zeichnung von E. Henseler, in: Chronik der Frauen, Dortmund 1992, S. 358

(1) Georg Schuster, R. Paul Bailleu (Hrsg.), Aus dem literarischen Nachlaß der Kaiserin Augusta, Band I, Erster Teil, Berlin 1910, S. 10
(2) Richard Kühn (Hrsg.), Königin Augusta von Preußen, Bekenntnisse an eine Freundin Reißer, Dresden 1935, S. 7
(3) Ebenda
(4) Georg Schuster, R. Paul Bailleu, a.a.O., S. 12
(5) Ebenda
(6) Richard Kühn, Königin Augusta von Preußen, a.a.O., S. 13
(7) Georg Schuster, R. Paul Bailleu, Aus dem literarischen Nachlaß der Kaiserin Augusta, a.a. O., S. 8
(8) Ebenda
(9) Angelika Pöthe, Carl Alexander, Mäzen in Weimars „Silberner Zeit", Köln-Weimar-Wien 1998, S. 86
(10) Richard Kühn, Königin Augusta von Preußen, a.a.O., S. 10
(11) Ebenda
(12) Ebenda, S. 32
(13) Angelika Pöthe, Carl Alexander, a.a.O., S. 86
(14) Ebenda
(15) Richard Kühn, Königin Augusta von Preußen, a.a.O., S. 17
(16) Ebenda, S. 225
(17) Ebenda, S. 12
(18) Ebenda, S. 211 f.
(19) Ute Gerhard, Unerhört, Die Geschichte der deutschen Frauenbewegung, Hamburg 1990, S. 90 ff.
(20) Richard Kühn, Königin Augusta von Preußen, a.a.O., S. 299
(21) Aus der Totenrede anläßlich des Hinscheidens Ihrer Majestät Kaiserin Augusta am 7. Januar, Berlin 1890

2. Rundgang

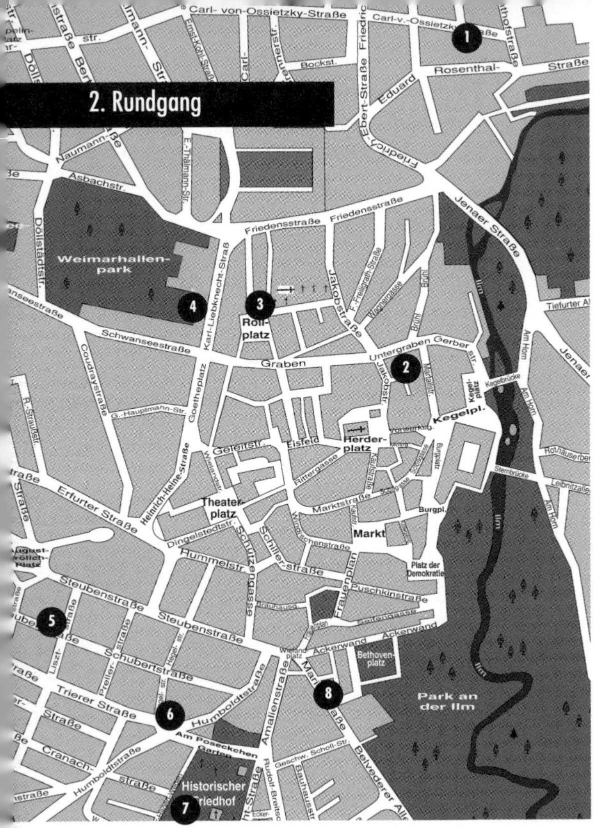

1. **Carl-von-Ossietzky-Straße 17:** ehem. Krankenpflegerinnenschule
2. **Lutherhof in der Luthergasse 1:** ehem. Wohnsitz und Wirkungsstätte der Familie Falk
3. **Rollplatz 10:** ehem. Bildungsanstalt für Kindergärtnerinnen und ehem. Kindergarten, gegründet von Minna Schellhorn
4. **Stadtmuseum, Karl-Liebknecht-Str. 5–9:** ehem. Froriepsche Häuser, u. a. mit Lesezimmer für Frauen, eingerichtet von Natalie von Milde
5. **Lisztstraße 18:** ehem. Wohnhaus der Familie von Milde
6. **Sophienhaus** (Mutterhaus) **in der Trierer Straße:** ehem. Krankenhaus
7. **Historischer Friedhof, Grabmal von Amalie Henriette Rießner und Schauspielerfriedhof mit Marie-Seebach-Gedenkstein** (Vgl. 4. Rundgang)
8. **Marienstraße 7** (heute Teil der Bauhaus-Universität): ehem. Verkaufsstelle des „Vereins für weibliche Handarbeit" (Vgl. 4. Rundgang, Emilie Genast)

Weimar um 1850,
Stahlstich, Anonym

Carlsplatz in Weimar,
Radierung, A. Glaeser, um 1850

AMALIE HENRIETTE RIEßNER, geborene Hase (1774–1849)

In Weimar ist Amalie Henriette Rießner heute nahezu unbekannt, und es gibt von ihr keine verfügbaren biographischen Dokumente. Auf ihrem Grabstein steht neben dem Geburtsnamen und dem Geburtsdatum, dem 13. Dezember 1774, noch der Geburtsort verzeichnet: *„Stadt Sulza"*; also stammt Henriette Rießner aus Thüringen. Im übrigen ist heute nur noch die nach ihr benannte Straße bekannt: die Rießnerstraße im Nordviertel der Stadt, keine Prachtstraße der Weimarer Klassik, sondern eine Straße mit vielen Gewerbeansiedlungen. 1910 wurde der Gaberndorfer Weg in Rießnerstraße umbenannt, damals weit außerhalb der Stadt gelegen.

Eigentlich müßte die Straße Amalie-Henriette-Rießner-Straße heißen. Denn das ist der volle Name der Frau, die als Wohltäterin für ehrsame, bedürftige Witwen immerhin in die Stadtgeschichte einging. Von ihrem Ehemann, dem „Großherzoglich-Weimarischen Rentensecretair", hatte sie nach dessen Tod ein beträchtliches Vermögen geerbt. Als Alleinerbin – das Ehepaar Rießner blieb kinderlos – verfaßte sie ihrerseits am 18. März 1848 ihr Testament und verfügte, daß 3 000 Taler zu möglichst hohem Zins angelegt werden sollen, damit *„Witwen der hiesigen Stadt am 13. Dezember jeden Jahres Holz in Natur unentgeltlich verabreicht werden, und zwar jeder Witwe für 8 Taler Landeswährung."* (1)

Nur ehrbare, ohne Schuld in Not geratene Witwen sollten berücksichtigt werden. Die Stadt Weimar war von Amalie Henriette Rießner beauftragt worden, die Verfügungen des Testaments umzusetzen. Dort heißt es: *„Ich bitte hierdurch den wohllöblichen Stadtrat, die Verwaltung dieser Stiftung zu übernehmen und unter den armen Witwen der hiesigen Stadt in jedem Jahr diejenigen auszuwählen und am Genuß der Stiftung teilnehmen zu lassen, die ihm wegen ihres sittlichen Betragens und ihrer bedrängten Lage die würdigsten und hilfebedürftigsten zu sein scheinen."* (2) Eine Holzspalteanstalt erhielt den Auftrag, das Holz am 13. Dezember jeden Jahres an die bedürftigen Witwen auszuliefern. Welche Witwen in Weimar mit dem Legat bedacht wurden, ist nicht mehr nachvollziehbar. Diese „Holzspalte-Anstalt" befand sich zunächst im Zuchthaus, Adresse: Hinterm Zuchthause (ab 1853 Böttchergasse). Später, in den 50er Jahren, kam in der Erfurter Straße im „Städtischen Arbeitshause" eine weitere Niederlassung hinzu. (3)

Amalie Henriette Rießners testamentarische Verfügung mag vielleicht heute belächelt werden, doch wir müssen uns in die damalige Situation der Witwen versetzen. Soziale Sicherungen, wie wir sie heute kennen, gab es im Großherzogtum Sachsen-Weimar-Eisenach nicht. Wenn unbemittelte Witwen keine Angehörigen oder keine Verwandten hatten, war es für sie sehr schwer, selbst für ihr tägliches Brot aufzukommen. Oft blieb ihnen nur die Armenfürsorge, wie sie von patriotischen oder konfessionell gebundenen Vereinen gewährt wurde, die sich in Weimar der Armen und Hilfsbedürftigen annahmen. Amalie

Henriette Rießners Testament beweist, daß sie ein waches Auge für die sozialen Probleme ihrer Zeit hatte. Im Winter eine warme Stube zu haben, war genauso wichtig wie Essen und Trinken. Eine sparsame, haushälterische Frau war Amalie Henriette Rießner allemal, und daß sie rechnen konnte, geht aus ihrem letzten Willen hervor: *„Meine Erben sollen demjenigen Dienstmädchen, welches bei meinem Ableben in meinem Dienst ist, für jedes Jahr, das sie in meinem Dienst gewesen ist, 15 Taler, im ganzen jedoch nicht über 200 Taler, drei Monate nach meinem Tod auszahlen, wobei jedoch das letzte angefangene Jahr einem vollendeten gleichgeachtet werden soll."* (4)

Die letzten Jahre ihres Lebens wohnte Frau Rießner in der damaligen Friedhofstraße. Sie starb ein Jahr nach ihrer Testamentshinterlegung, am 10. Juli 1849 in Weimar. Die Stadt Weimar ehrte Amalie Henriette Rießner mit einer Inschrift auf ihrem Grabstein: *„Hier ruht (...) Frau Amalie Henriette Rießner, geb. Hase (...), eine treue Lebensgefährtin, fromme Christin und Wohlthäterin der Armen."* Das **Grab** befindet sich **auf dem Historischen Friedhof** in Weimar. cs

---

Abb. S. 44 Grabstein Henriette Rießners auf dem Historischen Friedhof in Weimar, Foto von Ulrike Müller, 1999

(1) Zitiert in: Bernhard Hecker, Ehrsame Witwen wärmten sich an Rießners Brennholz; Artikel im Weimarer Stadtanzeiger vom 20. März 1997
(2) Zitiert ebenda
(3) Rainer Wagner in Zusammenarbeit mit Gitta Günther, Weimar, Straßen-, Platz- und Flurnamen damals und heute, Weimar 1996, S. 46
(4) Zitiert in: Bernhard Hecker, Ehrsame Witwen ..., a.a.O.

ROSALIE FALK (1803–1879)

Rosalie Falk wird 1803 in Weimar als Tochter von Johannes Daniel Falk und Caroline Falk geboren. Ihre Eltern hatten 1797 geheiratet und sich im selben Jahr in Weimar niedergelassen. Ihr Vater ist zu dieser Zeit noch ein junger Schriftsteller, der versucht, sich als Satiriker einen Namen zu machen. In den folgenden Jahren bekommt Rosalie noch acht jüngere Geschwister, vier Schwestern und vier Brüder. Der Vater beschreibt Rosalie in seinem Tagebuch als schüchternes Kind. Die zwei Jahre jüngere Schwester Angelika *„mußte ihr immer die Tür aufmachen, wenn sie in irgendeine Gesellschaft trat."* (1) Das Jahr 1813 ist ein schweres Jahr für die Familie Falk. Von Mai bis Oktober sterben vier Geschwister Rosalies. Im Leben des Vaters bilden diese Schicksalsschläge einen Wendepunkt. Er gründet die „Gesellschaft der Freunde in der Noth", ein Hilfs- und Rettungswerk für entwurzelte Kinder und Jugendliche und nimmt in den folgenden Jahren immer mehr fremde Kinder in sein Haus auf. Angelika, die 1821 im Alter von 16 Jahren stirbt, wirft ihrem Vater vor: *„Deine eigenen Kinder müssen doch alle fort, Vater, damit die fremden Kinder desto mehr Platz im Hause haben!"* (2) Johannes Falk zerreißen solche Anschuldigungen das Herz, doch hält er an seinem Fürsorgewerk fest.

Im selben Jahr bezieht die Familie Falk mit den Zöglingen ein baufälliges Gebäude, den **Lutherhof**

(Luthergasse 1). Das Haus ist erstmals 1491 als ein auf einer Mauer stehendes Freihaus bezeugt (**Rückfront an der heutigen Marstallstraße**) und wurde nachweislich *„... seit 1531 von Johann Burgkhardt bewohnt (...), dessen Bruder, der Magister Franziskus Burgkhardt, mit Luther befreundet war“* (3); aus diesem Bezug wurde später abgeleitet, daß der Reformator bei einem seiner Weimarer Aufenthalte dort gewohnt habe. 1773 bis 1777 lebte die Familie Wieland im Lutherhof. Das mächtige dreigeschossige Haus ist zu Falks Zeiten bereits unansehnlich und in einem schlechten baulichen Zustand. In gemeinsamer Arbeit wird es nun von der Familie zu einem Kinderheim umgebaut.

Rosalie Falk lebt an der Seite ihrer Eltern und hilft bei der täglich anfallenden Arbeit. So verfaßt sie z. B. Abschriften von Texten ihres Vaters. Als er am 14. Februar 1826 stirbt, ist es Rosalie, die seinen letzten Willen aufsetzt und vorliest. Dabei bricht sie in lautes Weinen aus, und ihr Vater ruft ihr zu: *„Weiter, meine Tochter, sei ein Heldenmädchen!“* (4) Mit 23 Jahren ist sie nun das einzige schon erwachsene Kind: *„Das älteste meiner Geschwister stand im 11. Jahr. Wie es der Vater gewollt, so setzten meine Mutter und ich mit dem treuen Rettner* (Lehrer und Zögling der Anstalt, Anm. d. Verfasserin) *die Anstalt fort.“* (5)

Einschneidende Veränderungen im Leben Rosalie Falks bringt das Jahr 1838. Mit nunmehr 35 Jahren wird sie die Erzieherin der Kinder des Prinzen August von Preußen. Die auf den 15. Juni 1838 datierte Bestallungsurkunde legt unter anderem fest, daß Rosalie Falk: *„... seiner königlichen Hoheit Töchter zur Gottesfurcht und zum täglichen Gebet anleiten, dieselben zur Wahrheitsliebe, zum willigen und unbedingten Gehorsam gegen ihren Vater und ihren Vorgesetzten und zur Nachgiebigkeit und Bescheidenheit gegen Andere ...“* (6) erziehen soll. 1850 unternimmt Rosalie eine Reise nach New York, um ihre dort lebende Schwester Gabriele Sältzer, geb. Falk: *„... über den Verlust ihres heißgeliebten Kindes zu trösten.“* (7) In ihrem Tagebuch beschreibt sie die Schwierigkeiten, die bereits vor der Reise auftraten: *„Eine Reise nach Amerika, wenn man weder die Absicht hat für immer dort einzuwandern, und sein Glück zu versuchen, noch wissenschaftliche Zwecke verfolgt gehört noch heut zu Tage, wo die Verbrüderung zwischen den beiden Weltteilen so sehr erleichtert ist, zu den Seltenheiten. Amerika wäre das letzte Land wohin ich reisen möchte! So habe ich gebildete Deutsche meiner Bekanntschaft sehr oft sagen hören.“* (7)

Trotzdem macht sie sich auf, um ihre Schwester zu besuchen. Dabei erweist sie sich in ihren Aufzeichnungen als einfühlsame und vielfältig interessierte Beobachterin. Die deutschen Einwanderer kommen ihrer Auffassung nach mit völlig überzogenen Vorstellungen in die neue Welt. Sie erwarten, das Paradies vorzufinden, und manche bilden sich z. B. ein: *„... daß sie und ihre Nachkommen durch den Einfluß der glühenden Sonnenstrahlen Neger werden – aber das beirrt sie nicht, man kann ja ebenso vergnügt sein in einer schwarzen, als in einer weißen Haut.“* (9)

Vielleicht hat Rosalie in diesen Tagen ihre Reiselust entdeckt. Fest steht jedenfalls, daß sie in den Jahren

1852–1853 eine zweite Reise nach Amerika unternimmt. 1854, im Alter von immerhin 51 Jahren, treibt es sie nach Italien. Am 28. Januar 1854, in Rom, notiert sie in ihr Tagebuch: *„Heut nach dem Frühstück schnürte ich mein Bündel und ging halb 11 Uhr hinauf auf's Kapitol."* (10) Über ihren Kunstsinn schreibt sie: *„Mir geht es hier in Rom wie den meisten Leuten. Sie müs. erst sehen lernen ich erstaune im wied. auf's Neue darüb. Was die klug. Leut alles Schönes u. Vollkom.s da entdeck. wo ein gewöhnl. Auge auch nur Gewöhnl. sieht."* (11)
1868 veröffentlicht sie das Buch „Johannes Falk. Erinnerungsblätter aus Briefen und Tagebüchern gesammelt von dessen Tochter Rosalie Falk" anläßlich des hundertsten Geburtstages ihres Vaters. Hier läßt sie sein Wirken nochmals Revue passieren. Die bereits im Titel erwähnten Briefe und Tagebuchauszüge lassen darauf schließen, daß sie sich zuvor eingehend mit dem Nachlaß ihres Vaters auseinandergesetzt hat.

Am 28. Oktober 1868 wird das Fräulein Rosalie Falk zur Stiftsdame des Carl Friedrich Damenstifts ernannt. (12) Damit verbunden ist eine Präbende von jährlich 200 Thalern. Nochmals 200 Thaler jährlich erhält sie vom 26. Juli 1872 an aus dem Erbe des Kammerherrn James Patrick von Parry. (13) Parry, einst Redaktionsmitglied der Salonzeitschrift „Chaos", war selbst im Jahr 1857 für sein gemeinnütziges Wirken zum Ehrenbürger der Stadt Weimar ernannt worden. Welche Gründe ihn zu seiner Gabe an Rosalie Falk bewogen haben und in welchem Verhältnis die beiden zueinander standen, konnte bislang nicht geklärt werden. Fest steht jedenfalls, daß Rosalie Falk am Ende ihres Lebens eine finanziell unabhängige Frau war. Sie legt ihr Vermögen unter anderem in Oldenburger Staatseisenbahnanleihen, in einer Kronprinz Rudolf Priorität und in einem New Yorker Stadtbond an. (14)
Nach langer schwerer Krankheit stirbt Rosalie Falk schließlich im Alter von 76 Jahren in Berka, einem

Kurort nahe Weimar. Ihre Schwester Gabriele Sältzer, die auch die Todesanzeige aufgibt (15), erbt den Hauptteil ihres Vermögens. Ihr schriftlicher Nachlaß wurde bis zum Juli 1933 vom Johannes-Falk-Heim verwahrt. Später ging der Bestand an das Thüringische Landesarchiv. Heute kann das gesamte Material im Goethe-Schiller-Archiv eingesehen werden. dd

Abb. S. 45 Rosalie Falk, Foto (Ausschnitt) aus dem Nachlaß von Johannes Daniel Falk, GSA 15 / N 54, 85, 1

Abb. S. 46/47 Lutherhof, Wohnhaus der Familie Falk, zeitgenössische Darstellung, Herkunft unbekannt, undatiert

Abb. S. 47 Grabstätte der Familie Falk auf dem Historischen Friedhof, Foto von Ulrike Müller, 1998

(1) E. Schering, Johannes Falk, Geheimes Tagebuch, Stuttgart, 1964, S. 164
(2) Ebenda, S. 128
(3) Paul Raabe, Spaziergänge durch Goethes Weimar, Zürich 1990, S. 75
(4) E. Schering, Johannes Falk, a.a.O., S. 303
(5) R. Falk, Johannes Falk. Erinnerungsblätter aus Briefen und Tagebüchern gesammelt von dessen Tochter Rosalie Falk. Weimar 1868, S. 139 Archivarien im Goethe- und Schiller-Archiv Weimar
(6) GSA 15 / N 54, 53 Bestallungsurkunde als Erzieherin der Kinder des Prinzen August von Preußen 1838
(7) GSA 15 / XIII, (2) Rosalie Falk: Reise nach New York 1850
(8) Ebenda
(9) Ebenda
(10) GSA 15 / N 54, 46 Tagebuch Rom 1854–1855
(11) Ebenda
(12) Vgl. GSA 15 / N 54, 53 Ernennung zur Stiftsdame und Zuschriften aus diesem Anlaß 1868
(13) Vgl. GSA 15 / N 54, 53 Einkommen und Testamentsentwurf, Todesanzeige 1879
(14) Vgl. Ebenda. – Weitere Erläuterung: „bond" heißt auf englisch Bündnis, Verbindung, Bürgschaft, Zollverschluß
(15) Vgl. Ebenda

NATALIE von MILDE (1850–1906)

Natalie von Milde gehört zu den ganz und gar vergessenen Persönlichkeiten der Weimarer Geschichte, und doch gebührt ihr besondere Aufmerksamkeit: Ihr ist wesentlich der Brückenschlag zu verdanken von der Tradition der von oben gelenkten sozialen Frauenförderung durch die Weimarer Regentinnen seit der Zeit der Klassik zur Entwicklung der demokratisch-emanzipatorischen Frauenförderung auf Betreiben der ersten deutschen Frauenbewegung seit der 48er-Revolution. Der Schwerpunkt ihres Wirkens galt der gleichberechtigten Frauenbildung. So wurde im Jahr 1902 infolge Natalie von Mildes langjähriger Bemühungen mit Unterstützung der regierenden Erbgroßherzogin Pauline (1852–1904) in der damaligen **Bürgerschulstraße 3 (heute Karl-Liebknecht-Straße) das „Lesezimmer für Frauen"** eingerichtet; ein Großteil der Bücher und Graphiken stammte aus Natalie von Mildes Privatbesitz. In der Zeit von 15 bis 22 Uhr stand dort eine umfangreiche Bibliothek zur Verfügung, die auch mehr als 100 Zeitungen führte; eine Tageskarte kostete zehn Pfennige, eine Jahreskarte vier Mark. Zwischen 1888 und 1904 hat Natalie von Milde unter eigenem Namen und z. T. im Selbstverlag neun größere Schriften herausgegeben, in denen sie zu aktuellen Themen der Frauenemanzipation Stellung nimmt. Darunter findet sich auch ihr 1904 veröffentlichtes, knapp 100 Seiten umfassendes Werk „Maria Pawlowna, Gedenkblatt zum 9. November 1804", das sich durch besonders exakte und detaillierte Angaben über die von Maria Pawlowna in Weimar initiierten Einrichtungen zur Förderung von Frauen, insbesondere des „Patriotischen Instituts der Frauenvereine", auszeichnet. Seit Mitte/Ende der 80er Jahre hielt Natalie von Milde Vorträge zu aktuellen Frauenthemen. Sie war damit allerdings weniger in der Weimarer Öffentlichkeit erfolgreich als auf einer Reihe internationaler Frauenkongresse, so im Jahr 1899 vor Londoner Publikum mit dem Thema: „Die deutsche Frau in der Literatur". Im Jahr 1900 wurde sie zur ersten Vorsitzenden der im selben Jahr von ihr gegründeten Weimarer Abteilung des Vereins „Frauenbildung-Frauenstudien" gewählt, der als überregionale Organisation 1897 aus dem „Deutschen Frauenverein Reform" entstanden war; dieses Amt behielt sie bis zu ihrem Tode inne.

Der „Deutsche Frauenverein Reform" war im Jahr 1888 von der aus Harburg bei Hamburg stammenden Pädagogin Hedwig Kettler (1851–1937) in Weimar gegründet worden und galt nach damaligen Maßstäben innerhalb der bürgerlichen Frauenbewegung als radikal, da sich seine Vertreterinnen sowohl für eine identische gymnasiale Ausbildung für Mädchen und Jungen einsetzten, als auch für die gleichberechtigte Zulassung zum Abitur, zum Studium und zur Ausübung wissenschaftlicher Berufe. Zwar will auf Natalie von Milde als Person die Bezeichnung „radikal" nicht recht passen, wir kommen darauf zurück, doch entsprachen die wesentlichen Zielsetzungen der Reformfrauen den ihren, beispielsweise die in § 1 der Vereinssatzung verankerte Forderung, *„... daß die Frau gleich dem Manne zum Studium aller Wissenschaften Zutritt haben soll, nicht aber auf vereinzelte derselben beschränkt werden darf"* (1). Natalie von Mildes Hauptforderungen hießen kurz und bündig:

1. Gleiche Bildungsfreiheit für Mann und Weib,
2. Gleiches Recht für beide.

Die entsprechenden Ideen zur ihrer Gründung des ersten deutschen Mädchengymnasiums in Karlsruhe im Jahr 1893 soll Hedwig Kettler denn auch gemeinsam mit Natalie von Milde auf mehreren Arbeitssitzungen in Weimar entwickelt haben. Schon in den 80er Jahren hatte Hedwig Kettler, die unter dem Pseudonym „Gotthardt Kurland" auch literarisch tätig war, zur Verbreitung ihrer Anliegen Petitionen organisiert, Werbevorträge gehalten, die Zeitschriften „Frauenberuf, Monatsschrift für die Interessen der Frauenfrage" (1881) und „Bibliothek zur Frauenfrage" (1887) und u. a. die Schrift „Was wird aus unseren Töchtern" (1889) herausgegeben. Doch der gemäßigtere Flügel der bürgerlichen Frauenbewegung, u. a. organisiert im „Allgemeinen Deutschen Frauenverein" (ADF) in jener Zeit, agierte letztlich erfolgreicher als sie. Seine bekannteste Vertreterin, Helene Lange (1848–1930), markierte mit ihrer als „Gelbe Broschüre" bekannt gewordenen Petition (1887), ihrer Mitbegründung des „Allgemeinen Deutschen Lehrerinnenvereins" (ADLV, 1890), ihrer Umwandlung von Realschul- in Gymnasial-Kurse für Absolventinnen der höheren Töchterschulen in Berlin und als Herausgeberin der

Zeitschrift „Die Frau" (1893), die entscheidenden Entwicklungsschritte der bürgerlichen Frauenbewegung. Ihre größere Akzeptanz beruhte wohl darauf, daß sie mit viel Geschick traditionelle Organisationsformen und Inhalte in ihre Reformen zu integrieren wußte, wie z. B. den zentralen Wert der Mütterlichkeit. Ihr politisch-philosophisches Konzept von der „organisierten Mütterlichkeit" (2) als humanistischem Baustein einer demokratischen Gesellschaft, das sie als Vorstandsfrau des „Bundes Deutscher Frauenvereine" (BDF, gegründet 1896) in dessen Programm verankerte, trifft wiederum eine Grundanschauung Natalie von Mildes. Es ging *„... nicht etwa nur um die biologische Mütterlichkeit, sondern* (um) *gleichberechtigte Beteiligung und weiblichen Einfluß in allen Lebensbereichen"* (3). Vor diesem Hintergrund müssen denn auch entsprechende Äußerungen Natalie von Mildes gelesen werden: *„Frauenfrage ist in erster Linie Mutterfrage. Die kinderlosen Frauen werden zur Mithilfe an der allgemeinen Menscherziehung verpflichtet, und die Mütter werden dahingehend belehrt, daß sich ihre Fürsorge durchaus nicht auf ihre leiblichen Kinder beschränkt, sondern daß sie auch die Außenstehenden in Betracht zu ziehen hat."*... Und: *„Die Doppelaufgabe, das eigene und das fremde Kind zu schützen, ist nicht zu trennen."* (4) Beide Frauen – sie standen in freundschaftlichem Bezug zueinander – galten als überaus begabte Pädagoginnen und lebten ganz gemäß ihrer Theorie, indem sie nicht primär im Familienleben aufgingen, sondern in ihrer Lehrtätigkeit und ihrem öffentlichen Engagement. In der politischen Arbeit schätzte Helene Lange Natalie von Mildes, wie sie dies in ihrem Nachruf 1906 ausdrückt, *„vornehme geistige Kultur ..."*, ihren *„... feinen Idealismus (...), abseits von den Parteien und der demonstrativen Machtentfaltung"* (5). Sie zeigt sich beeindruckt von Natalie von Mildes an der literarischen Tradition der Weimarer Klassik geschulter Redekunst.

Wer nun war Natalie von Milde, woher können wir heute Anschauungen über ihr Leben und ihre Persönlichkeit gewinnen?

In zeitgenössischen Weimarer Dokumenten finden sich nur wenige Hinweise auf ihre Herkunft, Geschichte und Bedeutung: so bei dem mit der Familie von Milde eng befreundeten Dichter und Komponisten Peter Cornelius – er verfaßte ein Gedicht für die Achtjährige mit dem Widmungsdatum 3. Januar 1859 – und bei der großen Chronistin der Zeit, Adelheid von Schorn (siehe dort), in deren historischer Darstellung „Das nachklassische Weimar". Hier wird Natalie – neben den zwei jüngeren Söhnen Franz und Rudolph – als Tochter von Rosa und Feodor von Milde genannt und als Autorin der Studie zu Maria Pawlowna (siehe dort) erwähnt; zum Tod der Mutter sind auch zwei Briefe von ihr abgedruckt. (6) Feodor und Rosa von Milde (siehe dort) waren beide weit über die Grenzen Weimars hinaus als die ersten großen WagnerinterpretInnen bekannt. Natalie von Milde gab im Jahr 1901 einen Band mit „Briefen in Poesie und Prosa" von Peter Cornelius an das berühmte Künstlerehepaar heraus, in dem auch das o. g. Kindergedicht enthalten ist. (7) Sie leitet das Werk mit drei biographischen Skizzen ein, in denen sie selbst stets als Tochter der Mildes vorkommt. Erst aus Dokumenten des Nachlasses ist zu entnehmen, daß Natalie von Milde am 31. März 1850 als Natalie Johanna von Haller in München zur Welt kam, sehr wahrscheinlich die nichteheliche Tochter einer in Königsberg lebenden wohlsituierten Frau Geheimrat Jakobsohn war, seit Ende der 50er Jahre im Haushalt der von Mildes in Weimar lebte und dort, gemeinsam mit deren beiden Söhnen, aufwuchs. Natalie hatte noch mehrere leibliche Geschwister, zu denen aber, ebenso wie zur Mutter, niemals persönlicher Kontakt bestanden haben soll. Unklar bleibt, ob Natalie überhaupt von ihrer Herkunft gewußt hat. Auch fehlt jeder Hinweis, aus welchen Gründen die Mildes sie aufnahmen; möglicherweise spielten sogar finanzielle Erwägungen eine Rolle.

In Weimarer EinwohnerInnenverzeichnissen erscheint „Milde, N. Fräulein" erstmalig im Jahr 1882; die genannte Adresse stimmt mit derjenigen ihrer Adoptiveltern überein: Erfurter Straße 32. Im September 1886 zog das inzwischen schon pensionierte Künstlerehepaar von Milde dann mit den erwachsenen Kindern in das langersehnte geräumigere eigene Haus in der **Junkerstraße 10a (später Lisztstraße 18)**. Die erste Etage wurde zum Wohnen eingerichtet, die zweite für den Unterricht und für des Vaters zweite große Lieblingsbeschäftigung: die Tischlerei. Nach dem Wegzug ihrer Stiefbrüder und dem Tod ihrer Adoptiveltern blieb Natalie bis zu ihrem Lebensende dort wohnen.

Aus Nachlaßdokumenten läßt sich ersehen, daß sie erst am 20. Dezember 1881, also im Alter von 31 Jahren, offiziell von Rosa und Feodor von Milde adoptiert worden war, aber bereits seit Beginn ihrer Berufstätigkeit für Kost und Logis Miete zu entrichten hatte. Welche Berufstätigkeit nun hat ihr das ermöglicht? Das Adreßbuch von 1882 nennt zunächst nur „Gesanglehrerin", doch das „Lexikon deutscher Frauen der Feder" von 1898 gibt Aufschluß darüber, daß Natalie von Milde, die übrigens wie eine ganze Reihe anderer Frauenrechtlerinnen ihrer Zeit niemals heiratete, auch Vorträge hielt und *„schriftstellerisch, hauptsächlich auf dem Gebiete der Frauenbewegung thätig"* (8) war. Die relative Fülle der Schriften läßt vermuten, daß sie seit Ende der 80er Jahre auch damit einen Teil ihrer Einnahmen erzielen konnte.

Ursprünglich hatte Natalie, die schon als Kind sowohl auf künstlerischem als auch auf intellektuellem Gebiet außergewöhnliche Begabung zeigte und durch die Tätigkeit ihrer Eltern in einem Klima offener und geistvoller Geselligkeit aufwuchs, ganz andere Berufswünsche gehabt. Bei aller Vornehmheit, künstlerischen Größe und Weltläufigkeit im Umgang mit den bedeutenden Persönlichkeiten des kulturellen Lebens ihrer Zeit hatten diese jedoch für die Ausbildungs- und Berufswünsche der Adoptivtochter wenig Verständnis gezeigt: der lebhaften, überaus talentierten und hochmotivierten Natalie wurde sowohl eine zunächst angestrebte Schauspielausbildung als auch das später heißersehnte wissenschaftliche Studium untersagt. Nun konnten die Wünsche eines jungen Mädchens nach einer derartigen Ausbildung in dieser Zeit durchaus als exzentrisch gelten, doch andererseits hätte der liberale Geist des Lebens- und Arbeitskontextes um Franz Liszt den Mildes dafür durchaus Raum gewährt, ohne sie dadurch mit einem zweifelhaften Ruf zu beschweren. Vor allem jedoch die Mutter blieb hart, und Natalie, die dieser zeitlebens in Liebe, ja schwärmerischer Bewunderung zugetan war, fügte sich, weil sie, wie sie später einmal bekannte, einen Bruch nicht vertragen hätte. Stattdessen erhielt sie nach Abschluß ihrer schulischen Ausbildung, ebenso wie ihre Brüder, durch die Mutter eine solide musikalisch-pädagogische Grundausbildung im Fach Gesang. In Folge einer schweren Diphterie-Erkrankung mit vorübergehendem Stimmverlust und bleibender Stimmschwächung entfielen schon bald nach der Ausbildung auch ihre kleineren Soloauftritte als Sängerin, und so lag der berufliche Hauptakzent im künstlerischen Bereich schließlich ganz auf der pädagogischen Arbeit; in privatem Rahmen beschäftigte sie sich ergänzend mit Psychologie.

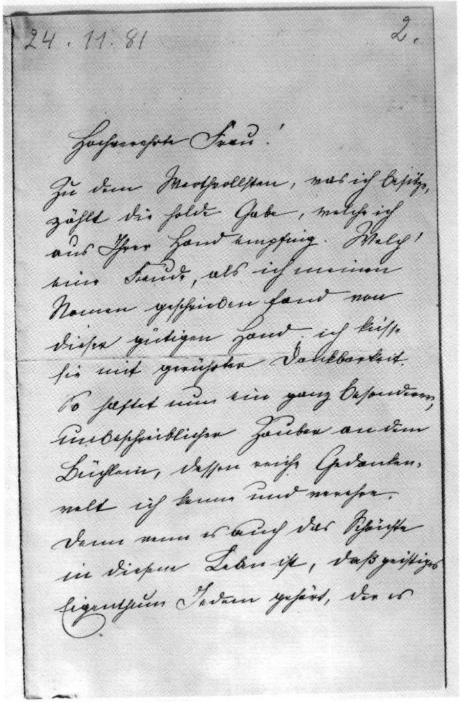
24. 11. 81 2.

Natalie von Milde muß im Umgang mit ihren Schülerinnen eine ausgesprochen sichere und glückliche Hand gehabt haben, ganz gemäß einem ihrer Leitsätze: *„Gespräch ist die höchste Form aller Belehrung (…), zündet den geistigen Lebensfunken am raschesten und nachhaltigsten“* … und ist *„… in seiner tiefsten Form (…) Freundschaft, Fortschreiten, Liebe.“* (9) Sie vermochte, langjährige vertrauensvolle Unterrichtsbeziehungen

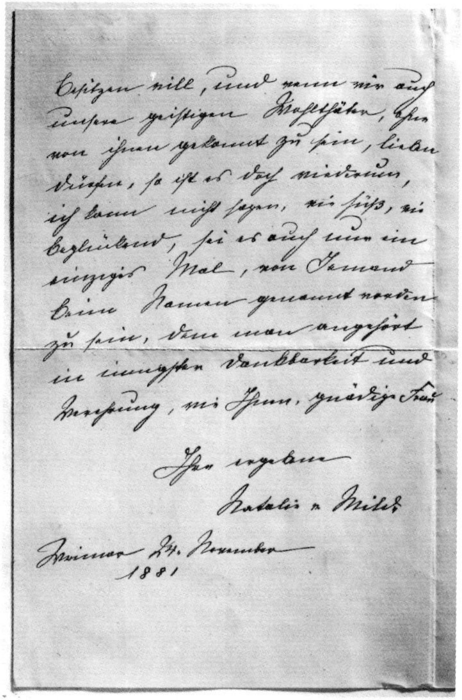
besitzen will, und wenn wir auch unsere geistigen Wohltäter, ohne von ihnen gekannt zu sein, lieben dürfen, so ist es doch wiederum, ich kann nicht sagen, wie süß, wie beglückend, sei es auch nur ein einziges Mal, von Jemand beim Namen genannt worden zu sein, dem man angehört in innigster Dankbarkeit und Verehrung, wie Ihnen, gnädige Frau.

Ihre ergebene

Natalie v. Milde

Weimar 24. November 1881

aufzubauen, so daß sie auch tieferen Einblick in persönliche Bedingungen und Entwicklungen der ihr Anempfohlenen gewinnen konnte. Sowohl aus den daraus resultierenden Einsichten in die sozialen Nöte und handfesten Benachteiligungen von Mädchen, als auch aus der zuvor selbsterlebten Konfrontation ihrer eigenen sich entfaltenden Persönlichkeit mit der Enge gesellschaftlicher Rollenbilder und dem *„Egoismus der Familie"* (10) und ebenso aus dem Schmerz über die ihr als Frau lebenslänglich entzogenen Bildungschancen entwickelte sich in Natalie von Milde eine kritische Sicht auf Klischees vom Frausein und von Weiblichkeit, eine sensible Anteilnahme für die Lebensbelange von Mädchen und Frauen und ein entsprechend waches Rechts- bzw. Unrechtsbewußtsein. Gewiß, sie wurde keine Revolutionärin, aber sie verfolgte über Jahrzehnte mit heiterer Beharrlichkeit und überraschendem Selbstbewußtsein ihre frauenpolitischen Zielsetzungen. Ihrem Stil und der Wahl ihrer Themen ist zu entnehmen, daß sie eine umfassende literarische Bildung besaß, fußend auf gründlicher Kenntnis der Tradition der Weimarer Klassik, insbesondere von Goethes Werk. In einem im Jahr 1900 selbst publizierten Vortrag unterzieht sie zunächst die Dichtungen Goethes und Schillers, dann die Arbeiten einer Reihe zeitgenössischer Schriftstellerinnen einer Art Prüfung in Hinblick auf deren jeweiliges Engagement für Frauen, das sie zugleich in Beziehung setzt zur künstlerischen Qualität. Beurteilt sie die Romane von Gabriele Reuter („Aus guter Familie") und Helene Böhlau („Das Herbstthier"/siehe dort) – mit der sie eine langjährige Freundschaft verband – schon positiv, so erntet Marie von Ebner-Eschenbach höchstes Lob, denn diese *„... lehrt uns, mit weiblichen Augen zu lesen".* (11) Ihre Aphorismen liest Natalie von Milde als *„Zeugnisse einer freigewordenen, sich selbst verantwortlichen Seele"* ... und als den *„hochwichtigen Beweis, für die philosophische Begabung der Frau"* (12). Bereits zwei Jahre zuvor, in der Schrift: „Der Richter zwischen Mann und

Weib" (1888), hatte Natalie von Milde ihre fundamentale Kritik an der Lebens- und Liebesferne der männlichen Wissenschaft artikuliert – auch Nietzsche blieb dabei nicht verschont – und daraus die Notwendigkeit einer anderen, weiblichen Art des Philosophierens abgeleitet. Als *„Gedankenketten ...",* die *„... aus der Lebenserfahrung herausgewachsen sind"* (13), findet sie diese nun bei der von ihr als die größte Dichterin bezeichneten älteren Zeitgenossin, der sie sowohl künstlerisch als auch menschlich in liebender Verehrung zugetan war. Die Bekanntschaft war durch die Vermittlung eines langjährigen Freundes der Familie von Milde, des Stuttgarter Hofbibliothekars Dr. Wilhelm Hemsen zustande gekommen. Die beiden schreibenden Frauen waren einander im Jahr 1882 in Wien erstmalig persönlich begegnet und blieben zeitlebens miteinander befreundet. Nicht nur Natalie von Mildes Herzensengagement, sondern auch ihre lebhafte Anteilnahme an Fragen der Zeit und ihr hohes literarisches Niveau finden sich dokumentiert in ihrem umfangreichen, in Weimar archivierten Beitrag zu dem zwischen beiden Frauen rund zwei Jahrzehnte lang geführten Briefwechsel. Ein besonderer und anrührender Reiz ihrer Briefe (knapp 200 Stück) liegt in der achtungsvoll-bescheidenen, ja innigen Tonlage gegenüber Marie von Ebner-Eschenbach in Wendungen wie: *„Ihr Wohlbefinden gehört zu meinem Glück",* oder: *„tausend Grüße in Verehrung, Liebe, Dankbarkeit sendet Ihnen Ihre N. M."* Als Rosa von Milde im Alter erkrankt, wird sie von Natalie bis zu ihrem Tode aufopferungsvoll gepflegt. Möglicherweise im Gefolge dieser Anstrengung oder des Schmerzes über den für sie nicht zu verwindenden Verlust stirbt Natalie von Milde zwei Monate später, am 29. März 1906, an einer durch eine Venenthrombose verursachten Lungenembolie. Sie wird auf dem Historischen Friedhof zu Weimar bestattet.

Am 9. April 1906 veranstaltet der Verein Frauenbildung-Frauenstudium ihr zu Ehren eine Gedächtnisfeier: *„Sie war für unsere konservative Stadt Weimar die denkbar geeignetste Persönlichkeit, die Sache der Frauen anzubahnen und zu führen."* (14), heißt es da hellsichtig in der Rede von Hildegard Obrist-Jenicke. Marie Stritt, amtierende Vorsitzende des BDF, hebt unter vielen positiven Eigenschaften ihre Qualität, auch Fernerstehende zu überzeugen, hervor, ihre ausgeprägte Redekunst und *„geistige Anmut".* (15) Und Gräfin Marie von Bülow verweist auf ihre Gaben der Unerschrockenheit und Klarheit: *„Ihr ‚Nein' war ein ‚Nein', ihr ‚Ja' war ein ‚Ja' und dabei bliebs."* (16) Neben einer Reihe weiterer rühmlicher Nach-Rufe, u. a. von Marie von Ebner-Eschenbach, Helene Lange und auch in der heimatlichen „Weimarischen Zeitung", hat ihr plötzlicher Tod noch ein längeres unrühmliches

Nach-Spiel: die Stiefbrüder nehmen einen Formfehler in Natalies Testament zum Anlaß, um dieses anzufechten und tun das ganz offenkundig aus reiner Besitzgier. Natalie hatte es schon im August 1901 aufgesetzt und darin die Verlagsrechte für ihr Werk, noch vorhandene Broschüren und vor allem ihr beträchtliches Barvermögen von 18400 Mark (*„Jeder Thaler ist selbstverdient"*) dem Weimarer Frauenverein vermacht, mit dem Wunsch, *„... es auf arme talentvolle Mädchen verwendet zu wissen, welche studieren wollen"*, wie es im Testamentstext wörtlich heißt. Zwar ist es Marie von Bülows im Zusammenhang mit dem Erbstreit angestrengten gründlichen Recherchen zu verdanken, daß heute überhaupt Genaueres über Natalie von Mildes Herkunft bekannt ist, doch empfinden sie und andere damals deutlich das Unwürdige des Herumstocherns in der Vergangenheit der Verstorbenen. Am Ende des Gerichtsprozesses, bei dem Marie von Bülow mit anwaltlicher Hilfe die Interessen des Frauenvereins und damit Natalie von Mildes vertritt, fällt das gesamte Vermögen schließlich der herzoglichen Staatskasse zu, da nach geltendem Recht nur leibliche Verwandtschaft einen Erbanspruch begründet. Marie von Bülow und dem Verein bleibt der schriftliche Nachlaß; die Brüder verkaufen das, was ihnen auch ohne Prozeß zugestanden hat: das Elternhaus in der Lisztstraße, und zwar an die Weimarer Familie Krumbholz. (17) In der von Franz von Milde 1918 edierten umfangreichen Biographie über die Eltern wird Natalie totgeschwiegen! Dank dreier Schenkungen Marie von Bülows aus den Jahren 1936, 1937 und 1941 befindet sich, neben dem Testament, der größte Teil von Natalie von Mildes schriftlichem Nachlaß heute im Weimarer Goethe- und Schiller-Archiv. um

---

Abb. S. 48 Natalie von Milde, Druck nach Foto des Hofateliers Elvira, München, in: „Die Frau", Monatszeitschrift für das gesamte Frauenleben unserer Zeit, hrsg. v. Helene Lange, 1906
Abb. S. 51 Haus in der Lisztstraße 18, Foto von Ulrike Müller, 1999
Abb. S. 52/53 Brief von Natalie von Milde an Marie von Ebner-Eschenbach vom 24. Nov. 1881 aus dem Nachlaß von Natalie von Milde, GSA 65/6, 1
Abb. S. 54 Marie von Ebner-Eschenbach, Foto in: Gertrud Bäumer, Gestalt und Wandel, Berlin 1939, S. 448

(1) Zitiert in: Ute Gerhardt, Unerhört, Die Geschichte der deutschen Frauenbewegung, Hamburg 1990, S. 150
(2) Zitiert in: Ute Gerhardt, Unerhört, a.a.O., S. 147
(3) Ute Gerhardt, Unerhört, a.a.O., S. 147
(4) Natalie von Milde, Goethe und Schiller und die Frauenfrage, 2. Auflage, Hamburg 1904, S. 39
(5) Helene Lange in: „Die Frau", hrsg. v. ders., 13. Jg., Heft 8, Mai 1906, S. 461
(6) Peter Cornelius, Briefe in Poesie und Prosa an Feodor und Rosa von Milde, hrsg. und eingeleitet von Natalie von Milde, Weimar 1901
(7) Adelheid von Schorn, Das nachklassische Weimar, 2 Bände, Weimar 1911/1912
(8) Lexikon deutscher Frauen der Feder, hrsg. v. Sophie Pataky, Berlin 1898, Bd. 2, S. 48
(9) Natalie von Milde, Der Richter zwischen Mann und Weib, Weimar 1893, S. 25
(10) Natalie von Milde, Frauenfrage und Männerbedenken, Berlin 1890, S. 13
(11) Natalie von Milde, Unsere Schriftstellerinnen und die Frauenbewegung, Vortrag, Im Selbstverlage, Weimar 1900, S. 22
(12) Ebenda, S. 13
(13) Ebenda
(14) Gedächtnisfeier für Fräulein Natalie von Milde, Weimar 1906, S. 8
(15) Ebenda, S. 12
(16) Ebenda, S. 16
(17) Vgl.: Christiane Weber, Villen in Weimar, Bd. 1, Arnstadt und Weimar 1996, S. 189

MINNA SCHELLHORN (1829–1910)

Am 19. Februar des Jahres 1845 erscheint in der „Weimarer Zeitung" eine Anzeige, in der Friedrich Fröbel einen *„Cursus"* zur Ausbildung von Kleinkinderbetreuerinnen anbietet. Er sucht interesssierte, geeignete *„Jungfrauen frommen kinderlieben Sinnes"*, welche daran teilnehmen möchten. Minna Schellhorn muß aber noch 6 Jahre warten, um ihren Wunsch verwirklichen zu können, einen Kursus als Kleinkinderbetreuerin bei Friedrich Fröbel zu belegen. In ihrem Weimarer Elternhaus ist man ganz und gar nicht begeistert von Minnas Idee, eine Beschäftigung außerhalb der elterlichen Familie zu suchen. Warum interessiert sie sich nicht wie andere erwachsene Töchter für eine Heirat? Am 15. März 1829 zur Welt gekommen, ist sie wohlbehütet im Kreise ihrer Schwestern in einer vermögenden Weimarer Kaufmannsfamilie aufgewachsen. Schon als junges Mädchen wendet sie ihre Aufmerksamkeit dem Umgang mit kleinen Kindern zu. Doch diese Aufmerksamkeit erschöpft sich nicht im persönlichen Kinderwunsch, sondern richtet sich vielmehr auf die gesellschaftliche Seite der Erziehung. Der Pädagoge Friedrich Fröbel hatte in Keilhau und Bad Blankenburg Erziehungsanstalten gegründet und erfolgreich geleitet. Davon hatte Minna schon gehört. Sie ist vom Gedanken einer Vorschulerziehung sehr angetan, wurde doch Kleinkindern zu dieser Zeit kaum besondere Aufmerksamkeit gewidmet. Darüber hinaus ist es der Mensch Friedrich Fröbel, auf den Minna neugierig ist, dessen Ideen, dessen ungewöhnlicher Lebensweg sie faszinieren. Sie will über diesen Mann und sein Vorhaben, im Lande Kleinkindererziehungsanstalten aufzubauen, Näheres erfahren.

Minna beginnt im Frühjahr 1851 ihre Ausbildung im Schlößchen Marienthal bei Bad Liebenstein. Gemeinsam mit anderen interessierten jungen Mädchen lernt sie dort als 22jährige Fröbels Spielideen, die von ihm entwickelten Spielgaben und nicht zuletzt seine zutiefst vom Christentum und vom Humanismus geprägte Persönlichkeit kennen, für die die Liebe zu den Kindern höchstes Gebot ist. Friedrich Fröbels Idee ist es, Kinder des Vorschulalters nicht nur zu beaufsichtigen, sondern ihnen eine ihrem Wesen entsprechende Tätigkeit zu geben. Er vertritt in seiner Arbeit das Prinzip der Erziehung durch die Tat. Im Herbst 1851 schließt Minna Schellhorn mit folgendem Zeugnis ab:

„Fräulein Minna Schellhorn aus Weimar hat aus innerer freien Selbstbestimmung den Beruf einer Kindergärtnerin gewählt. Sie hat zu diesem Zweck in der unterzeichneten Anstalt den vollständigen halbjährigen Bildungscursus des Sommerhalbjahres 1851 durchgemacht. Dieselbe hat während dieser ganzen Zeit eine musterhafte Aufmerksamkeit und sorgsamen Fleiß gezeigt, und durch die Genauigkeit ihrer Arbeiten, so wie zur Erweckung der Selbst- und Freithätigkeit der Kinder, bei den Kinderbeschäftigungsmitteln, einen erfindungsreichen Geist bewiesen. Besonders hat sie auch einen solchen einfach bescheidenen, weiblich jungfräulichen

und kinderliebenden, treuen, frommen Sinn entwickelt, daß sich von ihrer entwickelnden Pflege und erziehenden Behandlung der Kinder der beste Erfolg wie zunächst für Gemüth, Geist und Leben, so auch für die Familie, Schule und in der Begründung für das künftige Leben ihrer Zöglinge hoffen läßt. Dies wird derselben bei ihrem Austritte aus unserer Anstalt der Wahrheit gemäß gern bezeugt, so wie ihr zu ihrem Eintritt in ihre ausübende Wirksamkeit von Herzen Gottes Segen gewünscht. Marienthal nächst Bad Liebenstein im Herzogentum Meiningen am 24. Oktober 1851
Die Bildungsanstalt für allseitige Lebenseinigung
Für diesselbe: Friedrich Fröbel" (2)

Zurückgekehrt nach Weimar, gründet nun Minna Schellhorn am **Rollplatz Nr. 10** einen **Kindergarten** im Sinne Friedrich Fröbels, den sie nach dessen Leitsatz führt: „Kommt, laßt uns unseren Kindern leben!" Wenn ein Mädchen aus gutbürgerlichem Hause im Jahre 1851 einen Beruf ergreift und noch dazu einen, der nahezu unbekannt ist, so kann dies als emanzipatorische Tat bezeichnet werden.

Am **Rollplatz Nr. 10,** im selben Gebäude, eröffnet sie 1860 auch eine **Bildungsanstalt für Kindergärtnerinnen**. Dort sollen die jungen Frauen und Mädchen mit den pädagogischen Grundlagen der Kleinkindererziehung vertraut gemacht werden. Einerseits geht es darum, daß diese künftig eigenen Kindern eine sinnvolle Erziehung angedeihen lassen, andererseits sollen sie in die Lage versetzt werden, als Erzieherinnen in einem Kindergarten die theoretischen und praktischen Erziehungsgrundsätze Friedrich Fröbels anwenden zu können.

Maßgeblich hat Minna Schellhorn Anteil an der Gründung des Deutschen Fröbelverbandes, der 1873 alle Kindergärtnerinnen in Deutschland vereinigen soll und es sich zur Aufgabe macht, Friedrich Fröbels „Pädagogische Schriften", seine Erfahrungen und Erkenntnisse zu verbreiten. Folgerichtig ist sie auch an deren Herausgabe beteiligt, die 1883 in Wien und Leipzig erfolgt.

Bemerkenswert ist, daß Leo Tolstoi 1861 anläßlich eines Besuches in Weimar u. a. sehr interessiert den Kindergarten der Schellhornschen Einrichtung besichtigt. Ihm ist daran gelegen, alles über Friedrich Fröbel und seine Erziehungsgrundsätze zu erfahren, arbeitet er doch an eignen pädagogischen Plänen für Rußland. Graf Tolstoi ist sehr angetan, als ihm Minna Schellhorn die Beschäftigungen und Spiele der Kinder mit den Fröbelschen Spielgaben vorstellt.

Der Kindergarten der Minna Schellhorn ist als nichtstaatliche Einrichtung des humanistisch gesinnten Bildungsbürgertums zu charakterisieren.

Als private Anstalt haben er und die angeschlossene Ausbildungsstätte sich selbst zu tragen, was den Kreis der Kindergartenkinder und Kindergartenschülerinnen von vornherein stark begrenzt. Trotz dieses privaten Charakters wird jedoch der Abschluß des Kindergärtnerinnenseminars staatlich anerkannt. Förderung erfahren der Kindergarten und die Kindergärtnerinnenausbildung in Weimar auch durch bürgerliche Frauenvereine.
Dem Kindergarten widmen sich zeitlebens auch Minnas beide Schwestern Bertha und Emma. Auch sie richten in Weimar und Umgebung Kindergärten ein. Die drei Schwestern sind inzwischen eine Institution, in Weimar werden sie liebevoll die „Schellhornschen Tanten" genannt.
Wie lange Minna Schellhorn ihrem Kindergarten und der Ausbildungsanstalt vorstand, ist nicht bekannt. Am 9. April 1910 stirbt sie 81jährig und findet ihre letzte Ruhestätte auf dem Weimarer Hauptfriedhof. cs

Abb. S. 56 Haus am Rollplatz Nr. 10, Foto von Ulrike Müller 1999
Abb. S. 57 Fröbel-Kindergarten in Bad Blankenburg/Thür., 2. Hälfte 19. Jh., ohne nähere Angaben, in: Chronik der Frauen, Dortmund 1992, S. 335

(1) Paul Saupe, 200 Jahre Lehrerbildung in Weimar, in: Tradition und Gegenwart, Weimarer Schriften, Heft 22, Weimar 1982, S. 37
(2) Ebenda

Weitere Literatur: Rosemarie Boldt, Wolfgang Eichler, Friedrich Wilhelm August Fröbel, Leipzig, Jena, Berlin 1982; Staatliche Museen Heidecksburg Rudolstadt, Außenstelle Friedrich-Fröbel-Museum Bad Blankenburg: Friedrich Fröbel 1782 bis 1852, Beiträge zum Leben und Werk des großen Menschenerziehers, Bad Blankenburg 1977

Sophienhaus, Schwesternschaft und die Oberin BERTA DÖBLING (1850–1917)

Im 19. Jahrhundert haben viele Frauen im Stillen für das Wohl der Menschen in der Stadt Weimar gewirkt; nur ein Teil von ihnen ist uns heute noch namentlich bekannt. Um wenigstens einige in den Blick zu bekommen, ist es wichtig, sich mit dem bedeutendsten Krankenhaus der Zeit, dem Sophienhaus, und darin speziell mit der Geschichte der Schwesternausbildung zu befassen.
In der Folge des Deutsch-Französischen Krieges 1870–1871 und einer Epidemie im Großherzogtum Sachsen-Weimar-Eisenach stellte sich ein grundlegender Mangel an geeigneten Kräften zur Krankenpflege heraus. Es hatte dafür bisher keine eigenständige Ausbildung gegeben. Selbst am Hofe gelang es bei Krankheitsfällen nur mit Mühe, Pflegepersonal zu finden. Diese Situation nahm die Großherzogin Sophie zum Anlaß, in Weimar die Einrichtung einer Krankenpflegerinnenschule anzuregen. Zu diesem Zwecke wurde am 21. November 1875 in der **Watzdorfstraße 17 (heute Carl-von-Ossietzky-Straße)** eine Wohnung gemietet. Die Ausbildung begann dort mit einer Oberin und vier Pflegeschülerinnen. Die Leitung der Ausbildungsstätte übernahm der Hofrat Dr. Ludwig Pfeiffer, die Großherzogin Sophie hatte als Schirmherrin die Oberaufsicht. Der erhoffte Zu-

lauf geeigneter Mädchen und lediger Frauen, die hier die Krankenpflege erlernen wollen, blieb aber aus. Das führte zu dem Entschluß der Großherzogin, das Angebot attraktiver zu machen und ein Mutterhaus errichten zu lassen, das den Schwestern eine Heimat bieten konnte. Hier sollte nicht nur ausgebildet werden, sondern das Haus sollte auch Wohnstätte sein und ein gemeinschaftliches Leben der Schwestern ermöglichen, auch sollte es Raum bieten für Erholung und Zerstreuung. Und schließlich war das Mutterhaus auch als Alterswohnsitz für betagte Schwestern gedacht.

Am 8. Juli 1886 wurde das in der **Junkerstraße 2 (heute Trierer Straße)** für diesen Zweck errichtete Gebäude, das sogenannte Sophienhaus, als Mutterhaus der Sophienschwesternschaft und als Krankenhaus eingeweiht. Das Konzept der Großherzogin, den Schwestern soziale Sicherheit zu bieten, ging voll und ganz auf. Schon 3 Jahre nach der Einweihung des Mutterhauses war die Zahl der Schwestern von 26 auf 50 gestiegen. Der Ruf der ausgebildeten „Sophienschwestern" drang weit über Deutschland hinaus. Dem dringenden Ersuchen der Kirchenverwaltung in Hermannstadt (Siebenbürgen) und der evangelischen Gemeinde in Tschechien (damals Östereichisch-Schlesien) nachkommend, wurden Schwestern des Sophienhauses entsandt, um dort dem leitenden Personal ratend und helfend bei der Errichtung von Krankenhäusern nach dem Muster des Sophienhauses zur Seite zu stehen. Im Gegenzug kamen Schwesternschülerinnen von dort nach Weimar, um sich im Sophienhaus ausbilden zu lassen. Ausgebildete Schwestern wurden auch im Kinderheilbad Sulza benötigt, das die Großherzogin 1883 ins Leben gerufen hatte. Durch zwei von ihr entsandte Schwestern des Sophienhauses ließ sie das Kinderheilbad einrichten und leiten. Noch in ihren letzten Tagen ordnete die Großherzogin die Errichtung einer Volksheilstätte für Tuberkulosekranke auf dem Emskopf bei Berka (nahe Weimar) an. Die 1898 eröffnete Sophienheilstätte unterstand nicht voll und ganz dem Patriotischen Institut wie die anderen Einrichtungen, vielmehr wurde es auch von verschiedenen Stiftungen getragen, so auch von der Carl-Zeiss-Stiftung. Verwaltung und Betrieb der Heilstätte wie auch des Kinderheilbades in Sulza übernahm das Zentraldirektorium, das die von zwei Schwestern wirtschaftlich geleitete Einrichtung dem Sophienhaus angliederte. (2)

Wegen des damit verbundenen steigenden Bedarfes an auszubildenden Schwestern wurde auf dem Gelände des Mutterhauses im Jahre 1904 ein neues einstöckiges Krankenhausgebäude errichtet, das 65 PatientInnen aufnehmen konnte, 1911/12 wurde das Krankenhaus auf 120 Betten erweitert. Für die Lernschwestern schloß sich nach der Ausbildung zur Krankenpflege die Aufnahme in die Schwesternschaft an. Sie legten eine Dienstverpflichtung ab; ihr Gelöbnis fand als feierliche Einsegnung stets im Beisein von Großherzogin Sophie und der gesamten Anstaltsleitung statt. Der Schwesternschaft stand eine Oberin vor, deren Befugnisse durch Statuten und Satzungen geregelt waren. Zu ihren Aufgaben gehörte es, die Schwestern in der Praxis der Krankenpflege am Bett der PatientInnen anzuleiten und den Ort und die Dauer ihres Einsatzes zu bestimmen. In erster Linie aber hatte die Oberin in ihrer Lebensführung den ihr anvertrauten Schwestern Vorbild zu sein.

In diesem Rahmen soll auf Berta Döbling hingewiesen werden, die mit 36 Jahren mit Engagement das Amt der Oberin im Sophienhaus übernahm. Leider gibt es heute über sie nur wenig Informationsmaterial – eine bedauernswerte Tatsache, die in keinem angemessenen Verhältnis zu ihrer tatsächlichen Bedeutung steht.

In den 23 Jahren ihrer Amtszeit, von 1885 bis 1908, setzte sie sich sehr bewußt gegenüber der Anstaltsleitung für ihre Schwesternschaft ein und vertrat deren Interessen mit Vehemenz. Sie regte an, einen Schwesternrat zu bilden, der bei allen Angelegenheiten wirksam wird, die die Arbeit und das Berufsleben der Schwestern unmittelbar betreffen. Das wurde jedoch vom Zentraldirektorium abgelehnt. Ein gleichfalls negativer Bescheid der Anstaltsleitung folgte ihrem Bemühen, ihre Schwestern von der Aufgabe zu befreien, Narkosen zu geben. Ihr Anliegen, die Schwestern vor Überforderung seitens der Ärzte, so auch vor langanhaltenden, anstrengenden Nachtdiensten zu bewahren, brachte ihr häufig Ärger ein. Zum Vorstand des Sophienhauses entwickelte sich so zunehmend ein gespanntes Verhältnis. Nach dem Tode der Großherzogin Sophie verschärfte sich diese Situation noch mehr. Berta Döbling sah ihre Aufgabe als Oberin sehr menschlich. Ihren Schwestern wollte sie nicht nur Vorgesetzte, sondern auch Vertraute sein. Berta Döbling war es auch, die 1888 mit Schwestern des Sophienhauses für 3 Monate nach Hermannstadt reiste, um auch dort ein Schwestern- und Pflegehaus einzurichten. Das Sophienhaus hatte sich somit zu einer Patronatseinrichtung entwickelt. Es wurde vom Fürstenhaus ideell und finanziell gefördert.

Dabei verfolgte die Großherzogin das Ziel, in ‚ihrem' Sophienhaus einen Mittelweg zwischen weltlicher und konfessioneller Krankenpflege zu beschreiten. Vom Grundsatz her waren die Schwestern konfessionell gebunden; ihre Aufnahme in die Schwesternschaft setzte die Zugehörigkeit zur evangelischen Kirche voraus. Äußeres Zeichen war – und ist heute noch – die Brosche mit dem Christusmonogramm. Bewußt grenzte sich die Großherzogin von den deutschen vaterländischen Frauenvereinen unter dem Zeichen des Roten Kreuzes ab, unter ihnen auch das „Patriotische Institut der Frauenvereine" des Großherzogtums Sachsen-Weimar-Eisenach. Die Ziele dieser Vereine konnte und wollte sie nicht mittragen. Der Großherzogin Sophie lag es am Herzen, ihrer

Schöpfung, dem Sophienhaus, eine selbständige Stellung zwischen der strengen Richtung der Diakonissenhäuser und der freien Auffassung der interkonfessionellen Rot-Kreuz-Vereinigungen zu geben. [2]

Mit der Eröffnung des Schwesternferienhauses in Völkershausen/Rhön im Jahre 1894 setzte die Großherzogin ein weiteres Zeichen ihres umfassenden Fürsorgekonzeptes für die Schwestern. Bemerkenswert ist nicht nur die Höhe des Jahresgehaltes, sondern auch der im Statut festgelegte Urlaubsanspruch von 3 bis 4 Wochen und die damit verbundene Gewährung eines Urlaubsgelds. Nach 10jähriger Zugehörigkeit zur Schwesternschaft waren die Schwestern außerdem pensionsberechtigt und hatten bis zum Lebensende Wohn- und Versorgungsrecht.

Die Ausbildungsstätte des Sophienhauses war die erste staatlich anerkannte Krankenpflegeschule Deutschlands. Schon am 1. Oktober 1906 konnte sie eröffnet werden; am 21. März 1907 erhielt sie durch Ministerialdekret die staatliche Anerkennung. Die pflegerische Betreuung im Großherzogtum Sachsen-Weimar-Eisenach wurde durch die Schwestern des Sophienhauses ganz erheblich verbessert und damit das Gründungsanliegen der Schirmherrin erfüllt.

In den Jahren 1929/30 wurde das Mutterhaus zu seiner jetzigen Gestalt umgebaut. Als Gesamtinstitution war das Sophienhaus bis in die Neunziger Jahre hinein die größte diakonische Einrichtung Thüringens. Im Zuge einer umfassenden Neustrukturierung des Weimarer Klinikwesens wurde es jedoch im Kulturstadtjahr 1999 in seiner bisherigen

traditionsreichen Organisationsform aufgelöst. Während das denkmalgeschützte Gebäude des Mutterhauses erhalten blieb, wurden die historischen Krankenhausgebäude abgerissen. cs

---

Abb. S. 58 Oberin Bertha Döbling, Foto ohne nähere Angaben
Abb. S. 59 Dienstabzeichen der Schwesternschaft seit 1892
Abb. S. 60 Bertha Döbling (li.) und Sophie Kirchner in ihrer Dienstkleidung, Foto vor 1886, ohne weitere Angaben
Abb. S. 61 Das Sophienhaus, Mutterhaus, vor 1930, ohne weitere Angaben

[1] Rosmarie Grunert, Die Entstehung der Sophienschwesternschaft in Weimar und ihre Entwicklung bis zur Gründung einer eignen Krankenpflegeschule mit staatlicher Anerkennung 1875–1907, Diplomarbeit, TU Halle 1995

[2] Eleonore von Bojanowski, Fünfzig Jahre Arbeit im Dienste der Nächstenliebe, Gedenkblatt zum 50jährigen Bestehen der Schwesternanstalt Sophienhaus in Weimar, Weimar 1925, S. 9–12

[3] Christine Wutschke, Zur Entwicklung des Medizinalwesens unter besonderer Berücksichtigung der ambulanten und stationären chirurgischen Versorgung in der Stadt Weimar von 1900 bis 1933, Dissertation, FSU Jena 1989

Weitere Literatur: Gitta Günther, Wolfram Huschke, Walter Steiner (Hrsg.), Weimar, Lexikon zur Stadtgeschichte, Weimar 1993, S. 404/405

3. Rundgang

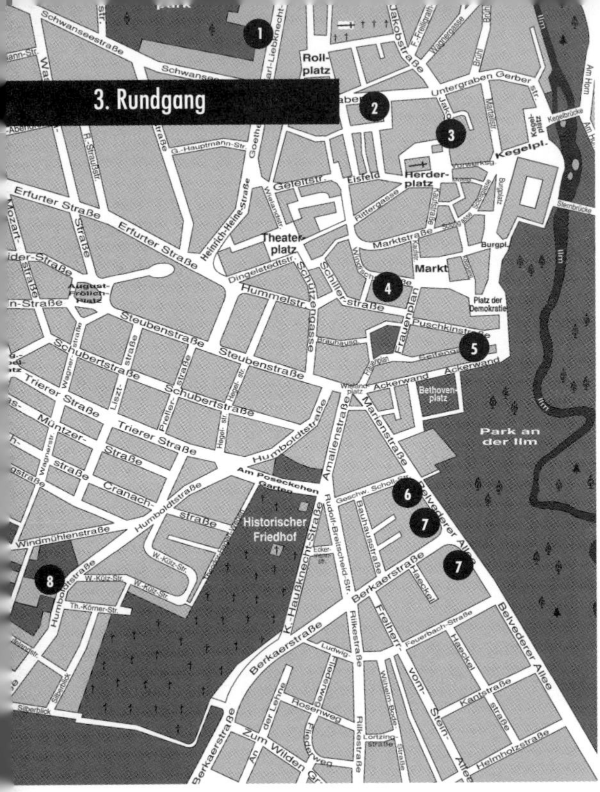

1. **Stadtmuseum, Karl-Liebknecht-Str. 5-9:** ehem. Froriepsche Häuser mit Mansardenwohnung und Salon von Henriette und Adelheid von Schorn
2. **Haus der Verkehrsbetriebe am Graben 2, ehem. Elternhaus von Helene Böhlau**
3. **Kirms-Krackow-Haus in der Jakobstraße 10** (Museum), ehem. Bürgerhaus
4. **Windischengasse 13**, ehem. Wohnhaus der „Ratsmädel" Therese und Marie Thon
5. **Weimarer Mal- und Zeichenschule in der Seifengasse 16a:** ehem. Wohnsitz und Salon von Amalie Winter
6. **Belvederer Allee 2**, ehem. 2. Wohnsitz und 2. Salon von Adelheid von Schorn
7. **Belvederer Allee 4 und 8** (Preller-Villa), ehem. Wohnsitze und Salons von Emilie Merian-Genast (Vgl. Rundgang 4)
8. **Humboldtstraße 36, Nietzsche-Gedenkstätte:** ehem. Wohnsitz und Salon von Elisabeth Förster-Nietzsche

Ettersburg, Jagdschloß bei Weimar,
Radierung, L. Rohbock delt., Joh. Poppel, sculpt
1807–1882

Biedermeierzimmer in Weimar,
aquarellierte Zeichnung, unbekannt, undatiert

AMALIE WINTER,
geb. Freifrau von Seebach, verh. Freifrau von Groß (1802–1879)

Amalie Winter gehört zu den interessantesten Frauenpersönlichkeiten der Weimarer Nachklassik. Sie tritt zunächst als Autorin von Kinderbüchern und von Literatur für Frauen in Erscheinung, dann als geistreiche und originelle Mitwirkende des Ettersburger Kunst- und Literaturkreises um den Erbherzog Carl Alexander und die Erbherzogin Sophie sowie als Mitarbeiterin des zugehörigen „Ettersburger Journals" und schließlich als Inhaberin eines eigenen literarisch-musikalischen Salons. In ihrem Salon finden sich namhafte auswärtige Besucherinnen und Besucher ein; sie kommen besonders gern und häufig, um zwanglos Gespräche mit Sophie und Carl Alexander führen zu können, die ihrerseits den unkonventionellen Rahmen dieses Salons für persönliche Begegnungen und für künstlerischen und politischen Dialog zu schätzen wissen.

Amalie Winter ist bekannt – und in gewissen Weimarer Kreisen wohl auch berüchtigt – für ihren fortschrittlichen Sinn: zum einen in öffentlichen, kulturellen und politischen Belangen, zum anderen auch in ihrer privaten Lebensgestaltung. Mit Fanny Lewald und Bettina von Arnim gehört sie zu dem weiblichen ‚Dreigestirn', das der gebildeten Weimarer Öffentlichkeit und konkret dem – mit allen drei Frauen befreundeten – Erbgroßherzogspaar einen lebendigen und im besten Sinne provokanten Diskussionskontext bietet. Amalie Winter engagiert sich wie Fanny Lewald für die Gleichberechtigung und Selbstbestimmung der Frauen und wie Bettina von Arnim für die jüdische Emanzipation. Alle drei vertreten freiheitliche Positionen der 48er- Bewegung und verfechten gegenüber Carl Alexander, auch als er die Regentschaft übernimmt, den utopischen Entwurf eines demokratischen Fürsten in einer humaneren, sozial gerechteren Welt. *„Wie gern möchte ich daß Weimar wieder an der Spitze des Fortschritts stünde. ... Warum kann ich nicht zuweilen Minister sein"* (1), schreibt Amalie Winter am 15. Juli 1846 an Carl Alexander. Gibt es zu dieser Zeit auch noch keine Frauen im Ministeramt, so haben die drei Schriftstellerinnen doch durch ihr Wissen, ihren weiten ethischen Horizont und ihre jeweils sehr spezifische Mischung aus persönlichem und gesellschaftlichem Engagement einen nicht zu unterschätzenden Einfluß auf die Grundwerte und Entscheidungen, die die liberale Politik der Regierung des Herzogtums Sachsen-Weimar-Eisenach fortan bestimmen. Und diese Politik wiederum hat zum einen auf den autoritären preußischen Regierungsstil von Friedrich Wilhelm IV., zum anderen auf den Prozeß interkultureller Kommunikation in Europa eine positive Wirkung.

Ein Blick zurück auf Amalies Herkunft und Jugend zeigt: die weltgewandte Literatin ist Ur-Weimarerin. Der familiäre Wohnsitz ist die berühmte Altenburg in der heutigen Jenaer Straße Nr. 3 (Straßenbezeichnung seit 1836). Die Stätte, die ‚alte Burg', auf der das Haus errichtet wurde, hat eine lange Geschichte: einst als frühmittelalterliche Fluchtburg erbaut, im Hoch- und Spätmittelalter Wasserburg, im 16. Jahrhundert als „Aldenburgk" erwähnt, befindet sich auf ihr seit 1811 das Gebäude, das, nun selbst „Altenburg" genannt, in der Zeit der Nachklassik schließlich zum Zentrum der europäischen Musikszene um Franz Liszt und Carolyne von Sayn-Wittgenstein (siehe dort) avanciert. Der Erbauer dieses Gebäudes ist Amalie Winters Vater. (2)

Als Tochter des im Krieg mehrfach ausgezeichneten Oberstallmeisters und späteren Generalmajors Freiherr Friedrich von Seebach und der in Weimarer Adelskreisen beliebten Freifrau Henriette Sophie Wilhelmine von Seebach, geborene Freiin von Stein zu Nort- und Ostheim, hat sie zunächst die Traditionsbindung an das geistige Erbe der Weimarer Klassik und die Umgangsformen der höfischen Adelskreise auf ihren Lebensweg mitbekommen. Räume, Gepflogenheiten und Persönlichkeiten der Weimarer Salonkultur werden ihr früh zur Selbstverständlichkeit. Die Mutter geht im Haus der Frau von Stein ein und aus, der Vater ist seit über zwanzig Jahren mit seinem Dienstherrn und Kriegskameraden, Herzog Carl August, befreundet, zur Goethe-Familie besteht freundschaftlicher Kontakt. Während ihr für seine Schroffheit, seinen Sarkasmus und seine Unbeugsamkeit bekannter Vater über 70 Jahre alt wird, stirbt die als zart, sanft und anmutig beschriebene Mutter schon im Alter von 44 Jahren an einem plötzlichen Nervenfieber; da ist Amalie gerade 15 Jahre alt und die jüngeren Geschwister Henriette und Gustav befinden sich noch im Kindesalter. Die vier Hinterbliebenen der Familie Seebach trauern tief und lange. An ihrem ersten Todestag wird der Verstorbenen in einem Waldstück gegenüber der Altenburg, im sogenannten „Prinzessinnengarten", ein Epitaph aus Sandstein errichtet, das heute noch dort steht.

Nach vier Jahren wird die Trauerzeit auf der Altenburg durch eine Reihe von Ereignissen abgelöst, die wieder Bewegung in die Räume bringen: 1821 heiratet Amalie den Kammerherrn und Geheimen Finanzrat in Weimarischen Diensten, Baron von Groß, den Freund August von Goethes. Das junge Paar wohnt nun in der **Seifengasse 18 (heute Seifengasse 16a, linker Teil des Gebäudes der „Weimarer Mal- und Zeichenschule")**, gleich neben Frau von Stein (3), doch die große Geselligkeit findet weiter auf der Altenburg statt. Im Jahr 1828 heiratet Amalies fast 60jähriger Vater ihre jugendliche Freundin Karoline von Niebecker (die es nicht einmal ein halbes Jahr mit ihm aushält; beide trennen sich wieder voneinander), und im Jahr 1829 heiratet Amalies Schwester Henriette den aus Österreich stammenden Steuerrat Anton von Rott und richtet sich mit ihrer Familie im Vorderhaus der Altenburg neu ein. Ihr Bruder Gustav weilt inzwischen fern von zu Hause in der Ausbildung; später wird er Hofmarschall in Altenburg. Zu dem neuen Leben auf der Altenburg kommt durch die Wiederbelebung der Familienfreundschaft mit Ottilie von Goethe, die fast täglich zu Besuch kommt, noch mehr Geselligkeit ins Haus, häufig bringt sie auch ihre Kinder mit. Amalie, die sich inzwischen als junge Schriftstellerin den Künstlerinnennamen

„Winter" gegeben hat – wohl ganz bewußt ohne das standesgemäße „Freifrau von" – gehört neben Adele Schopenhauer zu Ottiliens engem Freundinnenkreis, gemeinsam werden die Salontreffen und die Zeitschrift „Chaos" gestaltet. Wie schon der Name ihrer Zeitschrift demonstriert, haben diese jungen Damen aus gutem Hause andere Vorstellungen von Tugend und Lebensordnung als noch ihre Mütter und Großmütter – und auch als manche ‚höflichen' Damen der Weimarer Gesellschaft. Während der gestrenge General von Seebach seine Tochter Amalie letztlich so handeln und wandeln läßt, wie es ihr gefällt, muß die Hofdame Maria Pawlownas, Caroline von Egloffstein (siehe Stadtrundgänge WEIMAR WEIBLICH, Heft 1) im Brief vom 11. Juli 1844 an ihre Mutter bemerken: *„Ach, aber wo Amalie Winter weilt, da ist kein Frühling (in moralischer Hinsicht) zu finden, und so habe ich manches bemerkt, was mir keine angenehmen Empfindungen gegeben hat"* (4). Diese kritischen Sätze hat Caroline im Anschluß an eines der ersten literarischen Treffen in Ettersburg geäußert, und es sind nicht die einzigen ihrer Art. An ihre Schwester Julie bemerkt sie am selben Tag, kaum weniger spitz: *„Die Groß spielt in Ettersburg eine große Rolle wie eine junge Person von sechzehn Jahren"* (5). Amalie Winter erregt neben Bewunderung auch Neid: durch ihre Gaben – in Kombination mit den Freiheiten, die sie sich herausnimmt – und durch die besondere Wertschätzung bei Hofe, die ihr womöglich gerade deshalb zuteil wird.

Sie ist vielseitig gebildet, interessiert und engagiert. Der kosmopolitische Charakter der Ettersburger Zusammenkünfte (eine Erbherzogin holländischer Abstammung äußert sich in französischer Sprache gegenüber einer russischen Besucherin über die Märchen des skandinavischen Besuchers und Familienfreundes Hans-Christian Andersen …) wird durch ihre Initiative belebt und gefördert. An geistiger Beweglichkeit und emanzipatorischem Potential stellt sie die meisten der Teilnehmerinnen und Teilnehmer des „Ettersburger Kreises" in den Schatten. Einerseits liebt und idealisiert sie diesen Begegnungsort als ein *„Zauberschloß, wo es das ganze Jahr Erdbeeren gibt und gar keine Etiquette"* (6), andererseits kritisiert sie den dortigen schriftstellerischen Dilettantismus schonungslos als *„literarische Wassersuppe"* (7). Sie hat ein klares, in der Auseinandersetzung mit der zeitgenössischen Literatur und mit aktuellen politischen Entwicklungen geschärftes Urteil, eine Abneigung gegen Spießertum und nimmt wenig Rücksicht auf bestehende Meinungen – wenngleich sie wohlweislich und im kleinen Weimar niemals so über die Stränge schlägt wie ihre Freundin Bettina von Arnim im großen Berlin. Sie liebt und bewundert Bettinas Werke, rezensiert auch manche von ihnen, und sie kennt und diskutiert die Werke von Autoren wie Pückler, Fallersleben, Auerbach, Hartmann. Sie kennt und diskutiert auch, ebenso wie Carl Alexander, den sie literarisch berät, Bücher, die, wie Bettina von Arnims „Frühlingskranz" (1844), in dieser Zeit verboten werden, und setzt sich für vom preußischen Polizeistaat verfolgte Schriftsteller ein, wie zum Beispiel für den österreichischen Vormärz-Dichter Moritz Hartmann. Außerdem engagiert sie sich für die Emanzipation der Juden. Sie schreibt eine Novelle mit dem Titel „Judith die Jüdin", in der sie eindrücklich den jüdischen Lebensalltag darstellt, und schickt diese im Februar 1844 an Carl Alexander. Dazu läßt sie dem politisch weit links stehenden jüdischen Schriftsteller Berthold Auerbach ihre tatkräftige Unterstützung zukommen, indem sie zu dessen 1837 erschienenen Roman „Spinoza" eigens für Carl Alexander eine Kurzrezension schreibt, Auerbach 1845 auch in ihrem eigenen Salon empfängt und ihm dort u. a. eine Zusammenkunft mit Carl Alexander ermöglicht. Sie *„besucht in Lengsfeld die Synagoge und lobt Carl Alexander die herrliche Predigt des Rabbiners Heß, (…)."* (8) Zeitweilig, auch das ist manchen ein Stein des Anstoßes gewesen, ist sie sehr eng mit Carl Alexander befreundet. Der umfangreiche, noch erhaltene Briefwechsel zwischen beiden legt Zeugnis davon ab.

Amalie Winter, die mit ihrem Salon in der Seifengasse 18 eine zunehmend tragende Rolle im geselligen Leben Weimars spielt, denkt auch im Alter von über 40 Jahren nicht daran, das zu unterlassen, was ihr gefällt, selbst wenn es in den Augen eines Teils der ‚besseren' Weimarer Gesellschaft nicht mehr als läßliche Jugendsünde durchgeht: sich nach Herzenslust zu amüsieren. So trägt sie dadurch entscheidend zur Demontage ihres guten Rufes bei, daß sie in den 30er Jahren – als Ehefrau und als Mutter von vier Kindern – über längere Zeit eine Liebesbeziehung mit dem Engländer James Patrick Parry unterhält, welcher wiederum mit ihrer Kusine Luise verheiratet ist. Die in Amalie Winters Frauenliteratur dargestellten Beziehungskonstellationen und Problemstellungen zeigen deutliche Parallen zur Lebensgeschichte der Autorin. Immer wieder thematisiert sie zwei für sie selbst – und wohl für viele ähnlich situierte Zeitgenossinnen – eng miteinander verwobene zentrale Konflikte. Im äußeren Leben ihrer Frauengestalten kollidiert der weibliche Selbstverwirklichungsdrang mit überkommener Geltungssucht und Rücksichtslosigkeit der Männer, im Innern liegen *„selbstbewußter Anspruch, Freiheitsdrang, Unabhängigkeitsgefühl (…) und das Schuldgefühl über solche Intentionen …"* (9) in steter Fehde miteinander. Die Pein des schlechten Gewissens wird durch Hinwendung zu Wohltätigkeit und aufopferungsvoller sozialer Tätigkeit zu lindern versucht. Aus der als ausweglos erlebten Opferrolle innerhalb der Partnerbeziehung gibt es nur den gewaltsamen Ausbruch in Form von Freitod oder Verbrechen. Sowohl in ihrer Erzählung „Die Meteore", die sie auf den Ettersburger Salonabenden am 29. Juni und am 1. August 1845 vorträgt, als auch in der Novelle „Pasch sechs" genießt die weibliche Heldin den Witwenstand als den „wahren Stand der Freiheit" (10), während die Ehe ihr als *„eine vom Gesetz geheiligte Prostitution"* (11) die Hölle auf Erden beschert hat. Ähnliche Formulierungen finden sich sowohl im politischen als auch im autobiographischen Werk Fanny Lewalds (siehe dort), der es aber in ihrem Leben immerhin gelingt, sich einer Konvenienzehe zu entziehen und – nach Jahren aufreibender Kämpfe – den Mann, den sie liebt, zu heiraten und bis zum Lebensende glücklich mit ihm zusammenzuleben. In den erwähnten Werken Amalie Winters erwartet die Leserinnen am Schluß der Handlung statt eines Happyends die Wahl zwischen resignativer Verzweiflung, entsagungsvollem Altruismus oder einem erneuten Sichverstricken ihrer Heldinnen im Netz auswegloser Abhängigkeiten. Amalie Winter selbst findet in ihrem Leben zunehmend *„Befriedigung im Engagement für sozial Schwache".* (12) Ihr pädagogisches Interesse, das sich im früheren Werk vor allem in Erzählungen und Märchen für Kinder artikuliert („Memoiren einer Berliner Puppe"/„Memoiren eines bleiernen Soldaten" u. a.) findet in späteren Jahren auch in sozialpädagogischen Schriften seinen Niederschlag, wie etwa in den 1855 erscheinenden „Rathschlägen für Lehrer und Lehrerinnen" in „Verwahr- und Kleinkinderschulen" (13). Mit Sicherheit hat sich Amalie Winter mit den Schriften und der Wirkungsgeschichte des Reformpädagogen Johannes Daniel Falk auseinander-gesetzt, dessen Lebenswerk, ähnlich wie ihre „Ratschläge" und ihre praktische Hilfe, sozial benachteiligten Kindern und Jugendlichen galt. Mit Falks Tochter Rosalie Falk (siehe dort) ist sie seit längerem näher befreundet und erlebt noch die große Gedenkfeier anläßlich des 100. Geburtstages von Falk im Jahr 1868, aus deren Anlaß ihre Freundin „Erinnerungsblätter aus Briefen und Tagebüchern" des Vaters herausgibt.

Über den weiteren Lebensweg Amalie Winters ist leider nur noch wenig in Erfahrung zu bringen gewesen. Sie starb im Jahr 1879 im Alter von 77 Jahren, ihr Grab befindet sich auf dem Historischen Friedhof zu Weimar. Bekannt ist – und u. a. auch in Adelheid von Schorns (siehe dort) „Nachklassischem Weimar" erwähnt – daß ihre Kinder bedeutende gesellschaftliche Positionen erlangten. So wurde ihr Sohn Rudolph von Groß im Jahr 1889 Staatsminister in weimarischen Diensten. (13) um

---

Abb. S. 64 Die „Altenburg in Weimar" Aquarell von Karl Hoffmann, 1859

(1) Angelika Pöthe, Carl Alexander, Mäzen in Weimars „Silberner Zeit", Köln-Weimar-Wien 1998, S. 117
(2) Vgl. Jutta Hecker, Die Altenburg, Weimar 1964, S. 29-32
(3) In den Weimarer Adreßbüchern findet sich der Wohnsitz der Familie von Groß zunächst unter Angabe der zeitüblichen Bezirkszugehörigkeit und Registriernummer, ab 1876 und auch nach dem Tod der „Geheimen Finanzrathswitwe Groß" unter der Hausnummer 18, die höchstwahrscheinlich der heutigen Nummer 16 a direkt neben dem Haus der Frau von Stein entspricht. Nach Goethes Zeit als Mieter einer Wohnung innerhalb des Gesamtgebäudes Seifengasse 16 muß es eine Teilung in zwei – möglicherweise schon ursprünglich vorhandene – separate Gebäude gegeben haben, zu denen, wie bis heute sichtbar, je ein eigener Eingang gehört hat.
(4) Zitiert in: Werner Deetjen, Auf Höhen Ettersburgs, Weimar 1924, Wiederauflage als Heft 1 der Reihe Ettersburger Hefte, Weimar 1993, S. 110
(5) Zitiert ebenda
(6) Zitiert in: Angelika Pöthe, Carl Alexander, a.a.O., S. 72, aus einem Brief von Amalie Winter an Carl Alexander vom 14. Juni 1844
(7) Zitiert ebenda, S. 71, aus einem Brief von Amalie Winter an Carl Alexander vom 15. Juli 1844
(8) Angelika Pöthe, Carl Alexander, a.a.O., S. 79
(9) Angelika Pöthe, Schloß Ettersburg, Weimars Geselligkeit und kulturelles Leben im 19. Jahrhundert, Köln-Weimar-Wien 1995, S. 72
(10) Ebenda
(11) Zitiert ebenda, S. 73
(12) Angelika Pöthe, Schloß Ettersburg, a.a.O., S. 74
(13) Vgl. ebenda
(14) Vgl. Adelheid von Schorn, Das nachklassische Weimar, Zweiter Teil, unter der Regierungszeit von Karl Alexander und Sophie, Weimar 1912, S. 165

HENRIETTE von SCHORN (1807–1869)

Henriette von Schorn wird als Henriette Wilhelmine Auguste Freiin von Stein in Nordheim im Grabfeld bei Meiningen geboren und wächst in ländlicher Umgebung auf. Im Jahr 1831 kommt sie als Hoffräulein der Großherzogin Maria Pawlowna nach Weimar. Zwei Jahre später, 1833, zieht der Kunsthistoriker Dr. Ludwig Schorn (geb. 1793) nach Weimar. Als Nachfolger des verstorbenen Heinrich Meyer in Weimar wird er Direktor des Kunstinstituts und Vorstand der Kunstsammlungen und macht sich bald als künstlerischer Leiter bei der Gestaltung der berühmten, von Maria Pawlowna konzipierten „Dichterzimmer" im Schloß einen Namen. Die junge Dame aus ländlichem Adel und der weltläufige und bereits familiär gebundene Professor verlieben sich ineinander. Als Henriette aber ihrer Herrin mitteilt, daß sie Schorn nicht nur liebt, sondern auch noch heiraten möchte, ist diese empört, und auch Henriettes eigene Familie, die Familie von Stein, ist dagegen. *„Es war ein unerhörtes Ereigniß, daß ein Fräulein vom Hofe, eine Tochter aus altadligem Geschlecht, einen Bürgerlichen heirathen wollte"*, kommentiert ihre Tochter den Wunsch der Mutter später in ihrem Memoirenwerk „Zwei Menschenalter" (2). In der Tat: aus der Sicht der damaligen Zeit bedeutete dieser öffentlich geäußerte Wunsch eine Rebellion gegen die jahrhundertealte patriarchale Konvention der Standesehe. Die junge Frau wagt es, ihrem persönlichen Glücksanspruch eine höhere Bedeutung beizumessen, als einem allgemeingültigen Ordnungsprinzip des Adels, und damit die Neigung über die Pflicht zu stellen. Im Verlaufe der Auseinandersetzungen stellt die Großherzogin ihrer jungen Hofdame schließlich die Frage, ob sie es denn ertragen könne, als bürgerlich Verheiratete im Theater nur noch auf dem linken und nie mehr auf dem rechten Balkon zu sitzen. Aber der Verlust eines derartigen traditionellen Privilegs und des damit verbundenen Prestiges ist für Henriette kein ernsthafter Hinderungsgrund. Ihr geht es ums Ganze, und sie hat das Selbstbewußtsein, sowohl in der Familie als auch bei Hofe, bei ihrer Arbeitgeberin, in aller Grundsätzlichkeit dafür zu streiten. Nach heftigen Kämpfen setzt sie sich schließlich durch und heiratet Ludwig Schorn; er bringt seine Kinder Otto und Marie mit in die Ehe. Um die Wogen zu glätten und den Geboten der Etikette zumindest nachträglich Genüge zu tun, verleiht der regierende Großherzog Carl Friedrich, der Henriette gut leiden kann und sowohl ihre als auch Ludwigs menschliche und fachliche Qualitäten zu schätzen weiß, letzterem den Adelstitel. Nun gehört das fehlende „von" doch noch zum Namen, was die „Geheime Hofraethin" Frau von Schorn allerdings weit weniger mit Stolz erfüllt als die tatsächlichen künstlerisch-wissenschaftlichen Leistungen ihres Mannes, um deren gleichwertige Anerkennung sie bei Hofe wie eine Löwin gekämpft hat, nun fürs Leben belehrt über das sensible Verhältnis von Schein und Sein in der Adelsgesellschaft.

> Auf dem Schlafrock Orden tragen
> Im Gedichte „Sie" zu sagen,
> Schlechten Bildern schöne Rahmen,
> Schlechten Kerls die besten Namen,
> Und noch manche and're Sachen,
> Können Spaß und Galle machen.
>
> H. Nordheim (1)

Ihre Erfahrungen und die daraus gewonnenen Standpunkte verarbeitet Henriette von Schorn in Gedichten, die sie meist nachts mit Bleistift in ein Notizbuch schreibt, und die sie – unter dem Pseudonym „H. Nordheim" – auch veröffentlicht: *„Sprichst von Tugend aller Arten, / Und doch giebt's nur Eine: / Wahrheit, gegen sich und And're, / Weiter braucht man keine"* (3), heißt es unerschrocken an einer Stelle. Und mit kritischem Blick auf die herrschende Doppelmoral träumt sie in dem Gedicht „Der Anstand" von früheren Zeiten und menschlicheren Lebensformen: *„Da war der Anstand, wollt ich wetten / noch nicht so stark wie jetzt im Brauch".* (4) Über die ärgsten Angriffe und Krisen hat ihr mit Sicherheit ihre Glaubensfestigkeit hinweggeholfen und wohl auch ihr schier unverwüstlich heiterer Sinn: *„Ist's Tagwerk leicht, So nimm es froh, / Wenn's schwer Dir deucht, So nimm's nicht so".* (5)

Henriette von Schorn wird sich zeitlebens die für sie typische Wesensmischung aus Gottvertrauen, Herzensgüte und liebenswürdigem Eigensinn bewahren. In ihrer politischen Grundposition bezeichnet sie sich selbst, sicher mit Bezug zu ihrer eigenen Vorurteilslosigkeit, aber auch zu den aktuellen gesellschaftlichen Bewegungen ihrer Zeit, als Demokratin. Die von ihrer Umgebung als humorvoll und tatkräftig beschriebene Hofdame füllt ihr Leben – in Fortführung der emanzipatorischen Traditionslinie einiger Hofdamen der Weimarer Klassik – neben Berufs-, Hausfrauen- und Mutterpflichten mit einer Reihe öffentlichkeitswirksamer Aktivitäten: Sie schreibt – und das schon seit ihrer Jugendzeit – nicht nur Gedichte für den Alltag, sondern auch originelle volkstümliche Geschichten aus ihrer fränkischen Heimat. Sie führt einen eigenen Salon. Und sie engagiert sich tatkräftig für arme und sozial benachteiligte Menschen. Für die materiellen und seelischen Nöte, die Armut mit sich bringt, hat sie ein tiefes Empfinden. Das spiegelt sich zum Beispiel in ihrem folgenden kleinen Gedichtdialog: *„Dame: / Kind, geschwinde geh nach Haus, / Kämme Deine Haare aus. / Bettelkind: / Ach, die Mutter spricht, Madam, / Dazu brauch ich einen Kamm."* (6) Ironisch-doppeldeutig kommentiert sie die zweifelhafte Romantik des Armseins in der nachfolgenden Zeile desselben Gedichts: *„Glücklich, wenn die Pfütze schon / Raum gibt für den eig'nen Thron."* (7) Und umso eindeutiger dann ihre Sicht auf die Segnungen des Reichtums: *„Ihr meint, mit Eurem Gelde, / Da macht Ihr Alles schön: / ich habe, wo es fehlet, / Des Schönen mehr geseh'n."* (8) Noch schärfer bezieht Henriette von Schorn Stellung in dem Gedicht „Die strengen Frauen", in dem es um den Umgang mit einem ‚gefallenen' Mädchen geht und um die aufgesetzte Tugendhaftigkeit der sogenannten ‚besseren Kreise': *„Nun lasset sie aus Euren Blicken / Ihr strengen tugendhaften Frau'! / Mit der Gefall'nen könnt ich weinen / Vor Euch erfasset mich ein Grau'n."* (9)

Henriette von Schorns hart erkämpftes Liebesglück mit Ludwig von Schorn währt nur knappe acht Jahre; Anfang 1841 wird ihre gemeinsame Tochter Adelheid geboren. Bereits ein Jahr später, im Februar 1842, stirbt ihr Mann unerwartet an einem Brustleiden. Henriette, selbst häufiger krank, braucht eine mehrjährige Trauerzeit, um darüber hinwegzukommen. *„Nur die Liebe zu mir half ihr das Leben und meine, sich später doch zur Fröhlichkeit entwickelnde Natur und ihre eigne Thatkraft gaben ihr den Lebensmut wieder,"* schreibt ihre Tochter Adelheid in ihren Erinnerungen. (10) Das Verhältnis zu dieser Tochter muß überhaupt ein sehr besonderes gewesen sein. Adelheid von Schorn beschreibt es so: *„Wenn jemals eine Mutter aus Liebe zu ihrem Kinde gelebt hat, so war es die Meine. Ich habe nie wieder ein so schönes, inniges Verhältniß gesehen, eine so ausschließliche, heiße Liebe zwischen Mutter und Tochter, wie sie zwischen uns herrschte."* (11) Ein besonderes, wenngleich ferneres verwandtschaftliches Band verbindet Henriette auch mit einer der ‚großen alten Damen' der Weimarer Klassik: mit Charlotte von Kalb (siehe Stadtrundgänge WEIMAR WEIBLICH, Heft 1); Henriettes Großvater Freiherr Philipp von Stein zu Nord- und Ostheim ist Charlottes Onkel mütterlicherseits und ihr späterer Vormund. Die inzwischen verarmte und fast blinde, aber geistig unvermindert aktive Charlotte von Kalb lebt seit rund 40 Jahren in Berlin. Der briefliche Kontakt wird meist über ihre Tochter Edda, Hofdame der Prinzessin Marianne von Preußen, hergestellt, die dann 1851, acht Jahre nach dem Tod ihrer Mutter, deren unvollendete Werke, den Roman „Cornelia" und die biographischen Notizen „Charlotte", veröffentlichen und dafür bei Henriette schriftlichen Rat einholen wird. Der einzige von Charlotte selbst an Henriette überlieferte Brief stammt vom 22. Januar 1840 – da ist sie bereits 79 Jahre alt – und trägt die bewußt humorige Anschrift: *„Ihre Hochwohlgeborenen der Frau Henriette von Schorn-Stein in Weimar".* Er ist ein beredtes Dokument für die vielfältigen freundschaftlichen Beziehungen, die in dieser Zeit zwischen den tonangebenden Literatinnen und Salondamen in Weimar und in Berlin bestehen. Eine zentrale Rolle in diesem ‚Damen-Netzwerk' kommt dabei Bettina von Arnim (siehe dort) zu, die sowohl mit Charlotte von Kalb befreundet ist, als auch in Henriettes Salon zu freundschaftlichen Besuchen empfangen wird. Aus einer Notiz Henriette von Schorns geht hervor, daß Bettina ihr bei einem Weimar-Besuch aus dem Manuskript ihres Briefromans „Die Günderode" vorgelesen hat. Henriette von Schorn hat – als unmittelbare Zeugin – eine Sammlung witzig-pointierter Beschreibungen von Bettina von Arnims Weimarer Besuchen hinterlassen, von denen einige bis heute zum festen Bettina-Anekdotenbestand gehören, u. a. die Geschichte der mißglückten Wei-

marer Inthronisierung von Bettinas Goethe-Denkmal im Jahr 1855.
Henriette von Schorn hat ihr großes Herz und ihre bescheidenen Räume sowohl für Familienangehörige offengehalten als auch für besondere ‚Geister' der Stadt und für BesucherInnen von außerhalb. Nachdem sie und die Kinder aus der in der Esplanade (heute Schillerstraße) gelegenen Dienstwohnung ihres Mannes (gegenüber dem Schillerhaus) ausziehen müssen, wird zunächst eine Wohnung in der Schwanseestraße bezogen und dann, 1845, für die nächsten 25 Jahre eine **Mansardenwohnung in den Froriepschen Häusern in der Bürgerschulstraße 3 (heute Stadtmuseum in der Karl-Liebknecht-Straße),** in deren hinterem Teil sich das „Landes-Industrie-Comptoir" befindet. In den Verlagsräumen dieses ersten Weimarer Großbetriebes, der sich zuerst in den Händen des Ehepaars Bertuch befand, dann von der Familie Froriep (siehe dort) übernommen wurde, läßt Adelheid von Schorn auch die Werke ihrer Mutter drucken. Die Mansardenwohnung ist seit Mitte der 40er Jahre bevorzugter Treffpunkt der „Clique", wie der Freundeskreis Henriette von Schorns ganz offiziell genannt wird. Die „Clique" besteht weniger aus den Angehörigen des höfischen Adels als vielmehr aus den tragenden Kreisen des Weimarer Bildungsbürgertums: den Familien Froriep, Schöll, Sauppe, Preller und Stichling. Zum näheren Umfeld gehören außerdem Persönlichkeiten wie das Sängerehepaar Feodor und Rosa von Milde (siehe dort), der Dichter und Komponist Peter Cornelius, die linksliberalen Schriftsteller Berthold Auerbach und Hoffmann von Fallersleben, der Dichter und Märchensammler Ludwig Bechstein, die Herzogin Helene von Orléans, der russische Dichter und Zarenerzieher Joukowsky und die aus Polen stammende Fürstin Carolyne zu Sayn-Wittgenstein (siehe dort) sowie ihr berühmter Lebensgefährte Franz Liszt; die beiden letztgenannten leben seit 1848 in Weimar auf der Altenburg. Die innige Freundschaft zwischen Henriette von Schorn, Carolyne zu Sayn-Wittgenstein, deren Tochter Marie und auch Franz Liszt intensiviert sich später noch, als der Weimarer Hof im Interesse der diplomatischen Beziehungen zu Rußland offiziell die schützende Hand von der Fürstin abzieht und den Kontakt zu ihr abbricht, weil sie – seit ihrem 16. Lebensjahr mit einem russischen Adligen zwangsverheiratet – wegen ihrer ‚illegitimen' Verbindung zu Liszt vom russischen Kaiser, dem Bruder Maria Pawlownas, nunmehr offiziell geächtet worden ist. Henriette erhält für das Paar den Status einer liebevoll-besorgten, ratgebenden Freundin und mütterlichen Beschützerin, der nach ihrem Tod an ihre Tochter Adelheid übergehen wird. Auch die Korrespondenz der Mutter wird von Adelheid fortgesetzt, als die Fürstin sich ab 1860 in Rom niederläßt.
Die Hofdame Henriette von Schorn gehört zu den besonders zur Freundschaft begabten Salondamen und Briefschreiberinnen der Weimarer Nachklassik, darin vergleichbar mit ihrer berühmten Vorgängerin Luise von Göchhausen. Einer ihrer Freunde ist der Märchensammler und Dichter Ludwig Bechstein. Der Briefwechsel zwischen beiden dokumentiert jedoch nicht nur die Freundschaft, sondern

auch ihre einander beflügelnde literarische Produktivität. Die Autorin „H. Nordheim“ hat zu Bechsteins Sammlungen einige Märchendichtungen beigetragen, die von ihm sensibel korrigiert, bearbeitet und, teilweise mit anderen Überschriften versehen, unter seinem Namen mitherausgegeben worden sind. Als Herausgeber bricht er dabei mit der zur Zeit der Weimarer Klassik noch üblichen Tradition patriarchal-männlicher Anmaßung, einen derartigen Umgang mit weiblicher Literaturproduktion für selbstverständlich zu halten. *„Verehrteste Freundin,“* so schreibt Bechstein am 28. August 1851 an Frau von Schorn, *„Haben Sie freundlichen und herzlichen Dank für den ‚Ring‘, ich benutze ihn gewiß, ich weiß nur noch nicht wie und wo, jedenfalls erhalten Sie Kunde. Das Sinnige und Tiefe in Ihrer Dichtung zieht mich sehr an, ich werde es mit Freude bearbeiten, aber darf und kann ich mich denn mit fremden Federn schmücken, mit Ihrem Pfunde wuchern? …“* (12). Am 9. Januar 1852 teilt Ludwig Bechstein Henriette von Schorn mit, daß eines ihrer von ihm bearbeiteten Märchen im 2. Heft der „Münchner Hauschronik“ veröffentlicht worden sei, und am 24. Dezember 1853 schreibt er an sie: *„Als mir vor einigen Wochen auf dem Buchhändlerwege das Büchlein: ‚Lieder und Sprüche von H. Nordheim‘ zuging, hatte ich keine Ahnung davon, wem ich diese liebliche Gabe danke, (…). Es ist viel liebes schönes und inniges in der Sammlung, und ich hätte den Wunsch, die Dichterin möchte sich offen genannt haben; denn das eigene Antlitz ist anziehender als die Maske eines unbekannten Herrn. …“* (13) Was sie selbst bisher nicht gewagt hat, nämlich unter ihrem eigenen Namen zu veröffentlichen, will der Freund nun bei der Herausabe der neuen Auflage seines „Deutschen Dichterbuches“ unternehmen. Er scheitert zu seinem Leidwesen allerdings mit dieser Absicht bei Henriette selbst. Adelheid, ihre Tochter, kommentiert: *„Bechstein konnte das ihm so liebe Gedicht meiner Mutter nicht abdrucken, weil sie ihre Anonymität nicht aufgeben wollte. Damals traten Frauen noch nicht so leicht vor die Oeffentlichkeit, wie heutzutage.“* (14) Der zweifellos größte Schatz in Henriette von Schorns literarischer Produktion, die Sammlung der „Geschichten aus Franken“, wird nach ihrem Tod, im Jahr 1902, in einer zweibändigen Ausgabe von ihrer Tochter herausgegeben. Schon 1854 ist ein Teil der Geschichten in dem Bändchen „Ländliche Skizzen aus Franken“ von „H. Nordheim“ in Weimar veröffentlicht worden. Auf dem Titelblatt der Neuausabe ist unter dem Namen des Verfassers H. Nordheim nun, kleingedruckt und in Klammern, der tatsächliche Name der Autorin angegeben. An diesen dörflichen Liebes- und Mordgeschichten aus dem Grabfeld, der Landschaft bei Meiningen zwischen der Rhön und dem Thüringer Wald, beeindrucken die Fülle, Individualität und unverkitschte Urwüchsigkeit der Charaktere und die natürlich-lockere Handhabung der fränkischen Mundart.

Im Sommer 1856 unternimmt Henriette von Schorn gemeinsam mit Adelheid eine größere Reise durch Deutschland, von Coburg bis nach Bayern, während der verwandtschaftliche und literarische Kontakte wiederbelebt werden, u. a. zu dem ebenfalls aus Franken stammenden Dichter Friedrich Rückert. Dieser äußert sich begeistert zu den „Ländlichen Skizzen", insbesondere zu deren sprachlicher Qualität. Im Winter 1856/57 erkrankt Henriette so schwer an der Gicht, daß an weiteres Reisen vorerst nicht mehr zu denken ist. Stattdessen besuchen Mutter und Tochter in Weimar das erste und einzige Mal eine Gesellschaft auf der Altenburg, die zu Ehren der Schauspielerin Marie Seebach zusammengekommen ist. Zu den Gästen gehört auch Liszts 18jähriger Sohn Daniel aus Paris, der sich, nachdem er auf der Altenburg die Bekanntschaft der Damen von Schorn gemacht hat, alsbald auch häufiger in deren Wohnung einstellt.

Im Mai 1857 erkrankt Henriette von Schorn an einer Herzentzündung; sie schwebt monatelang in Lebensgefahr und wird von Adelheid hingebungsvoll gepflegt. Für die ihr noch verbleibenden 12 Lebensjahre trägt sie einen schweren Herzfehler davon, der sie aus dem Krankenstand niemals wieder richtig entläßt. Dennoch zieht sie sich nicht aus dem gesellschaftlichen Leben zurück, sondern nimmt regen Anteil an den fortschrittlichen kulturellen Entwicklungen, wie z. B. an der Gründung der Weimarer Malerschule im Jahr 1860, deren Vertreter die Schorn'sche „Clique" neu beleben. Sie befreundet sich außerdem näher mit dem als unzugänglich und schroff geltenden linksliberalen Schriftsteller Gutzkow, der sich 1859 in Weimar niederläßt. Schon in Gutzkows „Gartenlaube" von 1857 und auch in seinen „Unterhaltungen am häuslichen Herd" erscheint mehrfach der Autorenname „H. Nordheim". Noch häufiger findet er sich in der Leipziger „Allgemeinen Modezeitung" der 60er Jahre (Hrsg.: A. Dietzmann) und im „Weimarer Sonntagsblatt" (Hrsg.: Joseph Rank). Ungeschminkt kritisch kommentiert Henriette von Schorn den für Weimar so unrühmlichen Abgang Franz Liszts in mehreren Briefen an die Fürstin zu Sayn-Wittgenstein. So heißt es im Brief vom 21. Januar 1862: „*... Was Weimar betrifft, so kann ich nur sagen, was Niemand besser weiß wie Sie, daß die Dummen jetzt hier die erste Violine spielen. Man kann sich kaum mehr darüber ärgern! Außer der Dummheit regiert die malicé – davor muß man sich schützen, es wenigstens versuchen.*" (15) Und am 21. November 1862 schreibt sie: „*... In Weimar bleibt alles am selben Platz. Es dreht sich – wie ein kleiner Planet – um sich selbst. Es sind viele große Männer hier – von denen sich jeder selbst Planet fühlt. Noch nie war eine solche Zerfahrenheit in der Gesellschaft wie jetzt. Am Theater regiert die Intrigue ...*" (16). Umso freudiger sind dann die brieflichen Mitteilungen, in denen sie der Fürstin nach Rom berichten kann, in welcher Weise für Liszt gesorgt wird, als dieser Anfang 1869 wieder nach Weimar zurückkehrt und ihm das Haus der Gärtnerei am Ilmpark als Wohnsitz hergerichtet wird.

Da Henriette schon zu krank ist, übernimmt Adelheid die meisten der Besorgungen. Auch in den kommenden Jahren ist Liszt immer wieder bei seiner mütterlichen Freundin im Froriepschen Haus zu Gast. Und fast täglich kommt er, als Henriette schon so krank ist, daß sie nur noch liegen kann. Dann setzt er sich meist an den Flügel und spielt, um ihr eine Freude zu machen.

Im Mai 1869 erleidet Henriette von Schorn einen Schlaganfall und stirbt binnen weniger Tage. Nicht zuletzt die freundschaftliche Zuwendung Liszts hilft ihrer Tochter Adelheid, den Schmerz über den Verlust der geliebten Mutter zu ertragen. Das Grab Henriette von Schorns befindet sich auf dem Historischen Friedhof in Weimar. um

Abb. S. 69 Henriette von Schorn, Druck nach Fotografie, ohne weitere Angaben, in: Adelheid von Schorn, Zwei Menschenalter, Erinnerungen und Briefe; Berlin 1901, S. 6

Abb. S. 73 Illustration zu Bechsteins Märchen von Ludwig Richter, in: Ludwig Bechstein, Sämtliche Märchen, Stuttgart 1974, S. 2

(1) H. Nordheim, Lieder und Sprüche, Weimar 1854, S. 110; Spruch zum 28. August 1849
(2) Adelheid von Schorn, Zwei Menschenalter, Berlin 1901, S. 11
(3) H. Nordheim, Lieder und Sprüche, a.a. O., S. 46
(4) Ebenda, S. 64
(5) Ebenda, S. 22
(6) Ebenda, S. 67
(7) Ebenda, S. 68
(8) Ebenda, S. 111
(9) Ebenda, S. 55
(10) Adelheid von Schorn, Zwei Menschenalter, a.a.O., S. 18
(11) Ebenda, S. 19
(12) Ebenda, S. 36
(13) Ebenda, S. 50
(14) Ebenda, S. 54
(15) Ebenda, S. 108/109
(16) Ebenda, S. 110

ADELHEID von SCHORN (1841–1916)

Die Weimarer Schriftstellerin Adelheid von Schorn hat mit ihren umfangreichen historischen Werken zur Nachklassik: „Das nachklassische Weimar" und „Zwei Menschenalter", eine Fülle an unersetzlichen Informationen und Quellen über diese Zeit hinterlassen. Nicht nur über Franz Liszt und über die europäische Musikszene, sondern auch über einzelne herausragende Frauenpersönlichkeiten der Zeit wie die Dichterin Bettina von Arnim (siehe dort), die Fürstin Carolyne zu Sayn-Wittgenstein (siehe dort) oder die Sängerin Rosa von Milde (siehe dort) erhalten wir detailreiche Auskünfte. Auf dem Boden persönlicher Beziehungen und mit Hilfe von brieflichen Dokumenten und Notizen entwickelt die Autorin eine ihrer spezifischen literarischen Stärken: ihre situationsbezogenen Porträts. Zu den anrührendsten Beschreibungen gehört dabei eine Schilderung der Weimarer Salongeselligkeit bei den inzwischen betagten Schwestern Ottilie von Goethe und Ulrike von Pogwisch (1), mit denen sie befreundet war.

Für die Suche nach Künstlerinnen der Zeit erweisen sich ihre durch Jahrzehnte vorgelegten Listen mit Namen von Mitwirkenden und Gästen der großen Weimarer Konzert-, Theater- und Opernaufführungen, künstlerischen Begegnungen und Kreisen im Kontext der Hofbühne, der Altenburg, des Neu-Weimarer Vereins und einiger zentraler Salons als sehr ergiebig. Einzelinformationen aus Briefen runden das Bild mancher Künstlerin, das uns heute sonst unvollständiger vor Augen stände, ab. Adelheid von Schorn schreibt zwar aus der Perspektive einer kunstbegeisterten Bildungsbürgerin, kaum mit bewußt sozialkritischem Blick ‚von unten', und sie äußert sich mehr als deutsche Patriotin denn als kosmopolitische Demokratin – was sich insbesondere in den eher national-affirmativen Darstellungen der kriegerischen Auseinandersetzungen der 48er-Revolution und des Deutsch-Französischen Krieges 1870/71 zeigt. Doch zugleich gehört sie zu denen, die auch nach 1871 tatkräftig fortschrittliche kulturelle Entwicklungen in Weimar vorantreiben und sich gegen den neuen Provinzialismus und die alten restaurativen Tendenzen wenden, die der großen künstlerischen Ära eines Franz Liszt als Weimarer Hofkapellmeister ein so unrühmliches und vorschnelles Ende bereitet haben. In ihrem eigenen Salon begrüßt sie lieber oppositionell eingestellte Bürgerliche als konservative Angehörige des höfischen Adels. Mit Erbgroßherzog Carl Alexander und Erbgroßherzogin Sophie, beide dem fortschrittlichen Flügel der Hofaristokratie zuzurechnen, steht sie in freundschaftlichem Kontakt.

Als Frau, als Salondame, als Chronistin und als Schriftstellerin hat Adelheid von Schorn eine sie zentral inspirierende Vorgängerin und unmittelbare Wegbereiterin gehabt: ihre Mutter, Henriette von Schorn (siehe dort). Sie besitzt mit den Aufzeichnungen und dem Briefwerk ihrer Mutter einen unschätzbaren Fundus für ihre sich über mehr als zwei Generationen erstreckende Weimarer Chronik, und sie übernimmt souverän und ohne Unterbrechung die mütterliche Salontradition – **die Mansardenräume im Froriepschen Haus in der Bürgerschulstraße 3 (heute Stadtmuseum in der Karl-Liebknecht-Straße)** mit dem Flügel „Piccolomini" und dem Sieben-Uhr-Teetisch, die Einladungen, die Gäste und die Korrespondenzen. Ebenso selbstbewußt und zuverlässig führt sie die Freundschaften der Mutter weiter. Auf der einen Seite bleibt sie damit ihrem mütterlichen Vorbild treu und wird zugleich dem weitverbreiteten guten Ruf der Mutter gerecht, der ihr als Tochter nach deren Tod als Erwartung entgegengebracht wird. Auf der anderen Seite entwickelt sie sich selbst zu einer stolzen, lebensklugen und originellen Frauenpersönlichkeit, die das Weimarer Bild jener Jahre nachhaltig prägt. So bringt sie das Kunststück fertig, der Mutter lebenslang innig verbunden zu bleiben und dabei zugleich ihren ‚Selbststand' zu entfalten. In einer Reihe von Wesenszügen ist sie ihrer Mutter ähnlich: in der Abneigung gegen alles Sentimentale und Gekünstelte, im Mißtrauen gegenüber Privilegien und fertigen Urteilen, im praktischen Alltagssinn, in der Begabung und dem Selbstvertrauen zum Erzählen und zum Schreiben, aber auch zu heiterer Ruhe, herzlicher Anteilnahme und zur Freundschaft. Adelheid von Schorn selbst sieht ihre eigene Entwicklung stets als eine glückliche an und betrachtet vor allem ihre Jugendzeit mit Freude und Dankbarkeit: *„Verwöhnt wurde ich gehörig, aber bei mir hat sich dadurch* *nur die Einsicht gefestigt, daß Verwöhnung durch Liebe dem Menschen nicht schadet, sondern ihm nur nützt, (...). Eine glückliche Jugend wirft ihren Schein über das ganze Leben. – Der Vorrat an Liebe, den unser Herz einheimst, kann gar nicht groß genug sein.“* (2)

In der Fülle von Adelheid von Schorns Schilderungen und Informationen über die Zeit der Nachklassik und die sie prägenden Persönlichkeiten suchen wir allerdings eines fast vergebens: Aufschluß über die nähere persönliche Lebensgeschichte der Autorin selbst. Weder über ihre Schulbildung noch über besondere Begabungen oder Neigungen – z. B. im Zusammenhang mit ihrer Musikbegeisterung – erfahren wir Genaueres. Adelheid von Schorn steht hier, vermutlich nicht einmal bewußt, in der Tradition ihrer berühmten Vorgängerinnen und ‚Kolleginnen', der Pariser Salonieren der französischen Aufklärung, von denen eine die vielzitierten Worte sprach: *„Der Salon war das höchste Ziel der Pariserin, die Genugtuung ihrer reifen Jahre, der Ruhm ihres Alters. Sie verwandte darauf ihre ganze Intelligenz, opferte ihm jede andere Beschäftigung, und gönnte sich von dem Augenblick an, da sie sich dazu entschlossen hatte, keinen anderen Gedanken, keine Zerstreuung, keine Bindung, keine Krankheit, keine Traurigkeit mehr. Sie war nicht Gattin noch Mutter und auch Liebende war sie nunmehr in zweiter Linie.“* (3) Marie d'Agoult, von der diese Sätze stammen, hat in Paris mehrere Jahre mit Adelheids späterem ‚Augapfel' Franz Liszt zusammengelebt. Von den drei gemeinsamen Kindern heiratet die Tochter Cosima in erster Ehe den Musiker Hans von Bülow, der den Damen von Schorn sehr nahe steht, und in zweiter Ehe Richard Wagner (der Adelheid u. a. deshalb zeitlebens nicht leiden kann, weil sie die Freundschaft zu seinem ehelichen Vorgänger von Bülow aufrechterhält).

Werfen wir einen Blick auf die vorhandenen biographischen Daten: Geboren 1871 in Weimar als einziges gemeinsames Kind der Hofdame Henriette von Schorn, geb. von Stein, und des Kunstgelehrten Ludwig von Schorn, wächst Adelheid in harmonischer Athmosphäre auf. Sie ist das vielgeliebte und behütete ‚Nesthäkchen', auch im Verhältnis zu Otto und Marie, den zwei Halbgeschwistern aus Schorns erster Ehe. Ihr Vater stirbt, als sie erst ein Jahr alt ist. Nach seinem Tod wird Adelheid der Mutter zum Lebensmittelpunkt. Früh wächst sie in die Atmosphäre der mütterlichen Salongeselligkeit hinein, in deren Zentrum ebenso nachbarschaftliche wie über die Landesgrenzen hinausreichende Freundschaften stehen, z. B. mit der Goetheschen Familie, mit Carolyne von Sayn-Wittgenstein, Franz Liszt und beider musikalischem Kreis und mit weiteren bedeutenden Malern, Schriftstellerinnen und Schriftstellern. Schon zu Lebzeiten der Mutter setzt Adelheid sich für die Publikation von deren Werk ein, und nach ihrem Tod betätigt sie sich wiederholt als Herausgeberin der Geschichten und Gedichte ihrer Mutter.

Wovon hat Adelheid von Schorn eigentlich gelebt? Als Autorin und Herausgeberin hat Adelheid von Schorn mit Sicherheit auch Honorare erhalten, aber ihren Lebensunterhalt wird sie davon nicht bestritten haben. Sie hat bekanntlich kein Luxusleben geführt, aber doch z. B. fast täglich die behagliche Salongastlichkeit anbieten und sich eine ganze Reihe kleinerer und größerer Reisen leisten können. In ihrem Werk spricht sie niemals direkt über die eigenen Finanzverhältnisse, doch sie hält Liszt's außergewöhnliche materielle Großzügigkeit für ebenso erwähnenswert wie die Tatsache, daß Ottilie von Goethe in ihrem Salon nur Zwieback anbieten konnte und die Goethesche Familie erst nach dem Abgang der Gäste speiste – wofür sie in Anbetracht der prekären Finanzlage Verständnis äußert. Vermutlich war sie durch das Erbe ihrer Eltern finanziell abgesichert. Ob sie von der Gräfin oder von Liszt für ihre hauswirtschaftlichen Besorgungen Geld erhielt, bleibt im Dunklen. Materiell hat die ‚Tochter aus gutem Hause' zeitlebens nur für sich allein zu sorgen; sie wird niemals heiraten und auch keine Kinder haben. In diesem Sinne führt sie schon, für eine Frau der damaligen Zeit, ein überdurchschnittlich selbstbestimmtes und privilegiertes Leben.

Das Besondere an Adelheids Leben ebenso wie an ihrem Schreiben ist, daß sie – trotz sparsamer Selbstäußerungen – als Persönlichkeit präsent bleibt. Auf stille Weise hebt sie, damit manch frühromantischem Ideal verwandt, die Grenzlinie zwischen ihrem privaten und ihrem öffentlichen Dasein immer wieder auf. Ist sie emotional sehr tief berührt, wird die Darstellung besonders kurz gehalten. So kommentiert sie ihren überwältigenden Schmerz über den Tod der geliebten Mutter im Mai 1869 beispielsweise mit den knappen Sätzen: *„... mir konnte niemand helfen, mir war, als müsse ich mich mit ins Grab legen, als hätte ich auf der Welt nichts mehr zu thun."* (4) Die freundschaftliche Sorge um Franz Liszt, den sie schon 1848, als neunjähriges Mädchen, im persönlichen Gespräch kennengelernt hat und der nun seit Januar 1869 die Räume der ehemaligen Hofgärtnerei (heute: Lisztmuseum) bewohnt, und die Berichterstattung über dessen Wohlergehen an die für immer im fernen Rom weilende Fürstin zu Sayn-Wittgenstein helfen Adelheid von Schorn nach und nach, den Tod der Mutter zu bewältigen. Bereits im Frühjahr 1870 zieht sie mitsamt ererbter mütterlicher Saloneinrichtung aus dem Froriepschen Haus ins **obere Stockwerk**

des Hintergebäudes des Hauses Belvederer Allee 2, um in der Nähe des Freundes sein zu können, der das Alleinsein jetzt noch schlechter verträgt als in seinen jungen Jahren. Die Fürstin legt Adelheid brieflich die Fürsorge für den fernen Liebsten ans Herz: *„Ich habe Sie zum Schutzengel seines Aufenthaltes in Weimar erwählt,"* schreibt sie am 26. März 1872 aus Rom, *„und Sie haben nicht das Recht, einer Anderen dieses Amt zu übergeben. Sie finden in Liszt ein so dankbares Herz – bleiben Sie ihm also gut – was die schönsten ‚Syrenen' nicht immer sind und bleiben. … So seien Sie meine Vertreterin, liebe Adelheid – Ihre Mutter, die liebe und schöne, wird sich darüber freuen …"* . (5) Liszt nimmt die sorgende Freundschaft Adelheids, die er in seinen in französischer Sprache gehaltenen Briefen seine „providence" nennt, dankbar entgegen und erweist sich seinerseits als aufmerksamer Freund. So berichtet Adelheid von Schorn von ihrem Einzug: *„Am andern Morgen stand ich zwischen Kisten und Kasten, da öffnete sich meine Thür ganz leise und durch den schmalen Spalt hielt eine Hand eine schöne rothe Rose herein. Es war Liszt's Hand, das war sein Will-komm."* (6) Als bleibender Schutzengel ist Adelheid stets zu Gast, wenn in Liszts Haus einmal in der Woche, am Sonntag zwischen 11 und 1 Uhr, die berühmte musikalische Matinee stattfindet. Sie liest Liszt vor, erledigt Korrespondenzen und sorgt für manche Annehmlichkeit in seinen Wohnräumen.

Im Verlauf des deutsch-französischen Krieges 1870/71 übernimmt Adelheid wie viele andere Frauen in Weimar eine freiwillige Hilfstätigkeit: *„Ich wurde (...) gleich bei der Verpflegungsstation auf dem Bahnhof angestellt und habe da Monate lang, abwechselnd mit noch vielen Frauen und Mädchen, Kaffee, Warmbier und Grog gebraut und den Soldaten an den Zug gebracht. … Was haben wir da für Jammergestalten gesehen! Besonders unter den Gefangenen, …".* (7) Die zu Kriegsbeginn für unsere heutigen Ohren befremdlich heimatseligen Töne in Adelheids Berichterstattung weichen zunehmend ihrem konkreten Empfinden für menschliches Elend, gleich, ob dieses Freund oder Feind betrifft.

Einen besonderen Höhepunkt in Adelheids Leben stellen ihre Teilnahme an der Grundsteinlegung des Festspielhauses und ihre Mitwirkung als Chorsängerin an der Aufführung von Beethovens „Neunter" unter Leitung Richard Wagners in Bayreuth dar. Über Wagner allerdings, dessen Musik ihr in der Jugend über alles ging, der ihr aber in Bayreuth persönlich aufgrund der erwähnten Animosität gegenüber Liszt, mit grober Unhöflichkeit begegnet und sie bei späteren Begegnungen immer *„unsere Stiftsdame"* nennen wird, schreibt sie: *„Beinahe amüsierte ich mich über diese Kleinlichkeit des großen Mannes. (…) ich bin ihm nie nahe gekommen. (…) da liegen unergründliche Dinge zwischen den Menschen."* (8)

Eher beiläufig berichtet Adelheid von Schorn immer wieder von Reisen, die sie unternimmt: nach Pommern, Berlin, München, Nürnberg, zur Kur nach Marienbad, auch einmal nach Holland und Belgien und schließlich ab Dezember 1874, alarmiert durch die Nachricht der Fürstin Marie Hohenlohe aus Wien über eine ernsthaftere Erkrankung von deren Mutter, der Fürstin zu Sayn-Wittgenstein, wiederholt nach Rom. In Rom wird sie jedesmal von der Fürstin und von Liszt auf das Herzlichste begrüßt und verbringt mehrere Monate in beider Gesellschaft. Sie macht viele neue Bekanntschaften, die sie in ihrer Chronik alle getreulich benennt. Eine Beschreibung aber sprengt den sonst üblichen Darstellungsrahmen: die der Begegnung mit der Schriftstellerin Malwida von Meysenbug. Adelheid schreibt über die 1852 wegen ihres politischen Engagements aus Berlin verwiesene Anhängerin der 48er-Revolution und spätere Verfasserin der so berühmt gewordenen „Memoiren einer Idealistin": *„Sie hat immer eine solche Macht auf mich ausgeübt, daß ich jedesmal das Gefühl hatte, wir könnten nie fertig werden mit sprechen, ich könnte nicht wieder fort von ihr."* (9) Erst nach der Lektüre des letzten Werkes Malwida von Meysenbugs, dem 1898 veröffentlichten „Lebensabend einer Idealistin" (*„so tief innerlich berührt hat mich selten etwas"* (10)), erkennt sie – nach eigener Aussage – die Ursache für diese Anziehungskraft: eine überraschend nahe geistige und emotionale Übereinstimmung.

Wenngleich Adelheid von Schorn sich zeitlebens überpersönlichen Idealen der Humanität und Kunst verpflichtet fühlt und immer Salondame ‚aus Berufung' bleiben wird, so erlaubt sie sich mit dem Beginn ihres fünften Lebensjahrzehnts noch den privaten Genuß und die persönliche Freiheit einer engen Freundschaft und wohl auch Liebesbeziehung zu einem jüngeren Mann. Sie begegnet dem deutsch-russischen Maler Paul Joukowsky, dem Sohn des alten Freundes ihrer Mutter und Vertrauten Richard Wagners, während ihres Romaufenthaltes im Januar 1882: *„(...) in diesen wenigen Stunden hat sich eine Freundschaft angebahnt, die von da an wie ein roter Faden durch mein Leben gegangen ist, und um die sich jahrelang meine Existenz gedreht hat."*, so beschreibt sie in eher nüchternen Sätzen diese Initialzündung. (11) Im Jahr 1886 wird die unter Adelheid von Schorns Räumen gelegene Wohnung in der Belvederer Allee Nr. 2 im Auftrag des Großherzogs an einen Maler vermietet: an Paul Joukowsky, der sich entschlossen hat, nach Weimar zu ziehen. *„Von da an lebten wir in der idealsten Gemeinschaft, die es für zwei Menschen geben kann,"* (12) berichtet Adelheid von Schorn beglückt in ihrer Chronik.

„Im Zentrum von Adelheids Leben aber bleibt zunächst die Fürsorge für Liszt. Sie begleitet den nun stark alternden Künstler ..." (13) noch auf mancherlei Konzertreisen. Als Liszt in Bayreuth im Jahr 1886 auf den Tod erkrankt, muß Adelheid die Demütigung hinnehmen, daß ihr, die sich jahrzehntelang hingebungsvoll um den immer hilfsbedürftigeren Freund gekümmert hat, nun von dessen Tochter Cosima der Zugang zum Sterbelager verwehrt wird. Dennoch klingt aus dem Bericht über Liszts Tod auch Erleichterung heraus. Bis zu ihrem Lebensende engagiert sich Adelheid von Schorn für die Pflege des Liszt'schen Erbes, doch bleibt sie nicht bei dieser Aufgabe stehen. Noch nach 1900 verkehren in ihrem Teesalon auch die wichtigsten VertreterInnen der jüngeren SchriftstellerInnenge-

neration, rebellische Geister wie Gabriele Reuter, konservative wie Friedrich Lienhard oder auch der deutsch-nationale Adolf Bartels; die Vorzeichen des Nationalsozialismus vermag die alte Dame nicht mehr zu erkennen. Sie stirbt 75jährig im Dezember 1916 und wird im Schorn'schen Erbbegräbnis auf dem Historischen Friedhof bestattet. Ihr Name findet sich dort nicht auf einer der Grabtafeln, sondern auf einer Urne. um

---

Abb. S. 75 Adelheid von Schorn im Alter, Fotografie (Ausschnitt) von Carl Wolfram (Vorm. Hofphotoraph Hertel), Weimar, undatiert

Abb. S. 78 Belvedere Allee 2, Foto von Ulrike Müller, 1999

(1) Vgl. Adelheid von Schorn, Zwei Menschenalter, Erinnerungen und Briefe, Berlin 1901, S. 207-209
(2) Adelheid von Schorn, Zwei Menschenalter, a.a.O., S. 20
(3) Zitiert in: Verena von der Heyden-Rynch, Europäische Salons, Höhepunkte einer weiblichen Kultur, S. 18
(4) Adelheid von Schorn, Zwei Menschenalter, a.a. O., S. 166
(5) Ebenda, S. 210
(6) Ebenda, S. 176
(7) Ebenda, S. 198
(8) Ebenda, S. 216
(9) Ebenda, S. 272
(10) Ebenda
(12) Ebenda, S. 412
(13) Hubert Anft, Henriette und Adelheid von Schorn – zwei ‚Schutzengel' Franz Liszts in Weimar, gekürzte Fassung des gleichnamigen Vortragstextes (Weimar, unveröff.), S. 23

CHARLOTTE KRACKOW (1825–1915)

Seit April 1999, nach jahrelanger gründlicher und liebevoller Sanierung und Neugestaltung, ist das **Kirms-Krackow Haus in der Jakobstraße 10** wieder eines der schönsten und repräsentativsten Bürgerhäuser Weimars. Gelegen im alten Jakobsviertel und auf mittelalterlichem Fundament um 1520 errichtet, besitzt dieses Haus für das klassische und nachklassische Weimar als Memorialmuseum einen besonderen Wert. Erinnert es doch künftig mit seiner bürgerlichen Wohnkultur und als Begegnungsstätte für SchriftstellerInnen und KünstlerInnen, nicht nur wieder an jene Zeiten, als hier *„im Garten die Rosen größer und voller, der Lack dunkler, stärker und würziger, alle Früchte saftiger und wohlschmeckender als bei anderen Leuten ..."* (1) gediehen, sondern vor allem auch an jene Menschen, die im „Goldenen und Silbernen Zeitalter" Weimars in diesem historischen Haus wohnten, und an die zahlreichen geselligen Begegnungen und Begebenheiten, die hier stattfanden.

Zur Zeit der Weimarer Klassik waren Besitzer und Bewohner dieses Anwesens die zwei Brüder Karl (1741–1821) und Franz (1750–1828) Kirms.

Der jüngere Bruder Franz war ab 1789 als „Land-Cammer-Rath" für die Verwaltungs- und Finanzgeschäfte des Hoftheaters zuständig und damit ein wichtiger Mitarbeiter für Goethe. Der Herzog Carl

August übertrug ihm deshalb auch 1791 die Vorbereitungen zur Gründung eines eigenen Hoftheaters in Weimar unter Goethes Oberdirektion.

Franz Kirms liebte es, wenn sein Haus zum geselligen Mittelpunkt Weimars wurde. So gingen in der klassischen Zeit Weimars viele berühmte Persönlichkeiten ein und aus; NachbarInnen, FreundInnen und Gäste. Zu ihnen zählten Ferdinand und Caroline Jagemann (siehe Stadtrundgänge WEIMAR WEIBLICH, Heft 1), Christiane Vulpius (siehe ebenda), Christiane Neumann, aber auch Wieland, Falk, Herder, Goethe und Schiller. Selbst Anna Amalia weilte hin und wieder in diesem Haus, und von den auswärtigen Besuchern sind solche Namen wie Madame de Staël, August Iffland und Alexander von Humboldt zu nennen.

Zwei Jahre nach dem Tod seines Bruders Karl, im Alter von 73 Jahren, heiratete Franz Kirms im Jahre 1823 die 43jährige frühere Kammerfrau Maria Pawlownas, Karoline Krackow. Die Frischvermählte zog in das erste Stockwerk des Hauses, das zweite bewohnte ihr Gatte Franz. Das Eheglück währte nur fünf Jahre, denn Franz Kirms starb schon 1828.

Im Jahr 1836 nimmt Karoline ihre elfjährige Nichte Charlotte und 1840 auch deren jüngere Schwester Sophie (1830–1895) mit ins Haus. Beim Tod der Tante gehen 1866 Haus, Hof und Garten in den Besitz der Familie Krackow über. Beide Schwestern bleiben unverheiratet; sie werden in den folgenden Jahren zu den sorglichsten Hüterinnen des Hauses. Charlotte und Sophie bewohnen nun gemeinsam das erste Stockwerk. Hinterhaus, Erdgeschoß, zweites und drittes Stockwerk werden vermietet. Be-

kannte MieterInnen sind Amalie Voigt, Angelica Facius (siehe Stadtrundgänge WEIMAR WEIBLICH, Heft 1) und Carl Freiherr von Beaulieu-Marconnay.

1889, in ihren „Erinnerungen" (2), schreibt Charlotte Krackow nicht nur die Geschichte des Hauses auf, sondern gibt zugleich mit ihren Schilderungen über Altweimar auch ein Bild jener Zeit wieder, das das Wohnen und Leben bürgerlicher Familien sehr lebendig darstellt. So kann man lesen: *„Die Ausstattung mit Mobilar beschränkte sich auf das Nötigste. Tapeten gab's nur in wenigen Stuben. Schlafstuben, Vorsaal, Treppenhaus und so weiter erhielten einfachen Kalkanstrich, gelb, grau oder weiß. Man liebte es, die Möbel an die Wand zu stellen: nur vor dem Sofa stand ein großer runder Tisch, der zum Essen in die Mitte der Stube getragen wurde. Fenstervorhänge wurden von glattem Mull gemacht, mit weißen baumwollenen Fransen …".* (3)

In diesen nachklassischen Jahren versammeln nun Charlotte und Sophie Krackow in Karls und Franz' Nachfolge einen Kreis kluger und ihnen in Freundschaft verbundener Menschen um sich. Unter ihnen befinden sich der Weimarer Hofkapellmeister Johann Nepomuk Hummel, Freiherr von Beaulieu-Marconnay, die schwedische Sopranistin Jenny Lind (siehe dort), der dänische Märchendichter Hans Christian Andersen und auch der im Jahre 1848 in weimarische Dienste eingetretene Hofkapellmeister Franz Liszt. Während seines ersten Weimaraufenthaltes 1844 weilt Hans Christian Andersen bei den zwei Schwestern Krackow. *„Bei Baron Marconnay eingezogen, wo ich es gemütlich und gut habe; hier ist ein herrlicher Blumengarten"*, notiert der dänische Märchendichter am 25. Juni 1844 in sein Tagebuch. (4) Der zauberhafte Garten mit all seinen Blumen und Pflanzen wird in aller Literatur über das Kirms-Krackow-Haus als so idyllisch wie märchenhaft geschildert, daß er bis in die heutige Zeit eine Legende ist. In den „Erinnerungen" von Charlotte Krackow sind viele Angaben über das Leben im Garten, die Gartenstube und den Pavillon, den sie auch „Biedermeier-Gartenhaus" nennt, nachzulesen. *„Im Sommer war der Garten eine Art lebendiges Museum, man ging von Beet zu Beet, zeigte den Freunden die Prachtstücke und ohne einen Strauß verließ niemand den Garten …"*. (5)

Nach dem Tode der Schwester Sophie 1895 lebt Charlotte allein im Kirms-Krackow-Haus. Ihr zur Seite stehen ein Dienstmädchen und als Pflegerin die Konditorswitwe Auguste Borst.

Charlotte Krackow, deren gütiges Frauenantlitz im Porträt von dem Weimarer Maler Professor Otto Rasch für die Nachwelt festgehalten wurde, läßt bis zu ihrem Tod am 13. Juli 1915 keine Veränderungen im Hause vornehmen. Sie bewahrt sorgsam alles Vorhandene.

Den nachfolgenden Generationen wird mit zahlreichen originalen Möbeln, Kaminen, Öfen, Musikinstrumenten, Bildern, Porträts und Silhouetten, Küchengeräten, Glas und Porzellan das alte Weimar überliefert. Noch im selben Jahr kauft die Stadt Weimar das Haus und eröffnet es 1917, an Goethes Geburtstag, als Museum mit Erinnerungsräumen, ganz im Sinne Charlotte Krackows. In der Zeit von 1963 bis 1988 enthielt das Kirms-Krackow-Haus ein Literaturmuseum für Johann Gottfried Herder.

rr

Abb. S. 81 Karoline Kirms geb. Krackow (als Witwe), einst Kammerjungfer der Großfürstin Maria Pawlowna. Zeichnung von Johann Joseph Schmeller

Abb. S. 82 Hof des Kirms-Krackow-Hauses, Foto, um 1900

(1) Die Erinnerungen der Karoline Jagemann, hrsg. von Eduard von Bamberg, Dresden 1926

(2) Erinnerungen von Charlotte Krackow, hrsg. von Eduard Scheidemantel, Weimar 1917

(3) Ebenda, a.a.O., S. 28

(4) Hans-Christian Andersen, Tagebuchaufzeichnungen des Dichters aus den Jahren 1844 bis 1867, in: Deutsch-Nordisches Jahrbuch 1928, Jena 1928, S. 57

(5) Erinnerungen von Charlotte Krackow, a.a.O., S. 14

Weitere Literatur: Gertrud Ranft, Das Kirms-Krackow-Haus in Weimar, hrsg. von den Nationalen Forschungs- und Gedenkstätten der klassischen deutschen Literatur in Weimar, Weimar 1977

ELISABETH FÖRSTER-NIETZSCHE (1846–1935)

Im Jahr 1896 wird das **Haus auf dem Silberblick in der Luisenstraße 36 (heute Humboldtstraße)** für 40 000 Mark zum Verkauf angeboten. Meta von Salis, eine reiche Nietzsche-Verehrerin, erwirbt es für Elisabeth Förster-Nietzsche. Es ist ein herrschaftliches Gebäude mit großem Garten, an einem Abhang gelegen, mit weitem Blick über die Stadt. 1897 zieht Elisabeth Förster-Nietzsche mit ihrem seit acht Jahren unheilbar erkrankten Bruder, dem Philosophen Friedrich Nietzsche, dort ein. Fortan dient die Villa zugleich als Wohnsitz und als Archiv. Die traditionsreiche Klassikerstadt erscheint der Schwester als ein angemessener Ort für die Aufbewahrung, Erforschung und publizistische Aufbereitung der philosophischen Werke Nietzsches. Am 25. August 1900 stirbt der Bruder in der Villa Silberblick. Zwei Jahre später erhält der in Weimar arbeitende belgische Architekt Henry van de Velde den Auftrag zum Umbau der Villa. 1903 ist das Haus fertig: im Jugendstil und unter Verwendung von rötlich-gelber Buchenholztäfelung ist vom Eingang bis zu den unteren Räumen alles aufeinander abgestimmt.

Elisabeths Absicht, mit dem Umzug von Naumburg nach Weimar die Wirkung des Nietzsche-Archivs nach außen zu verstärken, erweist sich als erfolgreich. Das bereits am 2. Februar 1894 von ihr in Naumburg gegründete Archiv wird zunächst in der Wörthstraße 5 (heute Thomas-Müntzer-Straße) untergebracht. In der geräumigeren Villa Silberblick fungiert es dann als Bestands- und Editionszentrum. Hier wird auch in den Jahren 1899 bis 1913 die von Elisabeth Förster Nietzsche mitherausgegebene erste Gesamtausgabe „Nietzsches Werke" erarbeitet. (1) Das Haus wird fortan zur Pilgerstätte der Nietzsche-VerehrerInnen aus dem In- und Ausland. Eine Schenkung des reichen schwedischen Bankiers und Kunstmäzens Ernest Thiel ermöglicht am 23. Mai 1908 die Gründung der Stiftung Nietzsche-Archiv (sie besteht bis 1956). Das von Elisabeth Förster-Nietzsche geleitete Archiv erlangt seit der Jahrhundertwende zunächst im Kontext fortschrittlicher wissenschaftlicher und künstlerischer Bestrebungen Bedeutung. Mit der ihr eigenen Zielstrebigkeit gelingt es Elisabeth Förster-Nietzsche in wenigen Jahren, Archiv und Wohnräume der Villa Silberblick zum Treffpunkt berühmter Frauen und Männer zu machen – ihr Vorbild ist Cosima Wagner und deren Kreis im Haus Wahnfried in Bayreuth. So versammelt die *„stadtbekannte Schwester des weltberühmten Bruders"* (2), von 1900 bis etwa 1910 einen Kreis von KünstlerInnen und KunstfreundInnen um sich, die von der Idee eines „neuen" oder „dritten Weimar" begeistert sind. Sie wollen, wie in klassischer Zeit, ein Zentrum von Kunst, Literatur und Theater schaffen. Zu dem Kreis zählen Henry van de Velde, Harry Graf Kessler, Alfred und Helene von Nostiz (siehe dort), Hans Olde, Gerhart Hauptmann, Hugo von Hoffmansthal, Ludwig von Hofmann,

Else von Guaita und Richard Dehmel. Es finden regelmäßige literarisch-musikalische Veranstaltungen und gesellige Abende mit Saloncharakter statt.
Als Herrin der Villa Silberblick hat Elisabeth Förster-Nietzsche endlich ihr Ziel erreicht: Das kleine bürgerliche Mädchen aus Naumburg mit dem provinziellen sächsischen Dialekt, vorgesehen für ein Leben als Ehefrau, Mutter und Dienerin, ist nun eine freie berühmte Frau. Doch, wie sich in den folgenden Jahren noch krasser zeigen wird, eine widerspruchsvolle Frau mit zweifelhaftem Ruhm! Ihre Persönlichkeit hat viele Facetten – im Positiven wie im Negativen.
Ein Blick auf die Kindheits- und Jugendjahre Elisabeths zeigt, daß die am 10. Juli 1846 in Röcken, einem Dorf bei Weißenfels, geborene zwei Jahre jüngere Schwester von Friedrich Nietzsche schon recht früh nicht gewillt war, die ihr von der Mutter Franziska zugedachte Rolle anzunehmen: eine Ehe mit einem *„strebsamen jungen Rechtsanwalt oder Pastor“* (3) zu führen.
Elisabeth, auch Lieschen genannt, war eine äußerst begabte Schülerin mit schneller Auffassungsgabe, doch wurden ihr nicht die gleichen Bildungs- und Ausbildungschancen wie ihrem Bruder zuteil. Die Familie hatte Angst, daß sie ein gelehrtes Frauenzimmer werden wollte (4); schließlich war Elisabeth für ihre Zeit eine *„blendende Partie, hübsch und lebhaft, tüchtig im Haushalt, eine gute Köchin und nicht unbemittelt“.* (5) Ihr Wille und ihr Ehrgeiz führten Eisabeth Nietzsche dennoch im Jahr 1864 zunächst nach Leipzig, wo sie sich als Studentin einschrieb. Sie besuchte Vorlesungen, nahm Englisch-Unterricht und interessierte sich für Oper, Schauspiel und Konzert im Leipziger Theater. Aber – die Gründe sind nicht bekannt – sie brachte das Studium nicht zu Ende, und so zog sie wieder nach Naumburg zu ihrer Mutter. In diesen Jahren wurde offensichtlich, daß der Bruder Friedrich ihrer Hilfe immer bedürftiger wurde: Elisabeth begann, die Verwaltung seiner Geldangelegenheiten zu übernehmen. Als er in Basel eine Professur erhielt, richtete sie ihm dort eine Wohnung ein, und weilte zwischen 1870 und 1880 viele Male in der Stadt, um den Bruder zu pflegen und zu trösten in seinen Phasen depressiver Verstimmung. So wurde Elisabeth ihrem Bruder die wichtigste Gefährtin, Gehilfin und Vertraute. *„Also inzwischen habe ich mit Hilfe meiner Schwester mich häuslich eingerichtet, und es ist gut gelungen ... Ich habe es durch das glückliche Wesen meiner Schwester, das mit meinem Temperament auf das beste zusammenstimmt, vielleicht günstiger getroffen als sehr viele andere.“* (6) Die Lebenswege beider, der Schwester und des Bruders, waren nun so eng miteinander verschlungen, daß es bis heute unmöglich ist, über einen der beiden ohne Bezugnahme auf den anderen zu schreiben. Bedeutsam für Elisabeth wurde um 1876 die Begegnung mit Dr. Bernhard Förster in Bayreuth. Sie war angetan von seinen Plänen zur Wiedergeburt des deutschen Geistes und von seiner Propaganda-Tätigkeit gegen ein intellektuell-zersetzendes Professorentum, für eine vegetarisch-natürliche Lebensgestaltung, gegen die jüdische Unterwanderung und für ein arisches Christentum. (7) Mit zahlreichen anti-

semitischen Artikeln, Berichten und Vortragsreisen gehörte Förster zu den Begründern der Ideologie des Antisemitismus. Im Mai 1885 heiratete das Paar, der Bruder war der Hochzeit ferngeblieben, und beide reisten das Jahr darauf nach Paraguay, wo Bernhard Förster seinen großen Plan, auf überseeischem Gebiet eine germanische Kolonie, ein neues und ‚gereinigtes' Deutschland zu errichten, verwirklichen wollte.

Am 3. Juni 1889 verübte Dr. Förster Selbstmord, wohl aufgrund undurchschaubarer finanzieller Transaktionen, und weil er offensichtlich erkannt hatte, daß er das Ansiedlungsprogramm in der geforderten Zweijahresfrist nicht abschließen konnte. Elisabeth kehrte im Herbst 1893 endgültig von Paraguay nach Deutschland zurück, und machte nun die Verwaltung des Nachlasses ihres Bruders zu ihrer Lebensaufgabe. Sie entfaltete vielfältige Aktivitäten und organisatorisches Talent. So richtete sie im Hause der Mutter, im Weingarten 18 in Naumburg, ein Zimmer als „Nietzsche-Archiv" ein, und begann ihre Briefe mit „Förster-Nietzsche" zu unterschreiben. In Weimar scheint sie ihre Ehe mit Bernhard Förster und ihre Kolonisationsarbeit in Paraguay dann komplet verdrängt zu haben. Eine Zeitgenossin äußerte sich wie folgt: *„Ich habe auf dem Silberblick niemals auch nur ein einziges Mal den Namen Dr. Förster gehört. Er war mehr als begraben. Er war tabu."* (8)

In den ersten Jahren der Weimarer Zeit dominiert noch die rühmliche Seite der Elisabeth Förster-Nietzsche. So ist es das unbestrittene Verdienst der Vielgescholtenen, den Nachlaß Friedrich Nietzsches gewissenhaft zusammengetragen und zusammengehalten zu haben.

Elisabeths dreibändige Biographie „Das Leben Friedrich Nietzsches" trägt viel zur Popularisierung von Nietzsches Schriften bei. Sein Ruhm wird noch größer, ebenso Elisabeths Ruf als eine Frau, mit der zu rechnen ist, die es zu Ruhm und Ehre bringen will. Viele Intellektuelle um die Jahrhundertwende sind der Herrin der Villa Silberblick freundschaftlich zugetan. Selbst Harry Graf Kessler, Kunstkenner, Freund und Gönner von Malern und SchriftstellerInnen, Museumsdirektor, Autor, Diplomat, Politiker und Vorläufer des „guten Europäers", überträgt seine Bewunderung für Friedrich Nietzsche auf Elisabeth. Deren sechzigster Geburstag im Jahr 1906 bietet den Menschen, die ihren Bruder verehren und bewundern, Gelegenheit, sie mit hunderten von privaten und öffentlichen Glückwünschen zu überschütten. In jenem Jahr malt der norwegische Künstler Edvard Munch ihr Porträt; Hans Olde in Weimar wird für ein weiteres verpflichtet. Zu dieser Zeit ist sich Elisabeth schon eine Weile der Wirkung ihrer Persönlichkeit und vor allem ihrer Macht bewußt.

„Ich bin mir ein bißchen meiner Macht bewußt geworden" (9), hat sie schon Jahre zuvor an ihre Freundin Meta von Salis geschrieben. Diese Macht verführt sie anscheinend – was inzwischen hinlänglich bekannt ist – zu massiven Änderungen und Fälschungen der Werke ihres Bruders, vor allem in dem von ihr zusammengeschriebenen Werk „Der Wille zur Macht". Neben der Macht liebt Elisabeth auch äußeren Prunk und Bequemlichkeit. Ihr Le-

bensstil ist alles andere als bescheiden. So ist auch ihr Äußeres unverkennbar: *„Immer elegant gekleidet, in langen, schwarzseidenen oder Taftgewändern und attraktiven schwarzen Hütchen mit Schleier oder großen Federhüten".* (10)
In den Jahren des Krieges teilt sie die allgemeine Kriegseuphorie, auch kann sie ihren aufwendigen Lebensstil fortführen, weil für all ihre Repräsentationen Ernest Thiel, orthodoxer Jude und glühender Nietzsche-Verehrer, finanziell aufkommt. Nach dem Krieg – die Novemberrevolution von 1918 bezeichnet sie als *„Pöbelaufstand"* – empfängt die nun über 70jährige alte Frau weiter Gäste und arrangiert Veranstaltungen. Der Charakter dieser Veranstaltungen ändert sich jedoch zunehmend. Ab Mitte der Zwanziger Jahre stehen sie im Zeichen offener Begeisterung Elisabeths, – nun Frau Doktor, nachdem die Universität Jena ihr zu ihrem 75. Geburstag die Ehrendoktorwürde verliehen hat, – für Mussolini und Hitler. Ihre rücksichtslose Vorgehensweise bei der Herausgabe der Werke ihres Bruders einschließlich ihrer Fälschungen, vor allem bei der Herausgabe von „Der Wille zur Macht", machen sie in philosophischen Fachkreisen unbeliebt, zumal Elisabeth Förster-Nietzsche sich immer mehr jenen Kräften zuwendet, die Nietzsche als Künder und Propheten des Faschismus deuten. Das Nietzsche-Archiv erleidet einen radikalen Rechtsruck. *„Direkte Kontakte zu Benito Mussolini, Wilhelm Frick und Adolf Hiltler sowie öffentliche Bekennntnisse zu Faschismus und Nationalsozialismus bewirkten, daß sich die demokratischen Verehrer Friedrich Nietzsches seit Anfang der*

dreißiger Jahre vom Nietzsche-Archiv distanzierten".(11) Aus der berühmten Elisabeth ist die berüchtigte *„Priesterin des Nietzsche Tempels"* (Edvard Munch) geworden, die den von ihr geförderten Nietzsche-Kult schließlich in nationalsozialistische Ideologie münden läßt. Und sie, die den Bruder als Heiligen stilisiert, wird nun sogar selbst zum Gegenstand kultischer Verehrung. Ein Zeichen dafür war schon in früheren Jahren Elisabeths dreimalige Nominierung für den Literaturnobelpreis (1908, 1915 und 1923), aber zu ihrem Ärger wurde sie jedesmal abgelehnt.
Als *„Nationalistin"*, wie Elisabeth sich selbst bezeichnet, ist ihr die Weimarer Republik ein Greuel. In Hitler findet sie ein Idol, einen neuen Übermenschen, den sie hofiert. Sie vermerkt mit Stolz, daß

das Archiv offiziell zum Zentrum nationalsozialistischer Weltanschauung erhoben wird und daß Hitler sie mehrmals besucht (31. 1. 1932, 2. 11. 1933, 20. 7. und 2. 10. 1934). Hitler verspricht der Vasallin *„ein Nietzsche-Walhalla"*, eine monumentale **Nietzsche-Gedenkstätte neben der Villa Silberblick (Humboldtstraße 36 a)**, mit deren Errichtung 1936 auch tatsächlich begonnen wird, die aber nicht vollendet wird (nach dem Krieg zum Sender umgestaltet, heute Funkhaus des MDR 1-Radio Thüringen).

Elisabeth Förster-Nietzsche stirbt am 8. November 1935. An der pompösen Trauerfeier am 11. November im Archiv nimmt auch Hitler teil. Anschließend wird sie im Geburtsort Röcken, im Erbbegräbnis der Familie, neben dem Bruder bestattet. Das Nietzsche-Archiv wird im Dezember 1945 von der sowjetischen Militäradministration geschlossen; die Bestände befinden sich seit 1949 im Goethe- und Schiller-Archiv. Seit Anfang der neunziger Jahre ist ein Teil der ehemaligen Wohn- und Arbeitsräume in der Villa Silberblick wieder für die Öffentlichkeit zugänglich. rr

---

Abb. S. 84/87 Elisabeth Förster-Nietzsche, Fotografie (Ausschnitt) Fotoatelier Louis Held, Reproduktion Fotoatelier Renno

Abb. S 86/88 Niezsche-Archiv (Villa Silberblick) nach dem Umbau durch Henry van de Velde 1903, Foto, undatiert

(1) Vgl. Gitta Günther, Wolfram Huschke, Walter Steiner (Hrsg.), Weimar, Lexikon zur Stadtgeschichte, Weimar 1993, S. 333
(2) Walter Benjamin in einem Brief an Ernst Schön, Mai 1918: „S. Friedländer nennt Elisabeth Förster-Nietzsche die stadtbekannte Schwester des weltberühmten Bruders". In: Gerslom Scholem und Th. W. Adorno (Hrsg.), Walter Benjamin, Frankfurt a. M. 1966, Bd. 1, S. 191
(3) Zitiert in: H. F. Peters, Zarathustras Schwester, Fritz und Lieschen. Nietzsche – ein deutsches Trauerspiel, München 1983, S. 235
(4) H. F. Peters, Zarathustras Schwester, a.a.O., S. 235
(5) Ebenda
(6) Friedrich Nietzsche, Historisch-Kritische Gesamtausgabe, München 1938, Bd. 1 (Briefe), S. 233
(7) Vgl. auch Klaus Goch, Elisabeth Förster-Nietzsche, Ein biographisches Portrait, S. 375. In: Luise F. Pusch (Hrsg.), Schwestern berühmter Männer, Frankfurt a. M. 1985
(8) Annie France-Harrar, Nietzsche gesehen durch die Familienbrille, Elisabeth Förster-Nietzsche. In: So wars um Neunzehnhundert, München, Wien 1962, S. 188
(9) H. F. Peters, Zarathustras Schwester, a.a.O., S. 223
(10) Ebenda, S. 235
(11) Gitta Günther, Wolfram Huschke, Walter Steiner (Hrsg.), Weimar, Lexikon zur Stadtgeschichte, a.a.O., S. 333

Weitere Literatur: Ben Macintyre, Vergessenes Vaterland, Die Spuren der Elisabeth Nietzsche, Leipzig 1994

HELENE BÖHLAU (1856–1940)

Wenn von Helene Böhlau die Rede ist, denken Einheimische in erster Linie an die „Ratsmädelgeschichten" von 1888, die die kleine Residenzstadt Weimar zum Schauplatz haben und die auch noch heute sehr lesenswert sind, vermittelt das kleine Büchlein doch ein sehr lebendiges, wenn auch zuweilen idyllisches Bild vom Leben in der Zeit der Weimarer Klassik. Die Autorin dieses Romanes und vieler anderer Bücher ist selbst ein Weimarer Kind und obendrein die Enkelin eines der Ratsmädel, die in der Windischengasse 13 wohnten.

Helene Böhlau wird am 22. November 1856 in Weimar als älteste von drei Töchtern des Ehepaares Hermann und Therese Böhlau geboren. Die Eltern zählen zu dem kulturell engagierten, liberalen Weimarer Bildungsbürgertum. Ihnen gehört das stattliche Haus **Am Graben 2 (heute Sitz des Verkehrsbetriebes Weimar GmbH).** Das Haus ist ein vielbesuchter Mittelpunkt weimarischen Geisteslebens in der nachklassischen Zeit. *„Häuser wie das von Feodor von Milde, von Eduard Genast und Hermann Böhlau waren nur in dem alten Weimar möglich"*, notiert Richard Voss in seinem Buch „Aus einem phantastischen Leben". (1) Zu dem Wohnhaus gehört das gesamte Areal zwischen Graben im Norden und Kleiner Teichgasse 6 im Süden (heute Stadtarchiv). Helenes Vater, Hermann Böhlau, hatte 1853 die seit 1624 bestehende Hofdruckerei in der Rittergasse gekauft und diese vier Jahre später an die Kleine Teichgasse 6 verlegt, um sie zu einem Verlagshaus zu erweitern. International bekannt wird der Böhlau-Verlag in den Folgejahren u. a. durch die „Sophienausgabe" der Werke, Tagebücher und Briefe Goethes. 1854 heiratete Hermann Böhlau Therese Thon, jüngste Tochter von Therese und Ottokar Thon, *„die kleine Frau mit dem großen Herzen"* (2). Mit im Hause wohnt die Mutter von Therese Böhlau, Therese Thon (1801–1887) das Ratsmädel, die Röse genannt. Therese Thon und ihre Schwester Marie (1802 bis 1872) waren die Töchter des Bergrates und Bürgermeisters Kirsten, der das Haus **Windischengasse 13** bewohnte **(ab 1906 Windischenstraße).** Eine Tafel am Haus erinnert an die zwei Ratsmädel, leider aber nicht an die Autorin des Werkes. Therese Thon ist bis ins hohe Alter ihrer Enkelin eine vortreffliche Geschichtenerzählerin. Diese Großmutter, auch „Gomelchen" genannt, verleiht dem Haus am Graben einen besonderen Charme.

Helene Böhlaus Liebe für Bücher, Geschichten über das alte Weimar und Erinnerungsplaudereien wird zweifellos in diesen sorglosen und behüteten Kindheitsjahren geweckt, nicht zuletzt von der Großmutter. Das Mädchen erhält zu Hause Privatunterricht durch Julius Sturm und Anton Bräunlich. Im Zeichnen wird es von Friedrich Preller unterrichtet, der ein Freund des Elternhauses ist. Trotz ihrer guten Erziehung und trotz zahlreicher Bildungsreisen mit den Eltern durch Deutschland und Italien ist Helene in ihrer Kindheit nur eine mittelmäßige Schülerin, eher ehrgeizarm als fleißig. In dem Roman „Isebies", der autobiographischen Charakter trägt, beschreibt sie später ihre Abneigung gegen die Schule, ihre Vorliebe für Wald und Feld und für Aufführungen von Räubergeschichten.

In das Jahr 1873 fällt die Bekanntschaft mit dem um 18 Jahre älteren und verheirateten Dichterphilosophen Friedrich Arnd. Helene Böhlau ist mit ihm und seiner Frau Therese viele Jahre befreundet, bis aus seiner Freundschaft tiefe Liebe zu ihr wird. 1882 schmieden Helene Böhlau und Friedrich Arnd Heiratspläne, doch Therese Arnd will sich nicht scheiden lassen. Als die Familie Arnd 1885 ihren Wohnsitz von Weimar nach Berlin verlegt, folgt Helene einige Monate später. Im April 1886 flieht sie mit Friedrich Arnd nach Konstantinopel, wo der Dichterphilosoph vom jüdischen Glauben zum Islam konvertiert und auf diese Art und Weise frei, d. h. geschieden von seiner Frau ist. Das Paar heiratet am 12. Dezember 1886 und wohnt bis 1888 in Konstantinopel. Friedrich Arnd nennt sich fortan Omar al Raschid Bey. Ihre Ehe empfindet Helene, nun auch Frau al Raschid Bey, als reich und beglückend, zumal ihr Mann großen Einfluß auf ihr schriftstellerisches Schaffen hat.

Seit 1882 veröffentlicht Helene Böhlau Bücher, mit denen sie in den Folgejahren zu den bedeutendsten Autorinnen ihrer Zeit gezählt wird. Ihre Werke, Novellen, Geschichten und mehr als zwanzig Romane, veröffentlicht sie unter ihren Mädchennamen. Sicherlich behandelt Helene Böhlau in der Mehrzahl ihrer Bücher keine weltbewegenden Probleme, auch entspricht vieles von dem, was sie schreibt, mehr dem Geschmack der Zeit als demjenigen künftiger Tage, aber gerade deshalb handelt es sich um lesenswerte Dokumente der Lebensauffassungen in jener Epoche, besonders in Bezug auf das Thema Frau. Innerhalb der bürgerlichen Frauenbewegung ist Helene Böhlau eine geschätzte Autorin, aus deren Schriften gern zitiert wird. In Weimar ist sie mit der Frauenrechtlerin Natalie von Milde befreundet (siehe dort). Ihren bekannten Ruf als volkstümliche Autorin erwirbt sich die Schriftstellerin insbesondere mit ihren „Ratsmädelgeschichten" (1888) und ihren „Neue Ratsmädelgeschichten und Altweimarische Geschichten" (1897), in denen sie viele Weimarer Persönlichkeiten, die Stadt und ihre Umgebung beschreibt. Helene Böhlaus umfangreiches schriftstellerisches Werk entsteht vor allem in Ingolstadt und München, wo sie ab 1888 mit Mann und Sohn wohnt. Immer steht eine Frau im Mittelpunkt ihrer Bücher: Die arme kleine Olly in „Der Rangierbahnhof" (1896), Dorothea in „Reines Herzens schuldig" (1888), Sibylle in „Isebies" (1911), Lu in „Das Halbtier"

(1899), Gudrun und Kristine in den gleichnamigen Werken von 1913 und 1929.

Viel diskutiert werden vor allem ihre gesellschaftskritischen Romane, wie „Der Rangierbahnhof", „Das Recht der Mutter" (1897) und „Das Halbtier". Diese leidenschaftlich und mutig geschriebenen Bücher erscheinen in einer Zeit, in der das Thema Frauenrecht breiten Raum in den Zeitungen einnimmt, besonders im Zusammenhang mit der öffentlichen Diskussion um das 1896 vom Reichstag verabschiedete Bürgerliche Gesetzbuch, das am 1. Januar 1900 in Kraft tritt. Helene Böhlau will mit diesen Romanen Frauengestalten darstellen, die nach einem natürlichen, von Güte und Schönheit erfüllten Leben streben, denen aber Anerkennung und Gleichberechtigung, vor allem in der Ehe, versagt werden. Echtheit des Empfindens und eine tiefe Liebe zu den Menschen sprechen aus ihren Anklagen gegen Vorurteile und Engherzigkeit.

Autobiographischen Charakter tragen die Romane „Das Haus zur Flamm" (1907) und insbesondere „Isebies" (1911), die wie die Erzählung „Die Kristallkugel" von 1903 in Weimar spielen. Diese Bücher bezeugen die lebenslange Verbundenheit einer ungewöhnlich klugen und warmherzigen Frau mit ihrer Geburtsstadt.

Nach dem Tod ihres Mannes 1910 lebt Helene Böhlau noch dreißig Jahre in der Nähe von München. Ihre Lebensmaxime ist in jenen Jahren: *„Das einzige, was auf Erden das Herz ruhig und glücklich macht, ist: Gut miteinander zu sein".* (3)

Helene Böhlau stirbt am 28. März 1940 in Widdersberg bei Hersching / Ammersee. rr

---

Abb. S. 89 Helene Böhlau, Foto (Ausschnitt), undatiert, Repro von Claudia Börner

Abb. S. 90 Wohnhaus der Familie Böhlau, Foto um 1915

Abb. S. 91 „Ratsmädelhaus" ohne nähere Angaben, in: Wilhelm Bode, Damals in Weimar, 1912, Repro von Claudia Börner

(1) Richard Voss, Aus einem phantastischen Leben, Stuttgart 1920, S. 270

(2) Friedrich Zillmann, Helene Böhlau, Ein Beitrag zu ihrer Würdigung, Leipzig 1918, S. 16

(3) Vgl. Friedrich Zillmann, Helene Böhlau, a.a.O., S. 5

4. Rundgang

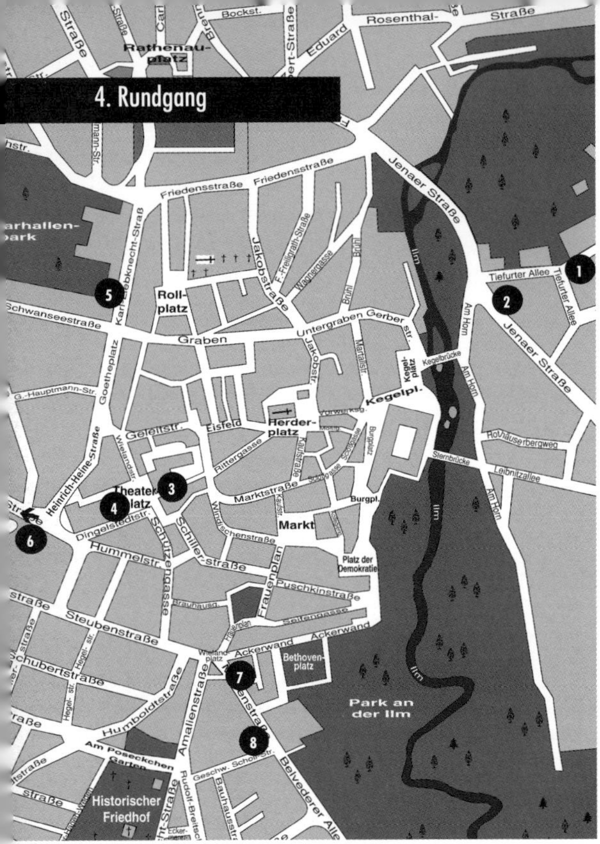

1. **Marie-Seebachstift** (Altbau), **Tiefurter Allee 8**
2. **Die Altenburg in der Jenaer Straße 2**: Treffpunkt und Wirkungsstätte der europäischen Musikszene um Franz Liszt
3. **Ehem. Franziskanerkloster am Palais 4** (heute Hochschule für Musik „Franz Liszt"): histor. Wirkungsstätte Rosa von Mildes als 1. Dozentin der Weimarer Musikschule
4. **Deutsches Nationaltheater:** ehem. Hoftheater, Wirkungsstätte div. Künstlerinnen
5. **Stadtmuseum, Karl-Liebknecht-Str. 5-9:** ehem. Froriepsche Häuser mit Salon und Atelier von Bertha Froriep
6. **Erfurter Straße 32:** ehem. Wohnsitz und Salon der Familie von Milde
7. **Ehem. Jägerhaus, Marienstraße 3/5:** Ateliers von Louise Seidler und Angelica Facius
8. **Marienstraße 18:** ehem. Wohnsitz von Mathilde von Freytag-Loringhoven

Altes Hoftheater in Weimar, Lithographie, 1. Hälfte des 19. Jahrhunderts

Damengarderobe im Alten Hoftheater, Foto Louis Held, ca. 1904

INGEBORG von BRONSART, geb. Starck (1840–1913)

Sie ist 18 Jahre jung, schön und außerordentlich begabt, als sie 1858 nach Weimar kommt, um für zwei Jahre Schülerin bei Franz Liszt zu werden. Ingeborg Starck wurde 1840 in Petersburg als Tochter schwedischer Eltern geboren, die ihr musikalisches Talent früh erkennen und fördern. Ersten Unterricht erhält sie bei N. von Martinow, später wird Adolf Henselt ihr Lehrer. Mit 12 Jahren gibt Ingeborg in Petersburg ihr erstes öffentliches Konzert; zu dieser Zeit beginnt sie auch schon zu komponieren.

Ihr großer Wunsch ist es nun, in Weimar bei Franz Liszt die Ausbildung als Konzertpianistin abzuschließen. Zielstrebig verfolgt sie die Erfüllung dieses Wunsches. Unbekannt ist die Stadt Weimar nicht für sie, war doch ihr langjähriger Lehrer Adolf Henselt 1832 hier der Schüler Johann Nepomuk Hummels, bevor er sich 1838 in Petersburg niederließ.

In Weimar gehört Ingeborg zum engsten Freundeskreis der **Altenburg**, der Wohn- und Wirkungsstätte Franz Liszts. Von ihrem Lehrer und Meister wird sie außerordentlich geschätzt und geachtet und gehört zu seinen begabtesten Schülerinnen. Sie fühlt sich wohl in der Stadt mit dem liberalen Hof, dem kunstsinnigen Bürgertum und dem berühmten Hoftheater. Der Kreis junger MusikerInnen kommt aus ganz Europa, entsprechend offen und vielseitig ist das geistige Klima, auf das Ingeborg trifft. In Weimar lernt sie ihre große Liebe kennen; das macht ihr die Stadt an der Ilm unvergeßlich. 1862 wird sie mit Hans Bronsart von Schellendorf getraut, der wie sie Lisztschüler ist. Gemeinsam lernt und lebt man mit und bei Franz Liszt und der Fürstin Carolyne von Sayn-Wittgenstein.

Im Jahre 1860 ist Ingeborgs Ausbildung abgeschlossen. Danach wirkt sie als Konzertpianistin in Paris, Petersburg, Wien und in vielen anderen europäischen Städten wie auch in zahlreichen deutschen Konzertsälen. Nach ihrer Heirat sind die ausgedehnten Konzertreisen nicht mehr möglich. Bronsarts Verpflichtungen lassen das Ehepaar Wohnung in Leipzig und Berlin nehmen. In Leipzig dirigiert er die Euterpe-Konzerte, in Berlin als Nachfolger Hans von Bülows die Konzerte der „Gesellschaft der Musikfreunde".

Als Hans von Bronsart 1867 Intendant des Königlichen Hoftheaters in Hannover wird, untersagt man Ingeborg als Ehefrau öffentliche Auftritte als Pianistin. Aber in dieser Zeit in Hannover komponiert sie ihre Opern „Die Göttin zu Sais" (1867) und „Jery und Bäthely" (1873) nach einer Textvorlage von Johann Wolfgang Goethe. Mit letzterer hat sie großen Erfolg – nicht nur in Leipzig, wo sie zuerst veröffentlicht wird, sondern auch in Berlin und Königsberg, in Wien, Wiesbaden, Weimar und Hannover wird ihre Oper mit viel Beifall aufgeführt. Ganz kann und will Ingeborg ihre Konzerttätigkeit nicht aufgeben. So gibt sie von 1867 bis 1887 in Eisenach, Bayreuth und Hannover öffentliche Konzerte gemeinsam mit Franz Liszt an zwei Klavieren. Von

1887 bis 1895 wohnen die Bronsarts wieder in Weimar. Im Herbst 1887 wird Hans von Bronsart zum Generalintendanten des Weimarer Hoftheaters ernannt, die Familie wohnt nun in der **Belvederer Allee 13 (das Gebäude wurde 1998 abgerissen).**

In dieser Zeit arbeitet Ingeborg an einem schwedischen Epos und bringt schließlich eine große Oper auf die Bühne: „König Hiarne", die 1891 in Weimar aufgeführt wird. Es folgt „Die Sühne" nach einem Text von Theodor Körner. Diese Oper wird 1909 in Dessau zur Aufführung gebracht. Zu dieser Zeit leben Ingeborg und Hans von Bronsart als Privatleute in Bayern, denn ihr Mann hat bereits im Frühjahr 1895 seine Entlassung genommen, und sie sind Anfang 1898 aus Weimar weggezogen. Die Wahl ist dann auf München gefallen, auch des guten Klimas wegen. Jedes Jahr im Herbst geben beide in ihrer Wohnung in der Alfonsstraße Konzerte, die von Mitgliedern des bayrischen Hofes und anderen interessierten MusikliebhaberInnen begeistert besucht werden.

In München erlebt Ingeborg von Bronsart bei guter Gesundheit auch ihren 70. Geburtstag und feiert ihr 50jähriges Künstlerinnenjubiläum. Dieses Ereignis nimmt sie zum Anlaß, auf ihr Lebenswerk aufmerksam zu machen und darauf hinzuwirken, daß die Biographin La Mara sie in ihr Buch „Musikalische Studienköpfe" aufnimmt. In einem Brief vom 25. April 1910 an La Mara betont sie: *„Sehr dankbar wäre ich, wenn Sie erwähnen wollten, daß ich die erste und bis jetzt die einzige dramatische Componistin Deutschlands bin und daß ich auch die erste Frau bin, von der eine große Oper* (Hiarne, Anm. der Verf.) *auf die Bühne gebracht worden ist; ... daß ich 3mal die Ehre hatte, mit meinem Maestro Liszt zu Hannover auf zwei Klavieren öffentlich zu spielen und er sein ‚Concert pathetique', das ich mit ihm bei der Tonkünstlerversammlung in Hannover 1877 spielte, in der neuen Auflage mir gewidmet hat."* (1)

In ihren Münchner Jahren reflektiert sie immer wieder darüber, wie eine Künstlerin ihre berufliche Tätigkeit mit den Pflichten der Ehefrau und Mutter in Einklang bringen kann. Nach ihrer Überzeugung dürfte eine ernstlich strebende, talentvolle, schaffende Künstlerin im Interesse ihrer Kunst nicht heiraten. Mit dem Apostel Paulus steht sie auf dem Standpunkt: Heiraten ist gut, nicht heiraten ist besser. Trotzdem hat Ingeborg von Bronsart vier Opern, zahlreiche Lieder, Kammermusiken, Orchestermusiken und Chormusiken geschrieben.

Am Ende eines erfüllten Lebens weiß sie, daß gute Gesundheit, finanzielle Unabhängigkeit und ein verständnisvoller Mann ihr dieses Leben ermöglicht haben, daß aber auch ein langer Atem und große Beharrlichkeit dazu gehörten. 1913 stirbt Ingeborg von Bronsart 73jährig in München. cs

---

Abb. S. 94 Die Altenburg, Foto aus der Zeit der Jahrhundertwende, ohne nähere Angaben, in: La Mara (Hrsg.), Aus der Glanzzeit der Weimarer Altenburg, Leipzig 1906, Frontispiz

(1) Original im Goethe- und Schillerarchiv Weimar, Signatur: Liszt 3371700 59/389,9.

Literatur: Hugo Riemann, Musiklexikon, Berlin 1929, S. 234; Antje Oliver u. a., Komponistinnen aus 800 Jahren, Essen 1996, S. 72

BERTHA FRORIEP (1833–1920)

Die auf wenige Titel sich beschränkenden Informationen über Bertha Froriep machen bewußt, daß die Forschung bislang hier keine lohnende Person zu würdigen vermeint: Bertha Froriep steht zu sehr im Schatten von Urgroßvater, Großvater und Vater.

Da ist zum einen Friedrich Justin Bertuch, der Erbauer des schönen und stattlichen klassizistischen Bürgerhauses am „Fürstlichen Baumgarten" (heute Stadtmuseum), und da sind zum anderen Ludwig und Robert Froriep, ebenfalls berühmte Persönlichkeiten ihrer Zeit, der Klassik und der Nachklassik.

Ludwig Froriep, Universitätsprofessor in Jena, Halle, Tübingen und Leibarzt des Königs von Württemberg, war 1816 auf Vermittlung seines Schwiegervaters F. J. Bertuch als Obermedizinalrat nach Weimar berufen worden, wo er von 1818 bis 1846 die Leitung des Landes-Industrie-Comptoirs und des Geographischen Instituts im Bertuchhaus innehatte. Er und seine Frau Charlotte, die Tochter von Caroline und Friedrich Justin Bertuch, wohnten im zweiten Obergeschoß des Mittelhauses. Im Jahr 1844 bat er seinen Sohn Robert, der ebenfalls Arzt war, von Berlin nach Weimar überzusiedeln, um die Familienfirma zu übernehmen.

Dem Ruf seines Vaters konnte sich Robert Froriep nicht entziehen, und so zogen er und seine Frau Wilhelmine, geborene Ammermüller mit den Kindern Alma, Bertha, Clara und Otto Ludwig (das 5. Kind, Wilhelm, wurde 1849 in Weimar geboren) 1846 in das vielberühmte Haus in der damaligen **Bürgerschulstraße (heute: Stadtmuseum, Karl-Liebknecht-Straße)**, nun auch das **Froriepsche Haus** genannt. Es gelang dem Sohn, den Verlag zu einer neuen Blüte zu führen. Tatkräftige Hilfe erhielt er dabei von Ottilie von Goethe, die ihm 15 000 Reichstaler borgte, und durch das jüdische Bankhaus Elkan, das ihm ein Darlehen von 5 000 Reichstalern gewährte. Nach dem Tod von Robert Froriep im Jahre 1861 ist es nun ein weibliches Familienmitglied der berühmten alteingesessenen Familie, das die Geschicke des Hauses lenken muß und im Gesellschafts- und Kulturleben Weimars eine bedeutende Rolle spielen wird – es ist Bertha Froriep, geboren am 13. Mai 1833 in Berlin. Als sie 1846 mit den Eltern und Geschwistern von Berlin nach Weimar übersiedelt, hat die „literarische Hauptstadt Deutschlands" (Madame de Staël) mittlerweile 12 000 Einwohner. Das Erbgroßherzogspaar Sophie und Carl Alexander hat neben dem Großherzogspaar Maria Pawlowna und Carl Friedrich einen „jungen" Hof mit eigenen Vorstellungen von Geselligkeit und Kultur. Es ist der Beginn des „Silbernen Zeitalters" (1). Über die Kindheits- und Jugendjahre Berthas erfährt man leider nichts aus den wenigen zur Verfügung stehenden Quellen. Erst nach dem Tod des Vaters im Jahr 1861 tritt die junge Frau – mittlerweile 28 Jahre alt – aus dem Schatten der Familie. Sie läßt als erstes ihr zeichnerisches Talent ausbilden, und ihrem Wunsch, Malerin zu werden, tritt nun niemand mehr entgegen.

Um diesen Wunsch zu realisieren, beginnt Bertha ihr Studium an der Weimarer Kunstschule, die 1860 gegründet worden ist. Sie läßt sich unterrichten von den bekannten Historienmalern Friedrich W. Martersteig und Ferdinand Pauwels. Obgleich sie damit von höchster Stelle gefördert wird, ist es doch nicht die Historienmalerei, zu der sich die junge Malerin hingezogen fühlt. Ihr Genre wird die Porträtmalerei. Eines ihrer bekannten Porträts, das des Dichters Friedrich Rückert, entsteht in dieser Zeit (1866). Ebenfalls Porträt sitzen ihr in jenen Jahren solche fürstlichen Persönlichkeiten wie Carl Alexander, Großherzog von Sachsen-Weimar-Eisenach, und der Fürst Günther Friedrich Karl II. von Schwarzburg-Sondershausen. Durch ihre Porträts erringt die Malerin Bertha Froriep immer mehr Ansehen in Fachkreisen. Ab 1870 beschickt sie die Akademie-Ausstellungen zu Dresden und Berlin, die Ausstellung des Kunstvereins in Kassel, die permanente Kunstausstellung in Stuttgart und die des Künstlerinnen-Vereins zu Berlin. 1881 und 1893

nutzt Bertha Studienreisen nach Holland und Italien, um ihre Aquarelltechnik im Amsterdamer Rijksmuseum und in den Museen Roms zu vervollkommnen. Für ihr Schaffen erhält sie im Jahr 1903 die Medaille für Kunst und Wissenschaft in Gold. In diesen Jahrzehnten wohnt Bertha mit ihrer zwölf Jahre jüngeren Schwester Clara (1845–1921) im **Erdgeschoß des Nordflügels des Froriepschen Hauses.** Beide Schwestern heiraten nicht. Die Wohnung hat ein Atelier, eine „Malerwerkstatt“, und eine wunderschöne Terrasse, zu deren Füßen der einst gerühmte Garten, der „Fürstliche Baumgarten“ (heute Weimarhallenpark) mit der Begräbnisstätte der Urgroßeltern Caroline und Friedrich Justin Bertuch liegt. Noch heute kann man auf alten Fotos die den Wohnräumen eigene Aura erkennen. Bilderbestückte Wände und zahlreiche Möbel aus Bertuchschem und Froriepschem Familienbesitz lassen die bürgerliche biedermeierliche Wohnatmosphäre jener Zeit erahnen.

Während Bertha sich um ihre Kunst kümmert und damit die Weimarer Kulturgeschichte bereichert, gehört Clara zum Handarbeitsverein und zu den Mitbegründerinnen der aus den Kreisen der Hofgesellschaft hervorgegangenen „Paulinenstiftung“, in der sie seit 1889 auch die Buchführung in der Hand hat. Beide Einrichtungen sollen mittellosen Mädchen und Frauen zur Arbeit verhelfen, wie einst die Blumenfabrik ihrer Urgroßmutter Caroline Bertuch (siehe Stadtrundgänge WEIMAR WEIBLICH Heft 1). Die zwei Schwestern werden in Dingen des Alltags als praktisch geschildert. Sie sind es, die sich nach dem Wegzug der Brüder Otto und August (die älteste Schwester Alma hatte bereits 1856 August Emil Rückert, Sohn des Schriftstellers Friedrich Rückert, geheiratet) der Erhaltung und Pflege des Familienanwesens mit großem Engagement widmen. (2)

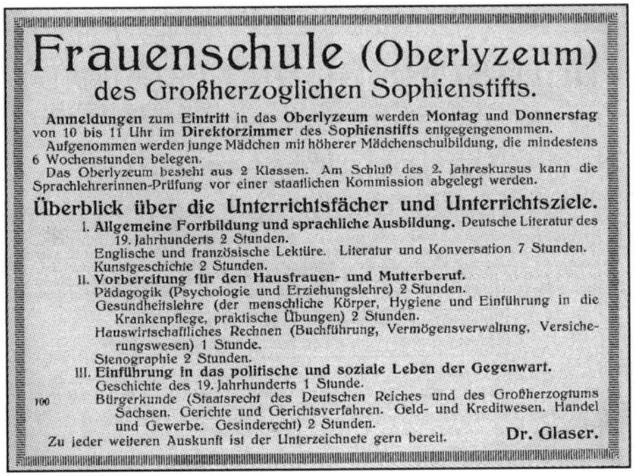

Ab 1869 beherbergt das Froriepsche Haus vor allem viele Mieterinnen. So nennt das Adressbuch von diesem Jahr an den bekannten Kindergarten der drei „Tanten Schellhorn“ (siehe Artikel Minna Schellhorn), der von 1898 bis 1921 unter Auguste Jordan im Hause verbleibt. Bereits seit 1854 ist das Sophienstift, „Bildungsanstalt für Töchter höherer Stände“, errichtet von der Großherzogin Sophie (siehe dort), im Haus untergebracht, bis es 1878 in den Neubau am Sophienstiftsplatz (heute Johann-Peter-Eckermann-Schule) einziehen kann. 1906 richtet der Verein „Frauenbildung-Frauenstudium“, auf Betreiben seiner Vorsitzenden Natalie von Milde (siehe dort), im Hause ein „Öffentliches Lesezimmer für Frauen“ ein. Es besteht 25 Jahre. Für einen Jahresbeitrag von vier Mark oder eine Tageskarte von zehn Pfennig können von 15 bis 22 Uhr weit mehr als hundert Zeitungen und Zeitschriften und die umfangreiche Bibliothek genutzt werden. (3) Von den für die Residenzstadt Weimar so typischen „Bildungsanstalten für höhere Töchter“ lassen sich für jene Jahre im Froriepschen Haus u. a. folgende nachweisen: im Mittelbau das Couvreusche Töchterinstitut, eine höhere Töchterschule mit Pensionat (1879–1889) und die Pension Ohmann (1900–1933), im Hinterhaus Döblings Fortbildungsschule für junge Mädchen (1895–1899). Dem Mädchenpensionat „Felicitas Töpfer“ im Mittelbau (1905) wird eine Koch- und Wirtschaftsschule angegliedert; 1919 entwickeln sich hieraus die „Bildungsanstalten für Frauenberufe“.

In den letzten Lebensjahren malt die Künstlerin Bertha Froriep noch immer unermüdlich. Sie wird als klug, warmherzig und umsichtig geschildert, Eigenschaften, die sie auch bei der Verwaltungstätigkeit des großen Familienbesitzes auszeichnen.

Am 4. Dezember 1920, im Alter von 87 Jahren, stirbt Bertha Froriep. Ihre Grabstätte befindet sich im Froriepschen Erbbegräbnis, im „Wäldchen" auf dem Historischen Friedhof.

Viele ihrer Bilder gehen nach dem Tode der Schwester Clara im darauffolgenden Jahr in den Privatbesitz der weitverzweigten Froriepschen Familie über. Ebenfalls Besitzer verschiedener Gemälde ist heute vor allem das Stadtmuseum Weimar, das mit seiner Dauerausstellung das Leben und Wirken Bertha Frorieps seit langem würdigt. In den Städtischen Sammlungen Schweinfurth liegen, noch unbearbeitet, zahlreiche persönliche Aufzeichnungen, die sicherlich weitere Einblicke in das Leben und Schaffen Bertha Frorieps geben können. rr

---

Abb. S. 96 Bertha Froriep an ihrem 80. Geburtstag am 16. Mai 1913, Foto (Ausschnitt) Louis Held

Abb. S. 97 Bertha Froriep im Gespräch mit ihrer Schwester Clara, Foto ohne nähere Angaben, Repro von Maik Schuck

Abb. S. 98 Anzeige in: Karl Schwier (Hrsg.), Die Stadt Weimar, Weimar 1914, S. VII

(1) Der Begriff „Silbernes Zeitalter" wird heute für die großen kulturellen Leistungen in Weimar von etwa 1848–1902 verwendet.

(2) 1925 kauft die Stadt Weimar nach langen Verhandlungen mit den Froriepschen Erben das etwa 16 000 Quadratmeter große Anwesen mit dem Bertuchhaus und den angrenzenden Gebäuden des ehemaligen Landes-Industrie-Comptoirs zum Preis von 300 000 Goldmark. Vgl. auch in: Gundula Michalski und Walter Steiner, Die Weimarhalle, Bau- und Wirkungsgeschichte, Weimar 1994, Weimarer Schriften, Heft 50, Stadtmuseum Weimar

(3) Vgl. Paul Kaiser, Das Haus am Baumgarten, Teil 1, Weimarer Schriften zur Heimatgeschichte und Naturkunde, hrsg. vom Stadtmuseum Weimar, Weimar 1980, Heft 32, S. 92 f.

MATHILDE FREIFRAU von FREYTAG-LORINGHOVEN (1860–1943)

Einmal „wau" steht für A, zweimal für B, teilt uns Mathilde, Freifrau von Loringhoven mit und behauptet, daß es ihr gelungen sei, ihrem Dackel *„... das Denken nach Art des Menschen"* (1) beizubringen. In ihrer „Wissenschaft" von den domestizierten Tieren vertritt die selbsternannte Tierlehrerin und -psychologin die Theorie, daß es Hunden über die „Zahlensprache", d. h. über eine entsprechende Anzahl der Bell-Laute gelänge, mit dem Menschen auf dessen Weise, also in Menschensprache zu kommunizieren, indem sie Buchstaben aneinanderreihen, die sinnvolle Wörter ergeben. Tieren, vor allem Hunden, fordert die engagierte Tierschützerin, die auch dem Vorstand der Gesellschaft für Tierpsychologie angehört, sollte endlich d i e Gerechtigkeit widerfahren, die auch Arthur Schopenhauer für Tiere einklagt: Bei entsprechender Schulung seien sie durchaus zum Denken imstande, mehr noch: sie würden schneller und leichter lernen als Menschen. *„Ihr glänzendes Gedächtnis und ihre große Konzentration erleichtern ihnen alles Lernen im höchsten Maße."* (2) *„Es sei daher auch überflüssig, domestizierte Tiere vermenschlichen zu wollen: sie vermenschlichen sich selber!"* (3) Der lebendige Beweis sei ihr Dackel, Kuno vom Schwertberg, genannt „Kurwenal", nach dem Helden der Wagner-Oper „Tristan", für die sie sich begeistert. Vierzig Jahre beschäftigt sich die Freifrau mit der „Zahlensprache" der Tiere; sie gilt als Expertin auf dem Gebiet der Intelligenzforschung über Tiere. Kurwenal, behauptet sie, würde die Zahlensprache beherrschen. Außerdem sei er als Rechenkünstler verblüffend. Um den berühmten *„Rechner und Denker"* (4) kennenzulernen, geben sich in den dreißiger Jahren, in denen man intensiv über Intelligenzleistungen bei Tieren forschte und vor allem Pferden, Hunden und Katzen Intelligenzleistungen bescheinigte, im Haus in der **Marienstraße 18** in Weimar, dem Domizil des berühmten Dackels und seiner Herrin, zahlreiche Zirkusdirektoren, Tierpsychologen und Verhaltensforscher, darunter auch der berühmte Nobelpreisträger Konrad Lorenz, die Türklinke in die Hand. Auch als sich herausstellt, daß die meisten Wissenschaftler ihrer Theorie nicht folgen wollen, läßt sich die Freifrau in ihrer Auffassung nicht beirren. Sie experimentiert weiter mit ihren Hunden, die ihr das Liebste sind, und als diese das Zeitliche segnen, gibt sie ihnen ein Grab in ihrem großen Garten am Haus. Dort liegt auch ihr Dackel Kurwenal, dem sie ein Denkmal mit der Inschrift setzt: *„Kuno vom Schwertberg, genannt Kurwenal, der klügste und edelste aller Hunde, der Welt berühmter Rechner, Denker und Redner".* (5) Daß später eine Gartenhälfte mitsamt den Gräbern der Kunstgewerbeschule Henry van de Veldes zum Opfer fällt, hat sie der Stadt bis an ihr Lebensende nicht verziehen. Das Hundedenkmal in dem ihr verbliebenen Gartenstück gibt es heute noch. Auch die Hundetränk-Bänkchen an einigen der schönen Weimarer Brunnen erinnern an die berühmte Verfechterin eines wahrhaft humanen Tierschutzes. Doch ihr kompromißloses Eintreten für die Rechte der Tiere und ihre tierpsychologischen Studien sind es nicht allein, die bewirken, daß man sich gern dieser Frau erinnert. Tilly, wie sie zu Haus und in Künstlerkreisen genannt wird, hat auch als Malerin und Schriftstellerin auf sich aufmerksam gemacht und einen festen Platz in der ‚Weimarer Szene' erobert.

Mathilde, die am 30. Oktober 1860 in Kopenhagen zur Welt kommt, ist die Tochter eines Diplomaten in russischen Diensten. Sie entstammt einem alten, vermutlich livländischen Adelsgeschlecht. Das Freifräulein kommt über Danzig, wo es in einem Internat aufwächst, im Jahre 1880 mit den Geschwistern und der Mutter, die inzwischen verwitwet ist, nach Weimar. Das Haus der Baronin in der Marienstraße 18 wird sehr bald zu einem Treffpunkt der „Weimarer Boheme". Deren Tochter Tilly, die sich anfangs in Danzig, später bei den Lehrern der Weimarer Malerschule, Karl Buchholz, Max Thedy, Leopold von Kalckreuth und Alexander Freiherr von Gleichen-Rußwurm, ausbilden läßt, trägt mit ihrem ausgeprägten schauspielerischen Talent (Wanda von Puttkammer, Hoffräulein bei Großherzogin Sophie, spricht in diesem Zusammenhang vom *„Theaterblut"* aller Freytag-Loringhovener) (6) nicht selten zur Unterhaltung der Gäste bei. Das Hoffräulein erinnert sich an bemerkenswerte Aufführungen im Freytagschen Haus, an denen u. a. auch Großherzog Alexander seine helle Freude gehabt habe, und als die Schwestern in diesem privaten Kreis die Pantomime „l'enfant prodique" aufführen, läßt es sich Eduard Lassen, der angesehene Weimarer Musikdirektor, nicht nehmen, ihre Vorführung musikalisch zu begleiten. Mathildes künstlerisches Hauptinteresse gilt jedoch der Malerei, der sie sich bis an ihr Lebensende widmet. Sie malt mit Vorliebe Landschaften und Blumenarrangements. Die konservative Malerin beweist vor allem bei *„thüringischen Motiven“* einen *„… feinen Blick für die landschaftliche Atmosphäre“* (7), und wer unter den WeimarerInnen ein Landschaftsbild besitzt, das von ihr im Stil der Weimarer Malerschule gemalt wurde, ist stolz darauf. Einige ihrer Gemälde finden sich bis heute im Weimarer Stadtmuseum. Auch mit ihren Radierungen hat sie sich einen Namen gemacht; von ihrem Freund und Mentor von Gleichen-Rußwurm bekommt sie wertvolle Anregungen auf diesem Metier. Wanda von Puttkammer bestätigt das, wenn sie feststellt: *„Sie fanden sich in der Kunst, und von Gleichen tauschte mit ihr Erfahrungen über das Behandeln der Platte aus: es war oft fesselnd, ihren Debatten zuzuhören.“* (8) Einzelne Blätter sind heute in den Mappen des Weimarer Radiervereins zu bewundern. Auch in den Ausstellungen des „Vereins Bildender Künstler“ in Weimar ist sie mit ihren Werken vertreten.

Die vielseitig engagierte Freifrau macht außerdem als Schriftstellerin auf sich aufmerksam, obwohl ihre beiden Romane „Rudolf Daldier“, „Virginie“, die sie unter Pseudonym herausgibt, und auch ihre Novellen bald vergessen sind. Im Jahre 1813 wird Mathilde von Loringhoven Leiterin des Kunstreferats der „Allgemeinen Thüringischen Landeszeitung Deutschland“ und wird in dieser Position zu einer maßgeblichen Instanz für die Meinungsbildung des Weimarer Publikums. Da ihre Vorliebe für alles, was mit dem Theater zusammenhängt, im Alter eher noch zunimmt, schreibt sie für ihre Zeitung sachkundige Theaterkritiken.

Ein dunkleres Kapitel ihres geistigen Wirkens hingegen offenbart sich in ihrem Verhältnis zur Bauhaus-Kunst und zur moderen Malerei überhaupt. Als überzeugte Bauhaus-Gegnerin bedient sie sich in ihren kritischen Artikeln zu den von Wilhelm Köhler seit 1922 initiierten Austellungen moderner Kunst im Thüringischen Landesmuseum einer zunehmend polemischen Sprache, die eine unüberhörbar rassistisch und nationalistisch gefärbte Tonlage enthält. Ihre Tendenz, wie die nationalsozialistischen Chefideologen mit dem „gesunden Volksempfinden“ zu argumentieren, äußert sich schon in ihrer beißenden Kritik an der Ausstellung des Künstlers Wilhelm Morgner im Jahr 1922 *„Nur das Widersinnige, das Unnatürlichen, das Alberne, das Häßliche ist und bleibt in der Kunst abzulehnen“* (9), dessen Arbeiten sie als *„Auswüchse einer dekadenten, sogenannten Kunst“* bezeichnet. (10) Die im selben Jahr von Köhler im Rahmen einer Retrospektive gezeigten Jawlensky-Gemälde diffamiert Mathilde von Loringhoven als *„Schauerlichkeiten“*, *„Farbschmierereien“* und als *„brutale Kunst“* im Gegensatz zur *„edelgeborenen Weimarer Kunst“* und schreibt dazu u. a.: *„Auch Weimarer Künstler, bodenständige, tüchtige Meister, haben einen Werdegang, verschiedene Phasen, haben graphische Sachen, Handzeichnungen und Gemälde – aber sie sind nicht fremd, nicht scheußlich genug, (...) um ihnen in solchem Umfange das Wort zu ge-*

statten, wie Fremden und Ausländern." (11)
Der vom ersten nationalsozialistischen Minister Thüringens, Wilhelm Frick, im Januar 1939 angeordnete Erlaß „Wider die Negerkultur für deutsches Volkstum" liegt offenbar ganz auf der Linie der furchtlosen deutsch-nationalen Streiterin. Verbürgt ist leider auch ihre unverhohlene Genugtuung darüber, daß der seit April 1930 als Leiter der Weimarer Kunsthochschule amtierende Paul Schulze-Naumburg u. a. die von Oskar Schlemmer geschaffenen Wandfresken und Reliefs im Treppenhaus des Werkstattgebäudes beseitigen läßt und daß Frick den Befehl erteilt, aus den Ausstellungsräumen des Weimarer Schloßmuseums die Bilder der Moderne zu entfernen. (12) Mathilde von Freytag-Loringhofen selbst kann hingegen im Oktober 1930 die Eröffnung ihrer Ehrenausstellung zum 70. Geburtstag im Landesmuseum feiern. Anläßlich ihres 80. Geburtstages findet auch im Donndorf-Museum eine vielbeachtete Ausstellung statt.
Wie bei einer ganzen Reihe konservativer Angehöriger der Weimarer Kulturlandschaft muß auch im Falle von Mathilde von Freytag Loringhoven die Vermutung geäußert werden, daß sie als Künstlerin und Kunstkritikerin die wahren Ausmaße und Ziele des Nationalsozialismus weit unterschätzt hat und womöglich gerade dadurch zu dessen Verbreitung beigetragen hat.
Mathilde Freifrau von Freytag-Loringhoven stirbt am 21. Dezember 1943 in Weimar. es

---

Abb. S. 99 Mathilde von Freytag-Loringhoven
Abb. S. 102 Grabplatte auf dem Historischen Friedhof, Foto von Ulrike Müller, 1999; Anmerkung: das dort angegebene Todesjahr stimmt nicht mit den sonstigen Quellen überein

(1) Sabine Brandt, Die Geschichte vom halbierten Garten, Artikel in der Thüringischen Landeszeitung vom 16. März 1994
(2) Ebenda
(3) Ebenda
(4) Nr. 58: Die Herrin von Kurwenal, S. 124 (von wem der Text stammt, ist nicht ersichtlich)
(5) Sabine Brandt, Die Geschichte vom halbierten Garten, a.a.O.
(6) Gitta Günther, Wolfram Huschke, Walter Steiner, Weimar, Lexikon zur Stadtgeschichte, Weimar 1993, S. 126
(7) Wanda von Puttkammer, Der Hof von Weimar, Berlin 1932, S. 142
(8) Dr. Wolf-Dietrich Freytag-Loringhoven, Ein Leben für Weimar, die Kunst und die Tiere, Artikel in der Thüringer Allgemeinen vom 14. Dezember 1991
(9) Wanda von Puttkammer, Der Hof von Weimar, a.a.O., S. 179
(10) Artikel ohne Nennung des/der AutorIn, Mathilde Freiin von Freytag-Loringhoven im Weimarer Wochenblatt vom 19.10.1994
(11) Mathilde von Freytag Loringhoven, Ausstellung im Weimarer Museum am Museumsplatz, Artikel in der Allgemeinen Thüringischen Landeszeitung Deutschland, 74. Jg., vom 11. April 1922
(12) Mathilde Freifrau von Freytag-Loringhoven, Die neuesten Weimarer Kunstausstellungen und meine Ansicht, Artikel in der Allgemeinen Thüringischen Landeszeitung Deutschland, 74. Jg., vom 12. Mai 1922
(13) Vgl. Rolf Bothe (Hrsg.), Neues Museum Weimar, Geschichte und Ausblick, Kunstsammlungen zu Weimar, Weimar 1997

Weitere Literatur: Eduard Genast, Aus Weimars klassischer und nachklassischer Zeit, Stuttgart o. J.; Friedrich Preller, Eine Künstlerjugend, Weimar 1930; Adelheid von Schorn, Zwei Menschenalter, Stuttgart 1924

CLEMENTINE ELIONORE EMILIE MERIAN, geb. GENAST (1833–1905)

Anläßlich einer Feier zum 25jährigen Jubiläum des „Vereins weiblicher Kunstindustrie" wird eine Festzeitschrift herausgegeben. Die Verfasserin, Emilie Merian-Genast, legt darin u. a. Rechenschaft ab über ihre Tätigkeit als Leiterin und Mitarbeiterin des Vereins. Zweck und Zielrichtung werden darin genannt. Seit 1876, dem Gründungsjahr des Vereins, der anfangs als „Verein für weibliche Handarbeit" für „Frauen und Mädchen aller Stände" (1) ins Leben gerufen wurde, konnte für die Frauen viel getan werden. Zusammen mit ihren Mitstreiterinnen, Clara Froriep, Marie Stichling und Frau von Unruhe, sucht Emilie Merian-Genast nach einem Weg für ein besseres Leben der weniger Privilegierten unter den Frauen, um ihnen durch die Vergabe von Heimarbeit einen kleinen Verdienst zu sichern und dadurch der schlimmsten Not zu wehren. Die vier Damen verschaffen ihnen – mitunter nur durch hartnäckiges Zureden zustande gekommene – Aufträge der Bessersituierten für Handstickerei-Arbeiten. Von den Einnahmen geben sie, die selbst ehrenamtlich tätig sind, mehr als die Hälfte als Arbeitslohn weiter. Für 20 Pfennig die Stunde plagen die Frauen sich mit feinen Stickereien ab, und sie sind dennoch überglücklich, daß es ihnen auf diese Weise ermöglicht wird, die oftmals deprimierende häusliche Situation erträglicher zu gestalten. Zum ersten Mal machen die Frauen die Erfahrung, daß sie durchaus dazu fähig sind, Wertvolles zu leisten, das zudem im Gegensatz zu ihrer unentgeltlich geleisteten Alltagsplackerei mit einem, wenn auch geringen Lohn vergütet wird. Dies und die offen gezeigte Anteilnahme der Initiatorinnen an ihrem persönlichen Geschick wirken anspornend, Fleiß und Geschicklichkeit bei jedem Auftrag neu zu beweisen.
In den folgenden Jahren nimmt die Zahl derer, die sich als Arbeitssuchende an den Verein wenden, zu. Trotz vermehrter Anstrengungen, die schönsten Handarbeiten auf den Weimarer Wohltätigkeitsbasaren zu verlosen oder Abnehmer aus privaten Kreisen zu gewinnen, stagniert der Absatz der feinen Stickereien. In den Geschäften dürfen die Arbeiten aus Konkurrenzgründen nicht angeboten werden. Da starten die Unternehmerinnen den interessanten Versuch, durch Installierung einfacher schwedischer Webstühle, die sie mit den Verbesserungen der hochentwickelten deutschen Geräte ausrüsten, eine kleine Handweberei einzurichten. Die Großherzogwitwe Sophie (siehe dort) unterstützt das Vorhaben tatkräftig durch finanzielle Zuwendungen bei dem Ankauf der Webstühle.
Seitdem gedeiht das Unternehmen, wie aus den Zahlen hervorgeht, die die Buchhalterin des Unternehmens, Clara Froriep, vorlegen kann. Und als es Marie Stichling gelingt, die Paramentenstickerei mit ins Produktprogramm zu nehmen, steigern sich gegen Ende des Jahrhunderts die jährlichen Einnahmen auf durchschnittlich 14 000 Mark. Damit steht der Verein wirtschaftlich auf gesunden

Füßen. Eine **Verkaufsstelle in der Marienstraße 7** wird eingerichtet; dort kann man den Frauen bei der Arbeit an den schwedischen Handwebstühlen zusehen.

Wer ist diese Frau, die sich so segensreich für die Belange der Weimarer Frauen einsetzt?

Clementine Elionore Emilie Genast kommt als jüngste der vier Töchter des Hofschauspieler-Ehepaares Christiane Genast, geb. Böhler und Eduard Genast am 26. Mai 1833 in Weimar zur Welt. Über ihre Kinder- und Jugendjahre weiß man nur soviel, daß ihre Schwester Doris und sie, vom Elternhaus dazu angeregt, schon früh ihre musikalischen und schauspielerischen Talente entfalten konnten. Emilie bekommt Gesangunterricht u. a. später auch von Franz Liszt. Am Weimarer Hoftheater erhält sie eine schauspielerische Ausbildung; sie glänzt in den verschiedensten Rollen unter der Regie ihres berühmten Vaters. Kaiserin Augusta, die diesen sehr schätzt, äußert sich ihm gegenüber 1862 günstig über das Talent der Tochter. (2) Sehr bald schon stellt sich heraus, daß Emilies eigentliche Begabung im Musikalischen, vor allem auf dem Gebiet der Liedgestaltung, liegt. Schon 1848 tritt die Liszt-Schülerin, gerade 15 Jahre alt, als Sängerin im „Musikalischen Kreis" auf. Der Kreis, in dem die berühmtesten unter den damals in Weimar lebenden MusikerInnen mitwirken (3), trifft sich regelmäßig bei dem Maler Friedrich Preller d. Ä. im **Jägerhaus (Marienstraße 3 und 5)**; unter den ZuhörerInnen finden sich auch die im Haus lebenden Weimarer Künstlerinnen Louise Seidler und Angelica Facius. In der Quartettvereinigung der Musiker von Bronsart, Singer, Pruckner und Coßmann wird sie 1855 zusammen mit Feodor von Milde als Liedersängerin lobend erwähnt. (4) Anläßlich eines Festes auf der Altenburg, das Liszt am 18. Februar 1859 zu Ehren des Malers Genelli gibt, überreicht ihr der erfolgreiche Liederkomponist und spätere Intendant des Hoftheaters, Dr. Eduard Lassen, ein Heft mit eigenen Liederkompositionen, das der „vortrefflichen Sängerin" gewidmet ist. (5) Emilies Mutter stirbt 1860; Vater und Tochter flüchten in die Einsamkeit des Schwarza-Tals. Liszt, der die beiden aufmuntern will, überrascht sie mit einem Besuch, und da sich im Speisesaal des Hotels ein Klavier befindet, lädt er Emilie zum Musizieren ein. Das wundervolle Konzert lockt zahlreiche Zuhörer an, die ihnen begeistert Beifall klatschen.

Die Weimarer Jahre erfahren eine Unterbrechung, als sich Emilie 1863 verheiratet und nach Basel zieht. Ihr Ehemann ist Dr. Emil Merian. In den nächsten Jahren bringt sie dort zwei Kinder, ein

Mädchen und einen Jungen, zur Welt. 1868 kehrt Emilie Merian-Genast in Begleitung ihres Ehemanns und der Kinder nach Weimar zurück. Die Familie bezieht ein Haus in der Rittergasse. In den kommenden Jahren gelingt es der jungen Frau, an die alten Freundschaften anzuknüpfen und *„... eine Rolle im gesellschaftlichen Leben Weimars* (und für die Wagner-Liszt-Pflege) *... zu ... spielen."* (6) Sie erteilt Gesangunterricht; zu ihren Schülern kann sich u. a. der bekannte Weimarer Opernsänger Karl Scheidemantel zählen, dem sie ihre „Kunst des Liedvortrags" (7) vermittelt. Adelheid von Schorn ist begeistert von Emilies Wirken. Sie urteilt: *„In ihren Eigenschaften als tüchtige Künstlerin, gescheite Frau und wundervolle Liedsängerin war sie wohl geeignet, die hervorragendsten Häupter um sich zu versammeln. Liszt hatte eine wahre warme Freundschaft für sie, ebenso Bülow und Lassen. Sie hat sich der Jugend sehr angenommen und ihre Kunst des Gesanges manch' talentvollem Mitglied des Theaters, manch' strebsamer Konzertsängerin zuteil werden lassen."* (8) Emilies Haus in der Rittergasse wird zu einem *„unschätzbaren künstlerischen Mittelpunkt".* (9) Auch Anton Rubinstein, der 1869 nach Weimar kommt, trifft sich mit Liszt in ihrem Salon, und sie begeistern das musikverständige Publikum mit ihrem vierhändigen Spiel.

Gelegentlich ist auch Carl Alexander bei Frau Merian-Genast zu Besuch. Dann werden u. a. musikwissenschaftliche Fragen erörtert: ihre Meinung zu den Aufgaben des Neuen Deutschen Musikvereins, zu dem Bayreuth-Projekt Wagners oder zum Problem der Wagner-Rezeption interessieren den Fürsten. (10) Auch Lesungen im privaten Kreis, so z. B. die Vorbereitung des 2. Teils von Goethes „Faust", den Otto Devrient 1876 aufführen läßt, finden in ihrem Salon statt. *„... Lassen spielt die dafür komponierte Musik."* (11)

Ab 1876 findet sich „Merian E., Doktorwitwe" im Weimarer Adreßbuch unter der neuen Anschrift **Belvederer Allee 8 (das 1868 erbaute Wohnhaus des Malers Friedrich Preller d. J.)**, ab 1882 als „Merian E., geb. Genast, Witwe, Rentiere" in der **Belvederer Allee 4** (heute Teil der Bauhausuniversität). Ihr Mann ist schon 1873 gestorben.

In ihrer zweiten Lebenshälfte wendet sich Emilie Merian-Genast mehr und mehr auch sozialen Aufgaben zu, die ihr *„... eine drängende Gewissenspflicht werden"* (12). Dem drei Jahre später aus dieser Initiative heraus entstandenen „Verein für weibliche Kunstindustrie", nach seiner späteren Protektorin, der Erbgroßherzogin Pauline (1852 bis 1904) in den 80er Jahren dann „Paulinenstiftung" genannt, gilt von nun an ihr Hauptaugenmerk. Mit unermüdlicher Tatkraft widmet sie sich der Werbung für finanzielle und ideelle Unterstützung dieses umfangreichen ‚Frauenprojektes'. Nach 25jähriger Arbeit klingt aus ihren Worten immer noch unvermindertes Engagement: *„... gerade aus der Überzeugung, daß wir selbst unser Möglichstes thun, schöpfen wir den Mut, auch Ihnen immer wieder die Bitte recht warm ans Herz zu legen: helfen Sie uns mit Ihrer gütigen dauernden Teilnahme! Wir anerkennen mit innigstem Dank, wie viel uns schon geholfen wird."* (13)

Als Emilie Merian-Genast am 5. März 1905 ihre Augen für immer schließt, hinterläßt sie den Weimarer Frauen – Verpflichtung und Mahnung zugleich, auf diesem Weg weiterzugehen – ein Erbe, das ihr Andenken erhält. Sie wird auf dem Historischen Friedhof in Weimar beigesetzt. es/um

Abb. S. 103 Emilie Merian-Genast, Abbildung (ohne nähere Angaben) in: Adelheid von Schorn, Das nachklassische Weimar, Zweiter Teil, Weimar 1912, S. 248
Abb. S. 104 Jägerhaus Marienstraße 7, Foto Ulrike Müller, 1999

(1) Emilie Merian-Genast, Festzeitschrift zur Feier des 25jährigen Bestehens des Vereins für weibliche Kunstindustrie in Weimar im Jahr 1901, S. 1
(2) Eduard Genast, Aus Weimars klassischer und nachklassischer Zeit, Stuttgart, 3. Auflage o. J., S. 373
(3) Angelika Pöthe, Carl Alexander – Mäzen in Weimars „Silbernen Zeit", Köln-Weimar-Wien 1998, S. 235
(4) Adelheid von Schorn, Das nachklassische Weimar, Zweiter Teil, Weimar 1912, S. 63
(5) Ebenda, S. 77
(6) Im Weimarer Adreßbuch von 1872 findet sich das Haus von Dr. E. jur. Merian, „Generalagent der Basler Feuerversicherunsgesellschaft" im Bezirk E, versehen mit der Registriernummer 58.
(7) Angelika Pöthe, Carl Alexander, a.a.O., S. 236
(8) Adelheid von Schorn, Zwei Menschenalter, Erinnerungen und Briefe aus Weimar und Rom, Stuttgart 1925, S. 289
(9) Ebenda, S. 124
(10) Ebenda
(11) Vgl. Angelika Pöthe, Carl Alexander, a.a.O., S. 259
(12) Ebenda, S. 281
(13) Emilie Merian-Genast, Festzeitschrift, a.a.O., S. 1
(14) Ebenda, S. 4

Weitere Literatur: La Mara, Aus der Glanzzeit der Weimarer Altenburg, Leipzig 1906; Paul Benndorf, Weimars denkwürdige Grabstätten, Leipzig 1924

ROSALIE von MILDE (1827–1906)

Rosa von Milde, die Gesangspädagogin, Opern- und Konzertsängerin, wird zumeist in einem Atemzug mit ihrem Mann Feodor von Milde genannt, da die beiden als erste namhafte deutsche WagnerinterpretInnen in der Mitte des 19. Jahrhunderts auch zu internationaler Berühmtheit gelangten und als Paar sowohl künstlerisch als auch menschlich mit einer seltenen harmonischen Geschlossenheit und zugleich differenzierten persönlichen Ausstrahlung begabt gewesen sein müssen. In Weimar standen sie rund 20 Jahre mit den unterschiedlichsten Werken überaus erfolgreich auf der Bühne, gehörten zum Kern des Weimarer Kreises um Franz Liszt und der Fürstin zu Sayn-Wittgenstein, sie hatten Kontakt zu allen großen Geistern der Zeit, die einander dort, meist im Hoftheater oder auf der Altenburg, begegneten, und auch zu den zahlreichen ausländischen Gästen wie etwa dem russischen Schriftsteller Iwan Turgenjew oder der schwedischen Sängerin Jenny Lind (siehe dort), die für Rosa von Milde in ihrer Jugend das große Vorbild war. Beide unterrichteten außerdem bis zu ihrem Tode im privaten Rahmen und an der Weimarer Musikschule Gesang. Während Feodor aus Wien stammte und sich den Weg zur Musik erst gegen den Willen seines Vaters erkämpfen mußte, kam Rosa aus einer musikliebenden Weimarer Familie; ihr Vater Johann August

Agthe war seit 1816 als erster Klarinettist an der Hofkapelle tätig.
Rosalie Agthe wird am 25. Juni 1827 in Weimar geboren. Sie wächst in einer Familie auf, in der die beengenden wirtschaftlichen Verhältnisse durch einen fantastischen Reichtum an musikalischer Begabung und eine entsprechende Vielfalt gemeinsamen Musizierens im besten Wortsinne ‚überspielt' werden. So gibt es zu Ehren des Bruders Adolf, der drei Instrumente beherrscht und auch komponiert, jeden Sonntag Kammermusik im Haus. *„Die lebhafte Mutter, welche die Last der Wirtschaft mit Humor überwand (...), sang bei der Arbeit Opernmelodien und trug so auf ihre Art zur musikalischen Bildung bei ...".* Ebenso durch Freibillette des Vaters für das Theater *„... wurden die Kinder sehr jung mit der Opernliteratur vertraut..."* – so wird es in einem biographischen Bericht von Rosalies Adoptivtochter Natalie später zu lesen stehen. (1) Vom Vater, der sehr bald ihre musikalische Begabung erkennt, erhält Rosa Klavierunterricht und möchte zunächst Pianistin werden. Ihre Stimme ist jedoch so auffallend schön, daß sie schließlich das Fach wechselt und bei Franz Götze, der von 1836 bis 1852 Tenor an der Hofbühne ist, Gesangunterricht nimmt. Mit ihrem, wie sie in einem Brief schreibt, *„...Drang nach Poesie oder überhaupt nach etwas Höherem, als das Leben gewöhnlich zu bieten pflegt"* (2), bleibt sie in der Familie allerdings allein. Unverständnis und Spott ihren ideellen Wünschen gegenüber steigern sich zu einer handfesten Krise, als sie eine ‚gute Partie' ausschlägt: sie will ihren Lehrer Franz Götze, mit dem sie sich etwas voreilig verlobt hat, schließlich doch nicht heiraten. In ihrem bereits erwähnten Brief heißt es dazu: *„Zu den Unbegreiflichkeiten im Leben gehört ein absichtliches Überhören innerer Stimmen ... Das ‚du sollst' und ‚du mußt' unserer Umgebung (...) raubt uns zuletzt jedes Horchen auf eigene Neigungen. Alle Welt hat sich bemüht, die meinigen zu unterdrücken und zu verwirren ...".* (3) Doch bei all ihrer Empfindsamkeit setzt Rosalie Agthe schließlich ihre Neigungen durch: mit 18 Jahren, am 9. Juni 1845, feiert sie als Amina in der „Nachtwandlerin" von Bellini ihren ersten überwältigenden Bühnenerfolg. Ein fester Vertrag mit dem Weimarer Hoftheater, unterzeichnet vom Intendanten Herrn von Ziegesar, existiert erst ab Juni 1847, und ihr offizielles Debüt gibt sie dann im September 1848 als Jessonda in der gleichnamigen Oper von Spohr, übrigens unter Mitwirkung eines gewissen Feodor von Milde. Schon jetzt zeigt sich das, was dann auch ihren Erfolg als Wagner-Sängerin begründen wird: Rosalie Agthe ist nicht nur eine hochtalentierte Sopranistin, sondern auch eine dramatische Begabung und hat dazu, das ist in zeitgenössischen Beschreibungen mehrfach zu lesen, als Schauspielerin eine ganz besondere Ausstrahlung; die einen nennen es Herzensnatürlichkeit, die anderen Vornehmheit. Die von Wagner imaginierte idealtypische weibliche Vollkommenheit, ja ‚Heiligkeit' solcher Frauengestalten wie der Elisabeth im „Tannhäuser" und der Elsa im „Lohengrin" jedenfalls vermag sie, ohne jede Koketterie, mit unnachahmlicher künstlerischer Qualität und Hoheit darzustellen, so als seien diese Rollen für sie geschrie-

ben worden. Alle sind rückhaltlos begeistert: Kapellmeister Franz Liszt, Opernregisseur Eduard Genast, der Hof, das Weimarer Publikum, die Presse. Von den Verehrern, die sie nach den beiden Uraufführungen in den Jahren 1849 und 1850 nun auch in reichlichem Maße umschwärmen, wird jedoch allein der erhört, der sich gleichfalls in diesem Metier und dieser ideellen Welt beheimatet fühlt: Feodor von Milde. Von Liszt 1848 aus Wien ans Weimarer Hoftheater geholt, debütiert er auf der Bühne an der Seite von Rosa alsbald erfolgreich als Telramund und Lohengrin; im Leben steht er als Verliebter, Verlobter und schließlich als Rosas Ehemann an ihrer Seite. Fräulein Rosalie Agthe, unter der stolzen Berufsbezeichnung „Hofopernsängerin, daselbst" im Weimarer Adreßbuch von 1851 noch unter der Wohnanschrift ihrer Eltern in der Brauhausstraße G 91 (Theaterbezirk) zu finden, heiratet Feodor von Milde im Juli 1851.

Liszt gelingt es nach und nach, ein musikalisches Ensemble von höchster Qualität aufzubauen und dessen Mitwirkende dauerhaft oder als wiederkehrende Gäste für Weimar zu gewinnen: Instrumentalisten und Komponisten wie Raff, Reubke, Berlioz, J. Joachim, von Bülow, Cornelius, Gesangs- und Klaviersolistinnen wie Johanna Wagner, Josephine Teinzmann, Sophie Pflughaupt, Clara Schumann, Pauline Viardot-Garcia (siehe dort), Martha von Sabinin, um nur einige zu nennen. Für Rosa von Milde bedeutet das eine Fülle an Freundschaften und an künstlerischer Inspiration, auch durch Schriftsteller wie Peter Cornelius, Hoffmann von Fallersleben und Friedrich Hebbel. Schon von Jugend an ist sie Kennerin und leidenschaftliche Sammlerin von Literatur. Mit den Aktivitäten des eben gegründeten Neu-Weimarer Vereins wird der Kreis noch um einige bedeutende Maler und Bildhauer wie Preller, Genelli und Rietschel erweitert. 1853 findet die Uraufführung des „Fliegenden Holländers" statt; nach Meinung vieler ZeitgenossInnen geben Rosa als Senta und Feodor als Holländer die Rollen in beispielloser Vollendung wieder. Bereits seit 1848 gibt Rosa von Milde Gastspiele in anderen großen deutschen Musikzentren: am 30. November 1848 im Gewandhaus Leipzig und im Juni 1857 beim Aachener Musikfest, wo *„ein Medaillon für sie und Franz Liszt als den beiden führenden Künstlern des Festes mit beider Porträt gestiftet* (wird)". (3) Während ihre Opernkarriere voranschreitet, bringt die Sängerin ‚nebenher' noch zwei Söhne zur Welt, die später, unter ihrem künstlerisch-pädagogischen Regiment, auch zu Gesanglehrern und Sängern ausgebildet werden, ebenso wie ihre Adoptivtochter Natalie, die seit Ende der 50er Jahre in der Familie von Milde lebt (siehe dort). Die Familie wohnt inzwischen in der **Erfurter Straße 32**. Adelheid von Schorn zitiert den Komponisten Edouard Lassen in einem Brief von 1857 an dessen Eltern: *„9. Februar: Sonnabend habe ich ‚die Hugenotten' musikalisch aufführen hören. ‚Valentine' wurde von Frau v. Milde ganz hervorragend gesungen* (...). 13. März: *Frau von Milde war superb als ‚Euryanthe', ebenso Milde als ‚Lysiart'."* (5) Auf Einladung Liszts ist der junge Dichter und Komponist Peter Cornelius nach Weimar gekommen, bleibt einige Jahre und wohnt u. a.

bei den Bronsarts (siehe dort) in der Luisenstraße 18 und auf der Altenburg. Er schließt in Weimar eine Reihe engerer Freundschaften, auch mit der Familie von Milde. Frau Rosa verehrt er in *„glühendem Enthusiasmus“*. (6) Liebe und Bewunderung spiegeln sich sowohl in seinen Gedichten und Briefen als auch in seinen Operntexten und Kompositionen wider. So hat er die Ximene und den Cid, die Hauptrollen in seiner zweiten Oper „Der Cid“, voller Enthusiasmus ganz auf Rosa und Feodor zugeschnitten (7), doch beiden ist das Werk technisch und musikalisch zunächst schwer zugänglich. Für den Freund jedoch geben sie sich alle Mühe, so daß Bertha Jung in einem Brief, den der mit ihr verlobte Komponist am 22. April 1865 an sie schreibt, u. a. lesen kann: *„... bis jetzt ist meine höchste Freude – Rosa. Sie ist eben eine echte, tiefe Künstlerin. Sie sitzt da wie ein Kind von sieben Jahren in der Schule – singt in den Proben alles mit der vollsten Begeisterung – (...) jede Strophe richtig mit ebensoviel Berücksichtigung des Leiblich-Musikalischen als des Geistigen ... Sie wird es, selbst der Kraft nach, glänzend leisten – gebt mir alle glänzendsten Stimmen der Welt – ich will nur die Rosa, die Energie der Seele geht weit über die Fülle des Tons ...“*. (8)

Das Werk wird am 21. Mai 1865 erfolgreich uraufgeführt.

Doch die zunehmenden Machtkämpfe um die künstlerische Vorherrschaft über Oper, Theater und Orchester in Weimar setzen mancher Karriere und einer großen Kunstepoche spätestens bis zum Ausgang der 60er Jahre ein für den Ruf der Stadt unrühmliches Ende. Der seit 1857 amtierende Intendant Franz Dingelstedt vertreibt mit seinem Ehrgeiz nicht nur Franz Liszt aus Weimar (1859). Auch Rosa von Milde nimmt schließlich im Sommer 1867, 40jährig, überanstrengt und zugleich empört ihren Abschied, nachdem sie von Dingelstedt einen neuen Kontrakt zugesandt bekommen hat, der in keiner Weise den vorher mit Rücksicht auf ihre angegriffene Gesundheit gemeinsam mit ihm getroffenen mündlichen Vereinbarungen entspricht. (9) Nach einer so glanzvollen, über 20jährigen Bühnenkarriere, und vor allem angesichts ihrer überragenden Bedeutung als Künstlerin, hat sie zweifellos einen ehrenvolleren Abgang verdient. Der Hof, so meint Adelheid von Schorn, hätte mit Sicherheit für die hochangesehene Künstlerin noch annehmbare Bedingungen ausgehandelt, doch diese habe, vor allem mit Rücksicht auf ihre Gesundheit, unter dem Intendanten schlicht nicht mehr singen wollen und ja leider nicht gewußt, daß Dingelstedt schon ein halbes Jahr später nach Wien gehen würde. Über Adelheid von Schorn schreibt Rosa von Milde im selben Jahr in einem Brief an ihren Freund Hemsen: *„Adelheid, denken Sie, scheint mich wirklich zu lieben. (...) ich habe schon Thränen in ihren Augen schimmern sehen, die sie nicht sehen lassen wollte und die galten mir. ...* (Sie) *bestärkt mich darin, nicht wieder aufzutreten (...)."* (10)

Während ihr Mann Feodor sein Engagement an der Weimarer Bühne beibehält, arbeitet Rosa von Milde, hochgeachtet und erfolgreich, als selbständige Pädagogin weiter, u. a. ab 1876 an der neuen **Weimarer Musikschule** im für diese umgestalteten Gebäude des **ehemaligen Franziskanerkloster** (gelegen am Zeughof, **heute** unter der Adresse **„Am Palais 4"** zur Hochschule für Musik „Franz Liszt" gehörig). Die Musikschule ist 1872 als großherzogliche Orchesterschule eröffnet worden und wird ab 1876 um eine Abteilung für Schülerinnen (mit Sologesang, Klavierspiel, Harmonielehre und Chorgesang) und eine Vorschule für Kinder erweitert: in die Annalen der Weimarer Musikschule geht Rosa von Milde mit diesem Jahr als erste Lehrerin für Gesang ein. Auch ist sie noch mehrere Male in der Öffentlichkeit zu hören: in der Matthäuspassion, die im Jahr 1869 zur Einweihung des Bachdenkmals in Jena und Weimar erklingt, in dem 1870 aufgeführten Oratorium „Elias" von Felix Mendelssohn-Bartholdy und 1872 in Händels „Samson" und „Messias" sowie mit der Titelpartie der einst für sie von Liszt komponierten „Heiligen Elisabeth".

Neben der Unterrichtstätigkeit, die Anfang der 70er Jahre auch den Prinzessinnen Marie und Elisabeth gewidmet ist, arbeitet sie stetig an ihrer eigenen musikalischen Entwicklung weiter. So singt sie z. B. mit zunehmender Begeisterung Brahmslieder. Musikalische und literarische Anregung verschafft ihr die nähere Bekanntschaft mit der Sängerin und Komponistin Pauline Viardot-Garcia (siehe dort), die sich in Begleitung ihres Freundes, des Schriftstellers Iwan Turgenjew, mehrmals für längere Monate in Weimar aufhält und häufig bei den von Mildes zu Gast ist. Mit großer Anteilnahme verfolgt Rosa von Milde den Weg von Richard Wagners weiteren Opernkompositionen, in Bayreuth besucht sie im Jahr 1874 als begeisterte Zuhörerin die Uraufführung der „Nibelungen". Mit dem frühen Tod des Freundes Peter Cornelius im Jahr 1874 beginnt eine Zeit der endgültigen Abschiede von langjährigen FreundInnen. Zur gleichen Zeit entwickeln sich aber auch neue Bekanntschaften. Eine Briefnotiz Rosas an Hemsen vom Februar 1883 enthält die Mittteilung: *„Heute Abend hat uns Helene Böhlau ihre ‚Rathsmädchen', weimarische Kindergeschichten ihrer Großmutter, vorgelesen."* (11); Helene Böhlau ist eng mit ihrer Adoptivtochter Natalie befreundet. Im Jahr 1885 dann stirbt der langjährige Freund der Familie und Partner eines reichen Briefwechsels mit Rosa von Milde, der Hofrat und Vorstand der königlichen Privatbibliothek Dr. Wilhelm Hemsen.

Erst im Alter erfüllt sich das Ehepaar von Milde den langgehegten Wunsch, in einem eigenen Haus zu leben und zu arbeiten, und im September 1886 zieht die Familie in die Junkerstraße 10 a (später Lisztstraße 18) ein. In der ersten Etage wird gewohnt, in der zweiten unterrichtet und getischlert. Feodor von Milde ist glücklich, endlich in der eigenen Werkstatt seiner liebsten Nebentätigkeit, der Arbeit mit Holz, nachgehen zu können. Dreizehn Jahre später, Anfang Dezember 1899, schreibt Rosa von Milde ihrem Sohn Franz, daß der Vater einen Schlaganfall erlitten habe; bereits am 10. Dezember hat die Familie den Tod des 78jährigen zu beklagen. Noch 1897, zwei Jahre zuvor, ist Feodor von Milde als erster Weimarer Gesanglehrer zum Professor ernannt worden. Rosa trägt, nach einer erfüllten, 48 Jahre währenden und wohl sehr besonderen Lebensbeziehung mit einem Mann von so ausgeprägt sanfter Vornehmheit, Seelenruhe und heiterer Weltferne und nach einem überaus reichen und harmonischen Arbeitsleben mit einem ihr auch in künstlerischer Hinsicht ebenbürtigen Partner, schwer an diesem Verlust.

Am 6. Dezember 1900, anläßlich der 50jährigen Wiederkehr der Erstaufführung des „Lohengrin" im Weimarer Hoftheater, wird Rosa von Milde von Großherzog Carl Alexander die große goldene Medaille für Kunst und Wissenschaft verliehen: „*... in dankbarer Erinnerung Ihrer hohen künstlerischen Leistungen und insbesondere Ihrer idealen Wiedergabe der ‚Elsa' (...).*" (12) 1884 sind die Verdienste des Künstlerehepaars Milde schon durch die Ehrenmitgliedschaft am Hoftheater gewürdigt worden. Die Künstlerin steht, wie ihre briefliche Hinterlassenschaft dokumentiert, die sich wie eine Kultur-Chronik liest, bis kurz vor ihrem Tod in der aktuellen Diskussion um die Entwicklungen des musikalischen Lebens der Zeit. Sie besucht Uraufführungen, empfängt Besuche auch von jüngeren KünstlerInnen und pflegt zugleich die Kontakte zu langjährigen FreundInnen und zu den Angehörigen der herzoglichen Familie. Als sie nach einigen Monaten schwerer Krankheit im Januar 1906 stirbt, nehmen an der großangelegten Gedenkfeier im Weimarer Haus der von Mildes neben den Angehörigen und den Honoratioren der Stadt auch viele junge Menschen teil. Nach der Feier werden die sterblichen Überreste nach Jena zur Verbrennung überführt. Das Grab befindet sich auf dem Weimarer Hauptfriedhof. um

---

Abb. S. 106 Rosa von Milde, Foto (Ausschnitt) von 1857, Meisenbach Riffarth & Co, Berlin
Abb. S. 109 Gebäude in der Erfurter Straße 32, Foto Ulrike Müller

(1) Briefe in Poesie und Prosa von Peter Cornelius an Feodor und Rosa von Milde, hrsg. von Natalie von Milde, Weimar 1901, S. 9/10
(2) Franz von Milde, Ein ideales Künstlerpaar. Rosa und Feodor von Milde, ihre Kunst und ihre Zeit, Bd. 1., Leipzig 1918, S. 11
(3) Ebenda, S. 12
(4) Gitta Günther, Wolfram Huschke und Walter Steiner (Hrsg.), Weimar, Lexikon zur Stadtgeschichte, Weimar 1993, S. 306
(5) Adelheid von Schorn, Das nachklassische Weimar, Zweiter Teil, Weimar 1912, S. 64/65
(6) Ebenda, S. 252
(7) Vgl. Briefe in Poesie und Prosa, a.a.O., S. 120, Brief vom 6. Januar 1865
(8) Zitiert in: Adelheid von Schorn, Das nachklassische Weimar, a.a.O., S. 117
(9) Vgl. Adelheid von Schorn, Das nachklassische Weimar, a.a.O., S. 116
(10) Zitiert in: Franz von Milde, Ein ideales Künstlerpaar, Bd. 1., a.a.O., S. 313
(11) Ebenda, Bd. 2, S. 219
(12) Ebenda, S. 308

MARIE SEEBACH (1829–1897)

Marie Seebach, dieser Name muß im Zusammenhang gesehen werden mit einer Reflexion über die Situation der Bühnenkünstlerinnen und Bühnenkünstler im ausgehenden 19. Jahrhundert. Um diese Zeit kommt es – eine Folge der erlangten Gewerbefreiheit für Bühnen des deutschen Reichsgebiets – gleichsam über Nacht zu Theaterneugründungen im großen Stil: Glücksritter und Spekulanten, mehr an Gewinnmaximierung, weniger an Kunst interessiert, versuchen sich in diesem Metier. Das „Schinkenstullentheater" (1) erlangt traurigen Ruhm. Die Devise seiner Betreiber: Das Volk will, möglichst billig, unterhalten sein. Mit der anschwellenden Flut der Neugründungen wächst die Zahl derer, die sich, oftmals unzureichend ausgebildet, für „berufen" halten. Sie kommen mit großen Erwartungen, Ruhm und Wohlstand der Wenigen, die es ‚geschafft' haben, vor Augen, aber die Wirklichkeit sieht anders aus!

Paul Meßner, Verfasser des „Unsterblichen Gretchens" (2) beleuchtet die prekäre finanzielle Situation vor allem der Bühnenkünstlerinnen, wenn er schreibt: *„Die Hälfte von ihnen bezog gegen Ende des 19. Jahrhunderts weniger als 1000 Mark Jahreseinkommen. In Eisenach zum Beispiel bekam eine Heldendarstellerin 15 Mark monatlich, in Bamberg eine Soubrette 38 Mark, ... eine Opernsoubrette in Frankfurt am Main 50 Mark, und immer nur für sechs bis acht Monate ... Entsetzlich lange und völlig ungeregelte Arbeitszeiten, Kosten für Garderobe und weite Reisen belasten zusätzlich."* (3) Lediglich 40 %, schreibt er, lägen mit 1000 bis 3000 Mark Jahreseinkommen über diesem Niveau. Nur 10 % seien zu den Begüterten zu rechnen, die aufgrund von Leistung und Ansehen höhere Gagen aushandeln konnten. Dramatisch spitzte sich die Situation im Alter zu: Vielen ging es erbärmlich, einigen blieb nicht einmal das Notwendigste zum Leben.

„Solange solch ein Elend möglich ist, stimmt etwas nicht in der menschlichen Gesellschaft. Es muß und es wird eine Zeit geben, wo jeder, der redlich gearbeitet hat, ob es nun ein Schauspieler war, der die Ideen des Humanismus verbreiten half, oder ein Fabrikarbeiter, das ist ganz gleich, seinen Lebensabend sorglos verbringen wird." (4) Die hier so eindeutig zugunsten ihrer verarmten Kolleginnen und Kollegen das Wort ergreift, ist niemand anderes als Marie Seebach, die weltberühmte Schauspielerin, das „Unsterbliche Gretchen".

Anlaß bietet die Einweihung der von ihr gegründeten und finanzierten Stiftung für alte, in Not geratene Bühnenkünstlerinnen und -künstler, die am 2. Oktober 1895 stattfindet.

Ihr gesamtes nicht unbeträchtliches Vermögen hat Marie Seebach für die Verwirklichung ihres Plans gegeben. Am 1. November 1894 wird der erste Spatenstich getan. Das Grundstück in der **Tiefurter Allee 8** gab Großherzog Alexander her, der ihr großherziges Anliegen unterstützte. So halten am

2. Oktober sieben der Bedürftigsten Einzug in dem oberhalb des Steilufers der Ilm gelegenen, im klassischen Stil erbauten Haus, das einen Blick über die Ilmauen hinüber zu den Wahrzeichen der Klassikerstadt gewährt: dem Turm des Schlosses, dem mächtigen gotischen der Stadtkirche und dem zierlicheren der Kirche aus der Jakobsvorstadt. Zum Haus gehört ein kleiner Park, eigens vom Hofgärtner angelegt und mit Ruhebänken versehen. Am Eingang begrüßen den Eintretenden die aufmunternden Goetheworte: „Ein herzlich Anerkennen des Alters zweite Jugend." Freundliche helle Flure führen zu den Zimmern der „Pensionäre". Jedes ist anheimelnd möbliert, im Winter spendet der Ofen behagliche Wärme. Es gibt einen sparsam, aber geschmackvoll eingerichteten Speisesaal, einen anspruchsvoll ausgestatteten Salon, im Erdgeschoß ist sogar an einen mit zwei Wannen versehenen Baderaum gedacht worden. Diese Ausstattung und dazu eine abwechslungsreiche Kost soll den alten Mimen das Gefühl geben, hier aufgehoben zu sein. Weimar mit seinen Sehenswürdigkeiten steht ihnen offen, allen voran das Theater. Die Generalintendanz hat Freibillets zugesagt. Von nun an wird für sie, die so lange unter entwürdigenden Verhältnissen leben mußten, bis an ihr Lebensende gesorgt sein.

So hat es die Stifterin, Marie Seebach, verfügt; so wird es auch Wilhelmine, ihre Schwester, halten, die zwei Jahre nach dem Tod Maries ganz in deren Sinne weiteres Kapital zur Verfügung stellt und die notwendig gewordene Erweiterung vornimmt.

Wer war Marie Seebach? Woher kommt sie? Was wurde ihr auf den Lebensweg mitgegeben? In der weitverzweigten Familie der Seebachs und der Blumenaus hat es offenbar zahlreiche NachfahrInnen der Musen Thespis, Euterpe und Polyhymnia gegeben, die mehr oder minder zu Ruhm gekommen sind, so daß die Motivation für ein Leben auf der Bühne vorgegeben schien. Vorsichtige Selbstbescheidung gehört bestimmt nicht zu den Lehren, die die Seebach-Kinder mit ins Leben nahmen – stattdessen Freude an der Selbstdarstellung, zu der sich bald, von den Eltern abgeschaut, das Vertiefen in Rollenbilder gesellt, die das eigene Ich in den Hintergrund verweisen.

1829 geboren, zieht Marie mit ihren Eltern, einem Schauspieler-Ehepaar von Riga nach Berlin. Da ist sie drei Jahre alt, und schon drei Jahre später tritt sie zusammen mit ihrer kleinen Schwester in Kinderrollen auf. Der Tod der Mutter und die Mühe des Vaters die kleine Familie wirtschaftlich über Wasser zu halten, verdunkeln der Achtjährigen die Kinder- und Jugendzeit. Mit sechzehn bekommt sie den heiß begehrten Gesangunterricht, und ist maßlos enttäuscht, als ihr nach wenigen Monaten eröffnet wird, daß ihre Stimme für eine Karriere als Opernsängerin nicht ausreicht. Der Vater, der ihre schauspielerische Begabung erkennt, gibt sie zu einem erfahrenen Kollegen in die Lehre. Sie bekommt Unterricht im Deklamieren und übt fleißig Rollen in bürgerlichen Rührstücken, die das Publikum bevorzugt. 1848 vermittelt sie ihr Lehrer ans Lübecker Stadttheater. Sie kommt gut an und gewinnt die Gunst des Publikums. In den folgenden Jahren wird man sie in den verschiedensten Rollen an den Bühnen von Schwerin, Danzig und Kassel sehen, bis sie 1852 nach Hamburg kommt, wo ihr am Stadttheater der eigentliche Durchbruch als Gretchen in Goethes „Faust" gelingt. In den nächsten zwei Jahren feiert sie dort Riesenerfolge in dieser und anderen klassischen Rollen und wird sehr schnell zur gefeiertsten Tragödin der deutschen Bühne. Als sie 1854 bei den Münchner Gesamtgastspielen unter Franz Dingelstedt für eine erkrankte Kollegin in den Rollen des Gretchens, der Luise und des Klärchens einspringen darf, ist der Beifall grenzenlos: Kritiker, aber auch Kolleginnen, mit denen sie zusammen auf der Bühne steht, verneigen sich neidlos vor ihrem Talent. Sogar die eher spröde Pariser „Presse" veröffentlicht *„... wahre Lobeshymnen über sie, wie sie in einer französischen Zeitung weder vorher noch nachher erschienen."* (5)

Im selben Jahr holt Heinrich Laube die berühmte Schauspielerin für zwei Jahre an das Wiener Burgtheater. Sie erkämpft sich eine Jahresgage von 7 000 Gulden – ein damals unvorstellbar hohes Salär, erst recht für eine Frau! Doch Neid und Intrigen der Kollegen vergällen ihr die Freude an den Auftritten. Spannungen zwischen ihr und der Intendanz, hervorgerufen durch unterschiedliche Ansichten bezüglich der Rollengestaltung, tragen dazu bei, daß Marie froh ist, als 1856 der Vertrag ausläuft. Über Coburg-Gotha, wo sie mehrmals vor restlos ausverkauftem Haus auftritt, kommt sie auf ihrer Gastspieltournee nach Weimar. Sie tritt dort im Januar 1857 in den Rollen auf, die sie berühmt gemacht haben, natürlich auch als Gretchen. Vom Publikum wird sie begeistert gefeiert, von den Kritikern plötzlich schlecht beurteilt: man bescheinigt ihr *„komödiantenhaftes, auf vordergründige Effekte ausgerichtetes Spiel"*. Auch die Zusammenarbeit mit dem Ensemble, das daran gewöhnt ist, klassische Inszenierungen ‚im alten Gewand' aufzuführen, gestaltet sich schwierig für die weltgewandte, erfahrene Tragödin, und man ist geneigt, ihrem Kollegen aus der Weimarer Zeit, Ludwig Barnay, zu glauben, der beklagte, daß ihm, wenn er auch nur die kleinste Änderung wünschte, ständig der empörte Ausruf: *„Es war immer so!"* (6) entgegenschallte.

Persönlichen Gewinn bringt ihr vor allem die Erneuerung der Bekanntschaft mit Franz Liszt, der sie in die Altenburg einführt, den zentralen Musensitz der Weimarer Nachklassik. In dieser *„Stätte des freien Geistes"* (7), einem Treffpunkt – oftmals auch Asyl – für die europäische Avantgarde der Kunst und der Literatur, fühlt Marie Seebach sich sofort heimisch. Der Glanz, der von dem berühmten Tonkünstler auf der Altenburg ausging, strahlte auch auf das *„... kleine engbrüstige Weimar"* herab; er *„... verlieh ihm (...) ein eigentümliches literarisches Parfüm, (...) das (...) alle künstlerischen Unternehmungen durchzog, (...) die infolgedessen von hohem Ernst und Streben getragen ..."* waren und *„... wohl wert gewesen wären, ein großes und urteilsfähiges Publikum zu finden."* (8)

Am 5. Januar 1857 wird ihr zu Ehren auf der Altenburg ein Fest arrangiert. Hoffmann von Fallersleben, der Dichter und Freiheitskämpfer, ihr Schauspielkollege Eduard Genast, Rosa von Milde (siehe dort), der Maler Friedrich Preller, der sie bewundert und verehrt, und auch Rietschel, der Gestalter des Goethe-Schiller-Denkmals, sind erschienen. Im Anschluß an das Festessen tritt Marie Seebach auf, Liszt begleitet ihre Worte am Klavier. Nachdem der Beifall abgeklungen ist, entspinnt sich ein Gespräch über das Schöpferische, das Einsamkeit braucht und Stille, um sich zu entfalten: *„Nur die Schauspielkunst – sie verbindet alle Künste,“* wirft da Marie Seebach ein. *„Die Altenburg ist jedenfalls ein Haus, wo alle zusammenwirken dürfen …“* Und fast hellseherisch fügt sie an, *„Wenn ich mal alt bin, dann will ich mir neben der Altenburg ein Haus bauen.“* (9)

Am 4. September desselben Jahres reist sie noch einmal nach Weimar, um anläßlich der Einweihung des bekannten Doppeldenkmals von Goethe und Schiller und der 100jährigen Wiederkehr des Geburtstages von Großherzog Carl August in der Rolle des Gretchens und des Klärchens aufzutreten. Die Schauspielerin ist froh, dem anschließenden Festtrubel inmitten der ‚besseren Weimarer Gesellschaft‘ entkommen zu können, in der Borniertheit und Spießertum eine unheilige Allianz bilden, unter der vor allem Franz Liszt und seine Lebensgefährtin, Fürstin Carolyne von Sayn-Wittgenstein (siehe dort), zu leiden haben. In der festlich beleuchteten Altenburg wird sie schon erwartet. Die Fürstin und ihr Lebensgefährte haben Freundinnen und Freunde gebeten, diesen besonderen Tag mit ihnen auf ihre Weise zu feiern. Marie ist glücklich, dazu zu gehören. Nach diesem überaus anregenden Aufenthalt in Thüringen kehrt sie zufrieden an das Welfentheater in Hannover zurück, wohin sie sich 1857 verpflichtet hatte. Sie fühlt sich dort gut angenommen. In Hannover begegnet sie Albert Niemann, dem jungen Heldentenor. Er hat sich bereits als Wagner-Interpret einen Namen gemacht. Seine Darstellungskunst ist beeindruckend, das Publikum, vor allem die Frauen, vergöttern ihn. Marie verliebt sich in ihn, und er erwidert ihre Liebe. Im Mai 1858 kommt es zur Verlobung, und ein Jahr später wird geheiratet. Doch schon das erste Ehejahr bringt Spannungen und Verdruß. Gastspielverpflichtungen, die das Paar trennen, das Hetzen von einem Auftritt zum anderen, danach die Rückkehr in eine Wohnung, die durch die häufige Abwesenheit ihrer Bewohner alles andere als behaglich ist: die Flitterwochen sind schnell vorbei. Ein Gastspieljahr in Paris, das Albert, der dort den Tannhäuser groß herausbringen will, in Maries Begleitung antritt, wird zum Fiasko: Die Oper fällt durch, schlechte Kritiken und ein Zerwürfnis mit Richard Wagner müssen verkraftet werden. Marie, die ein Kind erwartet, ist froh, als es nach Hannover zurückgeht. Dort bringt sie im Mai ihren Sohn Oskar zur Welt. Schon im September steht die junge Mutter wieder auf der Bühne. In Berlin, wohin das Ehepaar 1866 zieht, zerbricht die Ehe endgültig. Der umschwärmte Heldentenor und Publikumsmagnet wendet sich einer anderen zu. Resigniert, des ewigen Streitens müde, verbittert wegen seiner zahlreichen Affären, reicht Marie die Scheidung ein. Oskar darf bei ihr bleiben.

Nun folgen zwanzig Jahre des Umherziehens von einer Bühne zur anderen, von Tilsit nach Petersburg bis Zürich. 1870 startet Marie mit ihrer eige-

nen „Seebach-Company" zu einer Gastspielreise nach Nordamerika, wo ihre Kunst begeistert angenommen, die Künstlerin mit Ehrungen überhäuft wird.

Doch persönliche Glücksgefühle wollen sich nicht einstellen. Der zerbrochenen Ehe nachtrauernd, innerlich vereinsamt, gelingt es ihr nicht, die Erfolge auf der Bühne in Harmonie und persönliche Befriedigung umzumünzen. Resigniert vertraut sie zum Jahreswechsel ihrem Tagebuch an: *„Ich hoffe nichts mehr. Meine Seele ist müde des Ringens und läßt alles über sich ergehen. Die Welt verstehe ich nicht, wie sie jetzt ist. Ich passe nicht mehr zu ihr. Mein verlorenes Liebesleben, meine ewige Herzenseinsamkeit haben mich vor der Zeit absterben lassen. Gott behüte nur mein einziges Erdenglück, meinen Sohn vor gleichem Leid."* (10)

1886 erreicht Marie Seebach, daß sie als Nachfolgerin für die verstorbene Tante am Berliner Schauspielhaus engagiert wird. Als *„königlich preußische Hofschauspielerin"* übernimmt sie die *„gemütvollen, humoristischen, fein-komischen Rollen".* (11) Das Berliner Schauspielhaus sollte ihre letzte Wirkungsstätte bleiben.

Im Jahr 1893 trifft sie der schwerste Schicksalsschlag: Oskar, der von ihr so geliebte Sohn, erliegt mit 32 Jahren in Mailand einem Lungenleiden. Ihm war es, zum Kummer der Mutter, in diesem kurzen Leben nicht gelungen, seine vielseitigen künstlerischen Begabungen erfolgreich zur Geltung zu bringen. In der schweren Zeit nach Oskars Tod versuchte Marie, *„... durch Arbeit, Arbeit und wieder Arbeit (...) wenigstens die Gedanken abzulenken (...) und den Erinnerungen an ein zerstörtes Lebensglück zu entrinnen."* (12) In dieser Zeit reift in ihr der Plan, mit dem für den Sohn zusammengesparten Vermögen mittellosen Bühnenkünstlerinnen und -künstlern, *„... denen der Lorbeer nicht mehr grünt und die Gunst des Publikums nicht mehr lächelt"* (13), ein Altersheim zu erbauen. Sogleich läßt die großherzige Frau ihrem Entschluß die Tat folgen. Als Standort wählt sie Weimar, die

Stadt, deren kulturelles Erbe mit der Bühne, auf der Goethe und Schiller gewirkt haben, ihr als idealer Wohnsitz für die BühnenveteranInnen erscheint. Das Haus soll hoch über der Stadt, ganz in der Nähe der Altenburg gebaut werden, mit der sie so schöne Erinnerungen verbinden.

Da trifft die 65jährige mitten in den Monaten der Planung und Umsetzung ein neues Unglück: Im Januar 1894 gerät sie unter ein Pferdefuhrwerk. Man zieht sie mehr tot als lebendig darunter hervor. Die Ärzte stellen komplizierte Brüche an den Beinen fest und raten zur Amputation. Aber sie sagt: Nein! Mit unendlicher Willenskraft übersteht sie die furchtbaren Schmerzen und nachfolgende Operationen. Und das Unglaubliche gelingt: Am 15. Oktober betritt Marie Seebach wieder festen Schrittes die Bühne des Berliner Schauspielhauses, stürmisch gefeiert, von den zahllosen Bewunderern ihrer Kunst mit Blumen und Lorbeer überhäuft. Doch im Mittelpunkt ihrer Gedanken steht nun das ehrgeizige Bauprojekt. Sie hat es eilig und erreicht, daß schon ein Jahr nach der Grundsteinlegung eingezogen werden kann.

„Wenigstens die kleine Zahl geborgen und sorglos die letzten Jahre ihres Lebens zu wissen und sie einziehen zu sehen in die Heimstätte, das möchte ich noch erleben. Das ist mein letzter Wunsch", vertraut sie einem Freund an. (14) Dieser Wunsch wurde ihr erfüllt. Am 3. August 1897 schließt Marie Seebach ihre Augen für immer. Sie findet auf dem Dreifaltigkeitsfriedhof in Berlin neben ihrem Sohn die letzte Ruhestätte.

es

Abb. S. 112 Marie Seebach-Büste vor dem Marie-Seebach-Stift
Abb. S. 116 Eingangsbereich des Marie-Seebach-Stifts in der Tiefurter Allee
Abb. S. 117 Gedenkstein auf dem Historischen Friedhof in Weimar, alle Fotos von Ulrike Müller, 1999

(1) Paul Meßmer, Unsterbliches Gretchen. Eine Marie Seebach Biographie, Weimar 1995, S. 188
(2) Ebenda
(3) Ebenda
(4) Zitiert in: Paul Meßmer, Unsterbliches Gretchen, a.a.O., S. 188
(5) Paul Meßmer, Unsterbliches Gretchen, a.a.O., S. 65
(6) Zitiert in: Paul Meßmer, Unsterbliches Gretchen, a.a.O., S. 103
(7) Jutta Hecker, Die Altenburg. Geschichte eines Hauses, Weimar 1958, S. 133
(8) Zitiert in: Paul Meßmer, Unsterbliches Gretchen, a.a.O., S. 104
(9) Jutta Hecker, Die Altenburg, a.a.O., S. 157
(10) Zitiert in: Paul Meßmer, Unsterbliches Gretchen, a.a.O., S.169
(11) Zitiert ebenda, S. 170
(12) Zitiert ebenda, S. 182
(13) Zitiert ebenda
(14) Zitiert ebenda

Weitere Literatur: Angelika Pöthe, Carl Alexander, Mäzen in Weimars „Silberner Zeit", Köln-Weimar-Wien 1998; Walther Schödel, Marie Seebach – Das Leben einer großen Schauspielerin, Rudolstadt 1959; Wanda von Puttkammer, Der Hof von Weimar, Berlin 1932.

5. Rundgang

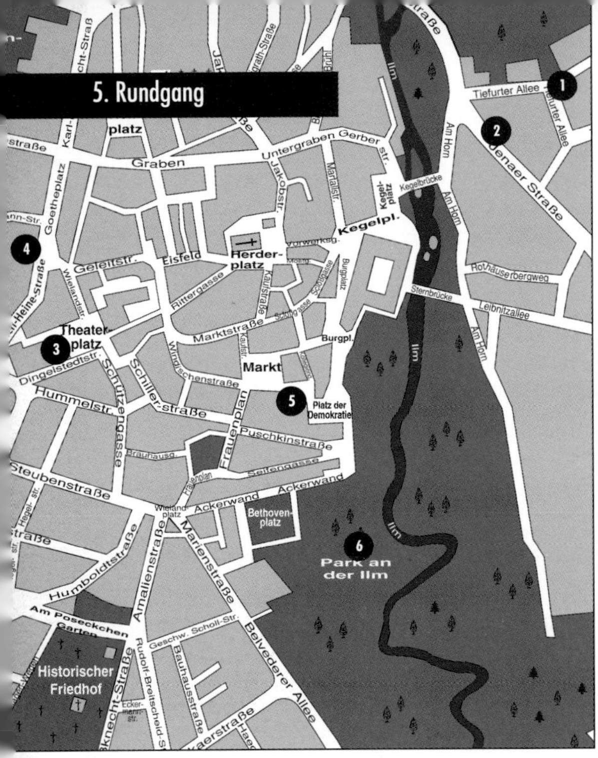

1. **Tiefurter Allee 4:** ehem. Wohnsitz und Salon Helene von Nostiz'
2. **Die Altenburg in der Jenaer Straße 2:** ehem. Wohn- und Wirkungsstätte von Carolyne zu Sayn-Wittgenstein und Franz Liszt
3. **Deutsches Nationaltheater:** ehem. Hoftheater, Wirkungsstätte div. Künstlerinnen
4. **Russischer Hof:** Gasthof, in dem u.a. Pauline Viardot-Garcia logierte
5. **Markt 16:** Standort des 1989 abgerissenen ehem. Hotels **„Erbprinz"**
6. **Tempelherrenhaus, Ruine im Park an der Ilm:** ehem. Standort des von Bettina von Arnim entworfenen Goethedenkmals

Weimar, vom Norden aus, Stahlstich koloriert, unbekannt, um 1850

Gasthaus „Zum Erbprinz" in Weimar, Stich, unbekannt, undatiert

BETTINA von ARNIM (1789–1859)

„Ich componiere jetzt eifrig an der Ouvertüre für Faust, (…); es macht mir ungemein viel Spaß, ein jeder neuer Gedanke macht mich glücklich. Wir sind dabei so lustig, daß während dem Aufschreiben immer gelacht wird und während dem Lachen immer componiert. … Ich glaub gewiß, daß Musik mir zum Tagwerk werden könnte, (…)". (1) Diese Sätze schickt Bettina Brentano im Februar 1810 per Brief von Landshut nach Berlin, gerichtet an ihren vertrauten Freund Achim von Arnim (1781–1831). Ohne explizit auf Weimar Bezug zu nehmen, spricht die Dichterin darin drei der zentralen Lebens- und Schaffensbereiche an, die sie mit der Stadt verbinden: die Musik, die (Salon-)Geselligkeit und die Auseinandersetzung mit Goethe. Um den Bereich des politischen und sozialen Engagements ergänzt und zueinander in Beziehung gesetzt, lassen sie Bettinas künstlerische und kommunikative Bedeutung in deren Vielseitigkeit aufleuchten, verweisen auf ihr Werk und ihre Wirkung als Schriftstellerin, als Komponistin, als Bildhauerin, als Kulturkritikerin und als kulturelle und politische Vermittlerin. Diese Vermittlung ist so außergewöhnlich und so komplex, daß die wichtigsten Bereiche und Bezüge im folgenden, nach Stichworten geordnet, kurz benannt werden sollen. a) Zeitgeschichte: zwischen zwei Jahrhunderten im Licht ihrer zentralen politischen Ereignisse, der Revolution von 1789, der 48er-Revolution sowie der dazwischenliegenden Restaurationszeit; b) Ideengeschichte: zwischen den Epochen der Aufklärung, der Klassik, der Früh- und Spätromantik und des Liberalismus; c) Kunstgenres: zwischen Literatur und Musik (weniger deutlich auch: Bildende Kunst) und deren VertreterInnen; d) Kunstauffassungen: zwischen einem patriarchal geprägten Kunstbegriff – mit den dazugehörigen traditionellen Formen und Qualitätsmaßstäben – und einer vielfach von Frauen aus der Not, der Freiheit sowie dem kritischen Geist des Einspruches gegen gesellschaftliche Benachteiligung initierten gegenkulturellen Entwicklung; e) Gesellschaftsordnungen: zwischen Monarchie und Republik; f) politische Bewegungen: zwischen aristokratischer Opposition, bürgerlicher Demokratiebewegung, der sich erhebenden Arbeiterschaft (Weber), den nach Emanzipation strebenden Frauen und Juden; g) Lebensbereiche: zwischen privatem und öffentlichem Engagement in den Wirkungssphären von Familie, Freundschaftskreis, Kunst und Politik.

Weimar muß für Bettinas inspiratorische Funkenflüge, ihre Verknüpfungslust, die sowohl Dingen als auch Menschen galt, und ihren Sinn für verbindliche langfristige Beziehungen ein idealer Besuchsort gewesen sein. Als Wohnort hingegen hätte es für ihren gleichzeitigen Bedarf an Weite und unkonventioneller Bewegungsfreiheit wohl zu wenig Raum und zu viel, wie sie es nennt, „Philisterhaftigkeit" geboten. Im Verlaufe ihrer ‚drei Leben' – der schwärmerisch-romantischen Jugend, der harten Ehejahre mit Geburt und Erziehung von sieben Kindern und schließlich des großen Aufbruchs als Dichterin, oppositionelle politische Schriftstellerin und Inhaberin eines demokratischen Salons – kommt Bettina immer wieder nach Weimar. Im Spiegel ihrer Besuche, deren brieflich literarischer Reflexe und künstlerischer Wirkungen, werden jeweils aktuelle inhaltliche Stationen und tonangebende Persönlichkeiten des Weimarer und damit zum Teil auch des deutschen und des europäischen Geisteslebens sichtbar. Für Weimar ist Bettina von Arnim zum einen wichtig als Integrationsfigur zwischen ‚alter' und ‚neuer' Zeit (mit den jeweiligen männlichen Kunstheroen und weiblichen Trägerinnen der Salonkultur), und andererseits auch als originäre und provokante geistige Anregerin und sprudelnde Quelle künstlerischer Produktivität. Im Jahr 1807 besucht Bettina, u. a. in Begleitung ihres Bruders Clemens und ihres Freundes Achim von Arnim, die Stadt zum ersten Mal. Zwei besondere Begegnungen während ihres einwöchigen Aufenthaltes müssen genannt werden: der Teebesuch bei Johanna Schopenhauer (siehe Stadtrundgänge WEIMAR WEIBLICH, Heft 1) und damit die erste direkte Berührung mit dem neuen bürgerlich-demokratischen Geist der Weimarer Salonkultur, und das erste persönliche Zusammentreffen mit Goethe. Die bekannte konsequenzenreiche Begegnung zwischen der 22 Jahre jungen Frühromantikerin und dem 58 Jahre alten Klassikfürsten in dessen Haus ist dadurch ermöglicht worden, daß sie ihm von Wieland als Enkelin der berühmten Schriftstellerin Sophie La Roche empfohlen wurde. Der Bezug zu Goethe läßt sich außerdem auf ältere freundschaftliche Kontakte zwischen den Frankfurter Familien La Roche, Brentano und Goethe zurückführen, lange vor Goethes Weimarer Zeit. Der junge Goethe schwärmte bekanntlich für Bettinas Mutter „Maxe", Maximiliane Brentano. Sie starb, als Bettina 8 Jahre alt war. Goethe entstammte aber für die gehobenen Ansprüche der La Roches zu schlichten Verhältnissen, um als Heiratskandidat ernsthaft in Frage zu kommen. Nach dem Freitod ihrer liebsten Freundin Caroline von Günderode im Jahr 1806 und dem Tod ihrer Großmutter Sophie La Roche im Jahr 1807, bei der sie aufgewachsen war, schloß Bettina sich eng an „Frau Aja", Goethes Mutter an; diese starb allerdings im Jahr 1808. Die Begegnung mit Goethe hat Bettina sich schon lange gewünscht. In der Folge der Weimarer Begegnung liebt und umschwärmt sie ihn nun erst recht, aber nicht in der Position einer der spätestens mit der traditionellen Goethe-Rezeption zur Selbstauslöschung verdammten „Frauen um Goethe", sondern, um sich selbst mit der spielerisch-leidenschaftlichen Inszenierung dieser Liebe poetisch, schaffend hervorzubringen. *„Was meinst Du, daß diese Liebe will ... Göttlich will ich sein! Göttlich und groß wie Du"*, schreibt sie in einem ihrer ersten Briefe an ihn. (2) Ihre jahrelange liebende Bemühung um den irdisch-fernen jungen Dichter Arnim – er lebt in jenen Jahren berufsbedingt in Berlin – und ihre zielgerichtete Verehrung Goethes als Dichtergott verlaufen zeitgleich *(„... aber ich dachte oft: hätt ich nur jemand!"* (3)). In diese Zeit fällt auch ihre erste große Phase kompositorischer Aktivität, mit der Arbeit an einer Faust-Ouvertüre und mit Vertonungen einiger Gedichte Arnims aus dessen gemeinsam mit Clemens Brentano herausgegebener Gedichtsammlung „Des Knaben Wunderhorn".

Seit Bettina 1808 mit der Familie ihres Schwagers Carl Savigny zunächst nach München, dann nach Landshut gezogen ist, hat sie sich, von Arnim darin bestärkt, dem Musikstudium gewidmet, zunächst mit Gesangunterricht bei dem Münchner Hofkapellmeister Peter von Winter und Klavierunterricht beim königlich-bayrischen Kammermusikus Sebastian Bopp, dann auch mit Kompositions- und Generalbaß-Unterricht bei dem Landshuter Kapellmeister Eixdorfer. Ihre große Stärke sind stimmliche Improvisationen, aus denen heraus sie auch ihre Liedkompositionen entwickelt und von denen es entsprechend nur sporadische Aufzeichnungen gibt. Nicht nur von Eixdorfer gibt es so begeisterte Äußerungen über ihr Talent, wie die in seinem Brief vom 5. September 1810 an die wohl mehr als begabte Schülerin: *„Wie steht es mit Ihrer Composition, was macht Faust; (...). Ihre Fantasie wünsche ich zu besitzen (...). Ihr Fragment: ‚O schaud're nicht' – singe ich hundertmal mit vieler Begeisterung, es gefällt mir je länger desto besser; (...)."* (4). Vor allem mit Arnim, aber auch mit Goethe korrespondiert Bettina über ihre musikalische Arbeit. In ihrem späteren Briefroman „Goethes Briefwechsel mit einem Kinde" findet sich, poetisch frei ausgestaltet, diese Korrespondenz mit Goethe wieder. Infolge einer persönlichen, durch ihre Schwägerin Antonie Brentano vermittelten Begegnung im Mai 1810 in Wien, entsteht auch mit Beethoven ein kurzzeitiger Briefwechsel, von dem heute nur noch der Brief Beethovens vom 10. Februar 1811 erhalten ist.

Im März 1811 heiratet Bettina Achim von Arnim. In eben dieses Jahr fällt auch der Bruch mit Goethe im Zuge der skandalträchtigen Weimarer Auseinandersetzung zwischen Bettina und Christiane von Goethe (siehe Stadtrundgänge WEIMAR WEIBLICH, Heft 1).

Bettina von Arnims nächster bedeutender Weimar-Aufenthalt findet im Oktober 1824 statt. Die Dichterin hat von 1811 an zunächst mit ihrer Familie auf Arnims Landgut in Wiepersdorf im Brandenburgischen gelebt und seit 1814 dann, gemeinsam mit ihren Kindern, in einer eigenen Wohnung in Berlin, während ihr Mann als Gutsherr auf dem Land geblieben ist. Sie hat inzwischen die erste und anstrengendste Phase ihres Lebens als Ehefrau und Mutter mit der ihr eigenen Energie und Hingabe und mit einem beeindruckend praktischen und originellen Sinn für Haushaltsführung, für ‚Krisenmanagement' und moderne Kindererziehung bewältigt und widmet sich wieder verstärkt ihren musischen Leidenschaften. War ihr Haus ohnehin stets offen für Kunst und Geselligkeit, so findet sie nun auch zunehmend Zeit für Besuche in der Berliner ‚Salonszene', bei Rahel Varnhagen und auch bei den zwei Freundinnen, die einst in Weimar lebten: Amalie von Helwig, geb. von Imhoff, der Nichte Charlotte von Steins, und der ‚großen alten Dame' Charlotte von Kalb (siehe Stadtrundgänge WEIMAR WEIBLICH, Heft 1). Bettina schreibt, zeichnet, komponiert, singt und nimmt zwischenzeitlich immer wieder Musikunterricht, u. a. bei der Revolutionsdichterin und Komponistin Johanna Kinkel (1810 bis 1858). Vermutlich sitzt sie auch schon an Vorarbeiten zu ihren drei Briefromanen, von denen der erste, „Goethes Briefwechsel mit einem Kinde" (1835), sie mit einem Schlag als Schriftstellerin berühmt machen und ihr eine Reihe weiterer KünstlerInnenfreundschaften einbringen wird, u. a. diejenigen mit Clara Wieck und Robert Schumann. Ebenso wie der erste werden dann auch die weiteren Briefromane, insbesondere „Die Günderrode" (1840), bruchlos an innige Freundschaften und frühromantische Ideale aus Bettinas Jugendzeit anknüpfen. Im Oktober 1824 besucht Bettina ihren einstigen Dichtergott, den 75jährigen Goethe, in Weimar, um ihm die Zeichnungen zu ihrem Entwurf für ein Goethe-Denkmal zu zeigen. Sie setzt sich, wie sie in einem Brief an ihre Nichte Sophie Ende Oktober 1824 schildert, außerdem auf seinen Wunsch hin ans Klavier und trägt ihm ihre Vertonungen seiner Gedichttexte vor sowie die gerade von ihrer Nichte Maximiliane geschaffene Komposition eines Gedichtes von Clemens Brentano.

Das nächste Mal finden wir Bettina schon im nachklassischen Weimar. Sie ist inzwischen, im Alter von rund 50 Jahren, in ihr ‚drittes Leben' eingetreten, ist seit einigen Jahren als Dichterin und in jüngster Zeit – mit ihrem demokratischen Salon, ihrem sozialen Engagement und ihren öffentlichen Äußerungen – auch als politische Querdenkerin berühmt. Arnim ist 1831 gestorben, die Kinder sind fast alle erwachsen. Zwei ihrer Töchter, Gisela (geb. 1827) und Armgart (geb. 1821), nimmt sie oft und gern mit auf Reisen, auch mit nach Weimar. In diesem Lebensabschnitt stehen Bettina und ihre Familie auch mit einem Großteil ihres privaten Verhaltens längst im Blickpunkt der Öffentlichkeit. Bettina wird bewundert für ihr krankenpflegerisches Engagement während der Choleraepedemie, für ihren Einsatz für die schlesischen Weber und für die vom Dienst suspendierten Professoren, die „Göttinger Sieben", unter ihnen die Gebrüder Grimm. Und es werden Anekdoten über sie erzählt, meist im Ton des Vergnügens an ihren querdenkerischen Grenzüberschreitungen, seltener auch mit mißbilligendem Kopfschütteln über das von ihr seit Kindertagen harnäckig beibehaltene und mit Vernügen praktizierte ‚unweibliche' Verhalten, z. B. in Gestalt ihrer Sitzposition: meist mit überkreuzten Beinen auf höhergelegenen Plätzen, über der Gesellschaft thronend.

Nachdem seit 1811 die o. g. hauseigene Weimarer Auseinandersetzung zwischen Christiane von Goethe und Bettina von Arnim – mitsamt Schimpftext, amtlich nicht verbürgter Ohrfeige und zertretener Brille Bettinas – längst zum zuverlässigen Erzählstoff für die ‚besseren' Kreise gehört (5), kommen in den 40er und Anfang der 50er Jahre zwei neue Geschichten hinzu: die erste wird aus der Hauptstadt Berlin im Jahr 1843 berichtet. Die Schriftstellerin Fanny Lewald, die Bettina von Arnim hochschätzte und mit dieser in ihrer Sozialkritik, republikanischen Gesinnung und in dem utopischen Entwurf eines aufgeklärten, demokratischen Monarchen übereinstimmte, gibt sie in einem Brief an den Erbgroßherzog Carl Alexander mit liebevoller Ausführlichkeit zum besten, und auch in Adelheid von Schorns „Nachklassischem Weimar" ist sie zu finden: Als Bettina in den 40er Jahren während des Belagerungszustandes in Berlin eine Verwandte im Schloß besuchen wollte und vom Wachposten zunächst nicht vorgelassen wurde, erklärte sie diesem, als sie eine längere Genehmigungsprozedur auf sich zukommen sah, schließlich kurzerhand, er möge sich seine alte Hofdame doch *„... einpökeln"* (6), und ging. Die zweite Geschichte führt uns wieder nach Weimar. Ihre Pointe besteht in Bettinas empört-ernüchterter Äußerung angesichts der feierlichen Enthüllung des von Karl Steinhäuser – nach ihrem einst mit verliebtem Enthusiasmus geschaffenen Entwurf – 1852 in seiner italienischen Werkstatt realisierten Goethe-Denkmals. Für Großherzog Carl Alexander und Großherzogin Sophie, die Bettina 1853 mit der von ihr selbst bei Steinhäuser in Auftrag gegebenen, aber wegen Geldmangels nicht zu Ende geführten überaus kostspieligen Ausführung der Arbeit in Marmor überraschen und mit deren Kauf und Überführung nach Weimar ihre Wertschätzung zum Ausdruck bringen wollten, muß die – vielerorts übereinstimmend zitierte – Äußerung Bettinas, eine herbe Ent-

täuschung oder gar Beleidigung gewesen sein. Aber beide, auch Sophie als Geldgeberin, haben sie offenkundig mit Gelassenheit und Humor hingenommen. *„Was?"*, so soll Bettina zornesbebend ausgerufen haben, *„[...] dieses Monster und diesen Knirps soll ich ersonnen haben?"* (7) und das im **Tempelherrenhaus im Park an der Ilm (heute Ruine)** in mehrtägiger Arbeit unter vielen Mühen aufgestellte, überaus schwergewichtige Monument keines Blickes mehr gewürdigt haben.

Seit Anfang der 40er Jahre hat Bettina sowohl zu den progressiven literarischen Kreisen und zur neuen Musikszene um Liszt als auch zum Weimarer Hof Kontakt. Sie ist häufiger zu Gast im Salon der Schriftstellerin Amalie Winter (siehe dort), mit der sie u. a. das Engagement teilt: gegen die Unterdrückung und Diskriminierung der Juden in Deutschland und für eine angemessene Anerkennung jüdischer Kulturleistungen.

Gemeinsam mit ihren Töchtern Armgart und Gisela besucht sie Opern- und Konzertaufführungen unter der musikalischen Leitung Franz Liszts, gesellige Treffen und Aufführungen mit den berühmten Musikerinnen und Musikern der großen europäischen Bühnen unter dem Dach der Altenburg, dem Weimarer Wohnsitz von Franz Liszt und der Fürstin Carolyne von Sayn-Wittgenstein. Franz Liszt, den sie 1842 bei einem Konzert in Berlin kennengelernt hat, und der ihr mit großer Hochachtung begegnet, macht sie und ihre Familie 1852 mit dem jungen ungarischen Geiger Joseph Joachim bekannt, der sich spontan in Gisela von Arnim verliebt. Obwohl diese später nicht ihn, sondern den Wissenschaftler Hermann Grimm heiratet, bleiben die drei jungen Leute eng miteinander befreundet. Von Bettina wird Joseph Joachim begeistert unter die mütterlichen Fittiche genommen und findet, als jüngster Wahlsohn von ihr liebevoll *„Benjamin"* genannt, dauerhafte Aufnahme im Arnimschen Familienkreis. Er ist Bettina zeitlebens in Verehrung zugetan. Nach ihrem Tod wird er sich um Auffindung und Edition ihrer Liedkompositionen bemühen, und für deren behutsame Korrektur und Vervollständigung sorgen. Erst in den 90er Jahren, als Hermann Grimm nach Giselas Tod eine Edition der musikalischen Werke beider Frauen plant, verfaßt auch Joachim einige eigene Bearbeitungen von Bettinas Liedern. Die erste Melodiezeile von Bettinas „Lied des Schülers" geht als Thema des 1. Satzes seines 1864 komponierten Violinkonzertes Es-Dur in die Musikgeschichte ein, als Joachim das Konzert nach Giselas Tod im Jahr 1889, versehen mit einer ausdrücklichen Widmung an diese, veröffentlicht. (8)

Doch zurück in die Vierziger Jahre: Bettina korrespondiert in dieser politisch unruhigen Zeit ausführlicher mit dem jungen Erbgroßherzog Carl Alexander, dessen Kultiviertheit, fortschrittlicher Kunstsinn und demokratische Neigungen ihn in ihren Augen zu einem neuen Hoffnungsträger für eine gerechte Welt werden läßt. *„Ich lese die Briefe Bettinas an Goethe und bewundere sie, obwohl ich ihre Schwärmereien und phantastischen Gefühle sehr oft nicht verstehen kann. – Aber dieselben Gefühle sind manchmal so tief, so schön, daß sie zu den geheimsten Teilen des Gemütes sprechen – (…) es ist Poesie in Prosa",* so hat er einst den ersten von Bettinas drei Briefromanen kommentiert. (9) Nachdem sie sich am preußischen Hof, bei ‚ihrem' Friedrich Wilhelm IV., nicht das erwünschte Gehör verschaffen konnte, sondern ihr stattdessen im Gefolge der Vorarbeiten zum „Armenbuch" 1844 sogar eine Haftstrafe angedroht worden ist, tritt Bettina verstärkt mit dem jungen Weimarer Fürsten in Kontakt. Im Salon der gemeinsamen Weimarer Bekannten Amalie Winter finden mehrere persönliche Begegnungen statt. Diskussionsgegenstand ist meist die politische Zukunft. In einem

Gespräch vom August 1842 äußert sich Bettina optimistisch zu Carl Alexanders Plänen für eine kulturelle Neubelebung Weimars: *„Und warum sollte dies nicht Euer Hoheit gelingen? Hoffnungen verjüngen sich, sie werden Begeisterung und aus dieser entstehen gute Genien; wo weilen die lieber als da wo das Große in der Erinnerung einen Tempel hat?“* (10). Carl Alexander ist *„(...) fasziniert von der leidenschaftlichen Goethe-Verehrung der Autorin“* (11), die ihm schon in den frühen 40er Jahren ihre Pläne für die Aufstellung ihres Goethe-Denkmals in Weimar nahebringt. Ihr 1843 herausgegebenes, Wilhelm IV. gewidmetes großes politisches Werk „Dies Buch gehört dem König“ schickt Bettina sogleich von Berlin nach Weimar an den jungen Erbgroßherzog. Die in ihrem ausführlichen Begleitschreiben dargelegte Auffassung, daß der Fürst *„(...) als Gefäß zu begreifen* (sei), *in dem sich der Wille der Gesamtheit konzentriert“* (12), trifft Carl Alexanders liberale Auffassung von der Aufgabe des Regenten. Im Jahr 1847 teilt Bettina Carl Alexander mit, daß sie Wilhelm IV. nicht mehr schreibe, da die Philister *„(...) einen Verhau“* (13) zwischen ihr und ihrem König errichtet hätten. Aus Furcht vor weiterer Enttäuschung will sie auch die Korrespondenz zu Carl Alexander einstellen, verfolgt aber bereits ein neues Kulturstadt-Projekt: die Vermittlung von Hoffmann von Fallersleben nach Weimar, die ihr denn auch gelingt.

Der Bezug zwischen Weimar und der Familie von Arnim riß auch nach Bettinas Tod im Jahre 1859 nicht ab. Noch in den 80er Jahren besuchte Großherzog Carl Alexander Bettinas Tochter Gisela in Berlin. Aus den Tagebuchaufzeichnungen des Fürsten geht hervor, daß im Mittelpunkt ihres Gespräches die Erinnerung an Bettina stand; Gisela habe *„mit Enthusiasmus“* (14) über ihre Mutter gesprochen. Und der Großherzog erwies dieser mit seinem Besuch bei der ‚Weimarer Tochter‘ noch einmal seine Wertschätzung und freundschaftliche Treue.

um

Abb. S. 120 Bettina von Arnim, Stahlstich nach Pastell (Ausschnitt) von Carl Johann Arnold (geb. 1829), undatiert
Abb. S. 123 Gisela von Arnim, Foto, undatiert, aus dem Nachlaß von Johannes Daniel Falk, GSA 15 / N 54, 85, 1
Abb. S. 124 Bettinas Entwurf zu einem Goethe-Denkmal. Stahlstich von Carl von Funke nach der Originalzeichnung

(1) Zitiert in: Bettina von Arnim, Lieder und Duette, hrsg. und kommentiert von Renate Moering, Kassel 1996, S. 57
(2) Zitiert in: Bettina von Arnim, Die Sehnsucht hat allemal Recht, Gedichte, Prosa, Briefe, hrsg. von Gerhard Wolf, Frankfurt 1985, S. 331
(3) Zitiert ebenda
(4) Zitiert in: Bettina von Arnim, Lieder und Duette, a.a.O., S. 57
(5) Vgl. Sigrid Damm, Christiane und Goethe. Eine Recherche, Frankfurt 1998, S. 396-399
(6) Vgl. Großherzog Carl Alexander und Fanny Lewald-Stahr in ihren Briefen 1848–1889, eingeleitet und hrsg. von Rudolf Göhler, Berlin 1932, Band 1, Brief von Fanny Lewald vom März 1849, S. 20/21
(7) Vgl. Angelika Pöthe, Carl Alexander, Mäzen in Weimars „Silberner Zeit“, Köln-Weimar-Wien 1998, S. 122
(8) Vgl. Bettina von Arnim, Lieder und Duette, a.a.O., S. 79/80
(9) Zitiert in: Angelika Pöthe, Carl Alexander, a.a.O., S. 120
(10) Zitiert ebenda
(11) Angelika Pöthe, Carl Alexander, a.a.O., S. 120/121
(12) Ebenda, S. 121
(13) Zitiert in: Angelika Pöthe, Carl Alexander, a.a.O., S. 122
(14) Angelika Pöthe, Carl Alexander, a.a.O., S. 123

FANNY LEWALD (1811–1889)

Am 22. Oktober 1848 findet im Weimarer Hotel **„Erbprinz" (Markt 16, 1989 abgerissen)**, das schon zur Zeit der Klassik prominente Gäste beherbergte, eine denkwürdige Begegnung statt: zwischen Carl Alexander, dem Erbherzog von Sachsen-Weimar-Eisenach, und Fanny Lewald, der aus Königsberg stammenden jüdischen Schriftstellerin des gehobenen Bürgertums, die mit ihren Emanzipationsromanen „Clementine" (1841) und „Jenny" (1842) inzwischen in ganz Europa Berühmtheit erlangt hat. Auch der an Literatur höchst interessierte Carl Alexander hat ihr damals noch unter Pseudonym veröffentlichtes Werk gelesen und wünscht sich schon länger, die streitbare Autorin persönlich kennenzulernen. Fanny Lewald fühlt sich geehrt und reist aus Berlin, wo sie ihren Wohnsitz hat, an. Das Treffen ist vermittelt worden durch Fannys Freundin Therese von Bacheracht, die sich – als Adlige – nicht nur zur Vermittlerin sondern auch zur begleitenden Anstandsdame eignet. Außerdem hat sie sich selbst als Autorin einen Namen gemacht. Beide Frauen haben sich bemüht, die für dieses historische Treffen zur Verfügung stehenden bescheidenen Räumlichkeiten des Hotels einigermaßen würdig herzurichten. In der nach dem Treffen von Fanny Lewald an Carl Alexander verfaßten heiteren Briefbeschreibung der vorbereitenden Maßnahmen klingt das folgendermaßen: *„... O! jetzt ist's hübsch! Kalt und kahl wie ein Reitsaal, und es hat sich auch von draußen ein starker Kohlgeruch hereingezogen, aber das ist wahrscheinlich hoffähig, du mußt's ja wissen! ... das Höchste, was wir uns zu leisten vermochten – eine weiße Serviette über den ganz zerschrammten Tisch ...".* [1]

Die Berücksichtigung der Gebote von Stand und Etikette und zugleich die Lust an deren witzig-pointierter Überschreitung und auch an einer Tonlage schlichter Herzlichkeit, um geistige Tiefe, emanzipatorische Bewegung und Vertrauen im Umgang herzustellen, diese Verhaltenskombination Fanny Lewalds wird der nun folgenden 40jährigen Freundschaft mit diesem ungewöhnlichen Weimarer Regenten die unverwechselbare Prägung und Ausdauer verleihen. Hinzu kommt ihr – vielfach in Brieftexten dokumentiertes – stabiles Selbstbewußtsein, das ihr den Mut verleiht, ihre frauenbewegten Positionen nicht nur in Buchform zu veröffentlichen, sondern auch, wie etwa die Kritik an der Zwangsehe oder am eklatanten Mangel an ernstzunehmenden Bildungs- und Ausbildungsangeboten für Frauen und Mädchen, in die staatslenkenden europäischen Adelskreise hineinzutragen und dort wortgewandt zu vertreten. Wobei – auch das ist dokumentiert und findet sich in mehreren Kommentaren der Sekundärliteratur – der Dialog dadurch beflügelt wird, daß sich beide Seiten durch die jeweilige ungewöhnliche Zuwendung an Aufmerksamkeit angenehm geschmeichelt fühlten. Fanny Lewalds Gesellschaftskritik hat, selbst in ihrer ernsthaften Parteinahme auch für die republikanische Bewegung

der unteren Stände während der 48er-Revolution, niemals eine den Adel und die patriarchalen Strukturen der Gesellschaft so radikal angreifende Form angenommen, daß sie ihrerseits entsprechend erbittert bekämpft, verspottet oder ignoriert worden wäre (wie z. B. Hedwig Dohm, gleichfalls Tochter aus gutbürgerlichem deutsch-jüdischen Hause und engagiert in der Frauen- und Demokratiebewegung). Ihr späterer literarischer Salon in Berlin wird weniger eine oppositionelle Gedankenschmiede, wie der Salon der von ihr als Vorbild sehr verehrten Rahel Varnhagen, sondern entwickelt sich zunehmend zu einer Stätte fortschrittlichen Gedankenaustausches im Rahmen großbürgerlicher Repräsentation, wie sie später für das preußische Regierungsbeamtentum des Kaiserreiches bis zum 1. Weltkrieg geradezu zur Verpflichtung wird.

Für Weimar ist die Synthese aus demokratischem und emanzipatorischen Geist und höfischem Pflicht-, Standes- und Bildungsbewußtsein, die sich in einem traditionsbewußten und zugleich bewußt fortschrittlichen Kunstsinn äußert, eine für die Nachklassik typische Mischung, wie sie durch niemanden eindrücklicher verkörpert und praktiziert worden ist als durch Maria Pawlowna und deren Sohn und Nachfolger Carl Alexander. Fanny Lewald trifft in einem historischen Jahr in Weimar ein – 1848 –, als es deutschlandweit und damit auch in Weimar zugleich um Machterhalt und demokratische Erneuerung geht, und letztlich trägt sie in Weimar nicht unmaßgeblich dazu bei, daß diese Gegensätze sich noch einmal für ein halbes Jahrhundert in einem konkreten kulturpolitischen Konzept ‚von oben' miteinander vereinbaren lassen. Ihr Engagement, ihre Gedankenfreiheit, ihre kritische Distanz und ihre Wirkung bei Hofe behält sie möglicherweise gerade deshalb, weil sie den Status der Besucherin niemals verläßt. Und sie hat dies wohl selbst gewußt: Jedenfalls sind sie und ihr Lebensgefährte, der Publizist Adolf Stahr, eigenen Aussagen zufolge, erleichtert, als aus dem von Carl Alexander für Adolf Stahr angestrebten Posten des Herausgebers eines schon seit den 40er Jahren geplanten überregionalen Wissenschafts- und Kulturjournals im Jahr 1852 – aus Geldmangel – endgültig nichts wird, so daß sie nicht genötigt sind, sich in Weimar niederzulassen. Fanny begründet die Erleichterung u. a. mit der Furcht vor dem Verlust ihrer geistigen Unabhängigkeit im Falle einer derartigen nicht nur örtlichen, sondern auch institutionalisierten Bindung. Erst 1845, nach jahrzehntelangem Ringen mit den ihr als ‚Tochter aus gutem Hause' gesetzten Schranken, hatte sie es mit Hilfe ihres Onkels Leopold, der in Stuttgart das vielgelesene Journal „Europa" herausgab dem Vater gegenüber durchsetzen können, sich als freie Schriftstellerin in Berlin niederzulassen, ohne eine für sie angestrebte Versorgungsehe eingehen zu müssen. Die mühsam errungene innere und äußere Bewegungsfreiheit bleibt ihr zeitlebens ein höchst kostbares Gut.

So bleibt Weimar Fanny Lewald als ein verläßlicher Ort der Wertschätzung und Fanny Lewald Weimar als freie literarische und politische Beraterin erhalten, mit einem nicht zu unterschätzenden geistigen Einfluß auf die Kultur- und Sozialpolitik Carl Alexanders und Sophies in Sachsen-Weimar-Eisenach und auch auf deren Positionierung zur 48er-Revolution, sie bestärkend in ihrer Kritik an der starren Haltung Friedrich Wilhelms IV. zu den Beschlüssen der Paulskirche. Das Unkonventionelle des brieflichen Gedankenaustausches besteht u. a. in mancherlei Proben eines die Gleichheit auslotenden Rollentausches: Zum Beispiel betritt Fanny gleich im zweiten Brief des Briefwechsels energisch das Podium der Politik und kritisiert: *„Sehen Sie, Königliche Hoheit! – Das Unglück der Fürsten ist, daß sie so schwer den Begriff aufgeben, Eigenthümer ihrer Länder zu sein; daß sie glauben, man nähme ihnen ein Recht, wenn man die Freiheit der Nation verlangt, selbst über sich zu bestimmen."* (2), während Carl Alexander sich eher mit dem Gestus des abseits von der Herrscherbühne reflektierenden Philosophen dem menschlichen Individuum zuwendet: *„Es ist immer verdienstlich, wenn man sein selbst ist und sein will und namentlich da und dann, wo und wann Viele ein und dieselbe Straße laufen zu müssen glauben. Wie sonderbar doch, daß das was am nächsten scheint, das entfernteste ist! Was scheint aber natürlicher* (als) *daß* (man), *wenn man Ich hat, auch ein Ich ist und doch sind die wenigsten Ich, gewöhnlich weil sie der oder die oder das sein wollen."* (3) In diesem für Weimar so wichtigen Briefwechsel spiegeln sich die jeweiligen biographischen Stationen der Beteiligten ebenso wie die aktuellen, kulturellen und politischen Themen der Zeit: Die Emanzipation der Juden, die Auseinandersetzungen um die Nationalversammlung und Regierungsgewalt im Jahr 1848, das Verhältnis von Fürst und Volk (s. o.), die Verfolgung linker Intellektueller und Demokraten in Deutschland, die italienische Geschichte und Gegenwart, die Reichsgründung in Deutschland, die Kapitalisierung des öffentlichen Lebens in der Gründerzeit bis hin zum Börsenkrach von 1873 und zur Weltwirtschaftskrise.

Ein Sonderthema, das Fanny immer wieder hartnäckig einbringt, ist und bleibt das Thema Frauenemanzipation bzw. gesellschaftliche Benachteiligung der Frauen. Das ist ein Gedankenfeld, zu dem der Fürst nicht wie sonst einen eigenen ausgereiften Standpunkt vertritt, sondern auf das er hauptsächlich mit höflicher Hilflosigkeit reagiert. So schickt Fanny ihm und der Großherzogin Sophie im Jahr 1864 ihre ein Jahr zuvor erschienenen „Osterbriefe an die Frauen" mit der Forderung nach einer besseren Schulbildung und besseren Erwerbsmöglichkeiten für Frauen und mit einer deutlichen Kritik an der Beschaffenheit vieler Ehen als Zwangsversorgungseinrichtungen. Für die mittellosen weiblichen Arbeitskräfte der unteren Stände, die jährlich zu Tausenden aus der Provinz in die Städte strömten und für Billiglöhne oft unter menschenunwürdigen Bedingungen in Fabriken und Haushalten arbeiteten, fordert Fanny Lewald *„die Einrichtung von Frauen-Hotels, Mägdeherbergen, Speiselokalen, von Asylen (...), sowie Kranken- und Altersversicherung"* (4). In ihrem Begleitschreiben an das Fürstenpaar spricht sie dann noch eine besonders heikle Angelegenheit an, von der sie selbst bei Aufenthalten in Weimar mehrfach unmittelbar betroffen ist und die auch Persönlichkeiten wie Franz Liszt schon unangenehm aufgefallen ist: *„Wie ist es zu erklären, Köngliche Hoheit, daß Sie am Hofe zu Weimar noch heute der Künstlerin den freien Zutritt versagen, den Sie dem Manne gewähren – daß Sie ihn ihr versagen ohne allen Grund, als weil sie eine Frau ist? Sie empfangen den bürgerlichen S c h r i f t s t e l l e r und halten es nicht für angemessen, der bürgerlichen S c h r i f t s t e l l e r i n den gleichen Vorzug einzuräumen?"* (5) Aktueller Anlaß für diese Beschwerde: bei den Weimarer Shakespearetagen im April 1864 ist ihr Gatte Adolf Stahr mit Selbstverständlichkeit zum

Diner beim Großherzog eingeladen worden, sie selbst aber nicht. Mit dem Verweis auf ihre inzwischen europaweite Wertschätzung und Berühmtheit als Schriftstellerin stellt sie nüchtern und gleichermaßen empört fest: *„Unter all den Männern, die zur Shakespearefeier geladen und zusammengekommen, (...) war keiner – ich darf dies voll sicherem Bewußtsein sagen – mir geistig oder an Tüchtigkeit des Charakters überlegen."* (6)

Doch damit sie die Großfürstin überhaupt sprechen darf, muß als Vorwand die Betrachtung von Kunstwerken erfunden werden, was Fanny sofort entlarvt und sagt, sie wolle lieber *„mit der Großherzogin über Frauenerziehung sprechen"*. (7) Fannys direkter Kritik aus persönlicher Betroffenheit vermag der Fürst zwar meist nur mit verlegenen Entschuldigungen zu begegnen, ihre streitbaren Schriften jedoch, wie z. B. die nach den „Osterbriefen" noch erschienenen „Vierzehn Briefe – Für und wider die Frauen" (1870), schlagen sich durch Sophies und Carl Alexanders Auseinandersetzung damit letztlich sogar in der thüringischen Bildungspolitik nieder. Im siebenten Brief vom 8. Mai 1869 schreibt Fanny u. a.: *„Man sagt uns, unser Wissen sei oberflächlich, und man hat vollkommen Recht – aber die Art, in der wir in den ‚höheren Töchterschulen'* (der bloße Titel ist schon eine Abgeschmacktheit) *unterrichtet* *werden, ist darauf angelegt, uns oberflächlich zu machen … Die vollständige Entwicklung und der dadurch allein mögliche freie Gebrauch der Fähigkeiten, das ist die wahre Emanzipation (…) des weiblichen Geschlechts …".* (8) In den 70er Jahren werden in den Schulen in Thüringen nach und nach auch einige Lehrerinnen eingestellt, was Carl Alexander Fanny stolz berichtet, doch zugleich dämpft er zu hohe Erwartungen mit einem Appell an Fannys Geduld: *„Die Wichtigkeit der Sache aber bedingt Umsicht und Vorsicht umso mehr die Eigenthümlichkeiten der thüringischen Volksstämme immer zunächst bei Einführung von Neuerungen zu berücksichtigen sind, dies aber verlangt immer Vorsicht und Zeit."* (9)

Fanny Lewalds souveräne Position, der liberale Sinn des Fürsten und beider vertrauter freundschaftlicher Umgang miteinander offenbaren sich am allermeisten in persönlichen Dingen: in den Anfangsjahren, wenn es um Fannys leidvollen Kampf geht, Adolf Stahr, den Mann, den sie liebt und mit dem sie über längere Phasen schon offen zusammenlebt, nach einem Jahrzehnt Scheidungsquerelen endlich heiraten zu können (sie tut es 1855), in späteren Jahren dann bei der Auseinandersetzung mit dem Tod von befreundeten Persönlichkeiten des öffentlichen Lebens oder nahen Angehörigen. Große Offenheit – bei durchaus konträren Positionen – besteht im Gedankenaustausch über literarische Neuerscheinungen, während die Begeisterung für Goethe, für die Werte, Werke und VertreterInnen der Weimarer Klassik und der italienischen Kunst und Kultur als nie versiegende Quelle gemeinsamen Gesprächsstoffes die Grundlage der geistigen Übereinstimmung bietet. Fanny Lewald hat 1845/46 während ihrer ersten großen Italienreise in der deutschen Künstlerkolonie in Rom Ottilie von Goethe und Adele Schopenhauer kennengelernt, während ihrer zweiten Italienreise in den 60er Jahren dann den Freiheitskämpfer Garibaldi, worüber sie jeweils mit Carl Alexander korrespondiert. Die Traditionsverbundenheit mit der Klassik als werterhaltende Lebenskonstante spiegelt sich vor allem in den Briefen der späten 80er Jahre, als beide sich zum einen, altersbedingt, zunehmend mit Gesundheitsproblemen herumplagen und zum anderen erleben müssen, wie sich die Gesellschaft um sie herum in einer Weise verändert, die ihren eigenen von einem bewahrend-humanistischen Bildungsideal und hohen geistigen Ansprüchen geprägten Lebenswerten immer weniger entspricht: *„Was man jetzt in der Kunst den Realismus nennt, nimmt Proportionen und Formen an, die furchtbar sind und verdrängt und verdreckt werden die Begriffe der Wahrheit, der Schönheit, der Pflicht die uns an alles Erhabene fesselte"* (10), schreibt Carl-Alexander und versichert sich im Rekurs auf das Goethesche Verständnis vom tätigen Leben des Wahlspruches und der Unterstützung der Freundin: *„Arbeiten und nicht Müde werden."* (11)

Fanny Lewald hat, wie ihr Tagebuch belegt, trotz zunehmender Beeinträchtigung durch ein schweres Asthma-Leiden bis in die letzten Lebensmonate mit wachem Geist die politischen Ereignisse der Zeit verfolgt und an neuen literarischen Projekten gearbeitet. Nach einem langen Winter auf dem Krankenbette verläßt sie auf Anraten ihres Arztes im Sommer 1889 wegen des ungünstigen Klimas noch einmal für ein paar Tage ihr Berliner Zuhause und reist nach Dresden, wo sie aber nach wenigen Wochen ihrem Leiden endgültig erliegt. Fanny Lewald stirbt als anerkannte und europaweit berühmte Persönlichkeit. Ihre Werke haben sich bis zuletzt großer Beliebtheit erfreut. Sie wird neben Adolf Stahr auf dem alten Wiesbadener Friedhof bestattet. um

---

Abb. S. 127 Fanny Lewald, Gemälde (Ausschnitt) von Elisabeth Baumann-Jerichau, Reproduktion aus: Fanny Lewald, Römisches Tagebuch 185/46, hrsg. von Heinrich Spiers, Leipzig 1927

Abb. S. 128 Gasthaus „Erbprinz", Stich, Herkunft unbekannt, undatiert

Abb. S. 130 Unterricht an einer höheren Mädchenschule, Chromolithogrphie, 19. Jahrhundert, in: Elke Kleinau, Claudia Opitz (Hrsg.), Geschichte der Mädchen- und Frauenbildung, Frankfurt, New York 1996, Band 2, S. 180

(1) Großherzog Carl Alexander und Fanny Lewald-Stahr in ihren Briefen 1848–1889, Rudolf Göhler (Hrsg.), Berlin 1932, Band 1, Brief von Fanny Lewald vom 20. Januar 1849, S. 11
(2) Ebenda, S. 4, Brief vom 17. Dezember 1848
(3) Ebenda, S. 8, Brief vom 24. Dezember 1848
(4) Fanny Lewald, Für und wider die Frauen, Neuauflage, hrsg. und eingeleitet von Ulrike Helmer, Frankfurt 1989, S. 7
(5) Großherzog Carl Alexander und Fanny Lewald-Stahr in ihren Briefen 1848–1889, Brief von Fanny Lewald vom 13. Mai 1864, S. 169
(6) Ebenda, S. 170
(7) Zitiert in: Angelika Pöthe, Carl Alexander, Mäzen in Weimars „Silberner Zeit", Köln-Weimar-Wien 1998, S. 130
(8) Fanny Lewald, Für und wider die Frauen, a.a.O., S. 144/145
(9) Großherzog Carl Alexander und Fanny Lewald-Stahr in ihren Briefen 1848–1889, a.a.O., Band 2, Brief von Carl Alexander vom 6. Januar 1875, S. 65
(10) Großherzog Carl Alexander und Fanny Lewald-Stahr in ihren Briefen 1848–1889, a.a.O., Band 2, Brief von Carl-Alexander vom 10. Februar 1889, S. 180
(11) Ebenda, zitiert von Carl Alexander im Brief vom 27. April 1889, S. 182

PAULINE VIARDOT-GARCIA (1821–1910)

In der 2. Hälfte des 19. Jahrhunderts findet sich in den Spielplänen des **Weimarer Hoftheaters** und in literarischen Werken der Zeit, die sich mit der Weimarer Kunstszene der Nachklassik auseinandersetzen, recht häufig der Name Pauline Garcia oder auch Viardot-Garcia im historischen Werk der Schriftstellerin Adelheid von Schorn (siehe dort) ebenso wie in den posthum veröffentlichten Briefzeugnissen der Sängerin Rosa von Milde (siehe dort). Die meist kurzen, aber stets von Anerkennung und hohem Lob gekennzeichneten Kommentare verweisen auf eine überragend begabte und zur damaligen Zeit offenbar weltberühmte Künstlerin und eröffnen uns die lohnende Spurensuche nach einer heute weitgehend Unbekannten. Mit Hilfe internationaler Musiklexika und Arbeiten feministischer Musikwissenschaftlerinnen führt diese Spurensuche vom Weimarer KünstlerInnenkreis um Liszt bald mitten hinein in die Hochburg europäischen Kulturlebens: nach Paris.

Die Sängerin, Komponistin und Musikpädagogin Pauline Viardot-Garcia stammt aus der berühmten Familie Garcia, einer spanisch-französischen Musikerinnen- und Musiker-‚Dynastie', die über mehrere Generationen und nach und nach auch über mehrere Länder verteilt das europäische Musikleben vom Ende des 18. bis zum Beginn des 20.

Jahrhunderts nachhaltig bereicherte, schließlich sogar mit einer eigenen, weltweit tradierten Unterrichtsmethode. Paulines Mutter, Joaquina Sitcher Garcia, war eine bekannte Sängerin, ihr Vater, Manuel Garcia, war einer der bedeutendsten Tenöre seiner Zeit, weltberühmt als Rossini-Interpret und genoß auch als Pädagoge internationale Anerkennung. Paulines Schwester Maria Felicita (1808 bis 1836), verh. Malibran, spätere Beriot, die schon als Mädchen gemeinsam mit dem Vater auf Tournee gegangen war (New York und Mailand), galt seit ihrem legendären Pariser Gala-Auftritt im Jahr 1828 bis zu ihrem plötzlichen frühen Tod ihrerseits als die größte Rossini-Interpretin und als ebenbürtige Rivalin der berühmten Henriette Sonntag. Der Bruder, Manuel Patricio Rodriguez (1805–1906), der gleichfalls beim Vater studiert hatte, begann zunächst eine internationale Karriere als Bassist. Er wechselte dann 1829 ins pädagogische Fach und wurde schließlich zu einem der bedeutendsten Gesangspädagogen des 19. Jahrhunderts. 1840/47 veröffentlichte er in Paris ein umfangreiches zweiteiliges Grundlagenwerk für den Unterricht („Traité complet de l'art du chant"), 1855 erfand er den Kehlkopfspiegel. Die Garcia-Unterrichtsmethode faßte, u. a. durch Garcias berühmten Schüler Feodor von Milde, auch in Weimar Fuß. Garcia unterrichtete fast 50 Jahre, bis zu seinem 90. Lebensjahr, an der Royal Academie in London. Eine seiner berühmtesten Schülerinnen war Jenny Lind (siehe dort), die „schwedische Nachtigall", die auch häufiger, zunächst in Zusammenarbeit mit Hummel, dann mit Liszt, in Weimar gastierte.

Michelle Ferdinande Pauline Garcia, 1821 in Paris geboren, wird später mindestens ebenso berühmt wie ihr Bruder. Sie wendet sich, nach dem Tod des Vaters ab ihrem 11. Lebensjahr von der Mutter im Fach Gesang weiterunterrichtet, erst einmal einer Laufbahn als Pianistin zu. Schon früh hat sie während der Auslandsaufenthalte der Familie die Gelegenheit dazu erhalten, bei international anerkannten Lehrkräften Unterricht zu nehmen. Bereits als Fünfjährige bekommt sie beispielsweise in New York Klavierstunden bei Vega. Später wird Liszt ihr Klavier- und möglicherweise auch Kompositionslehrer, bei Reicha lernt sie Harmonielehre und Kontrapunkt. Nach dem Tod ihrer Schwester im Jahr 1836 aber übernimmt sie, gerade 15jährig, deren Nachfolge als Sängerin. Nur ein Jahr später, 1837, debütiert sie in Brüssel *„... und erregt durch ihren Stimmumfang und ihre musikalische Vielseitigkeit auch in eigenen Kompositionen großes Aufsehen."* (1) Es folgen weitere Konzerte in Belgien, England, Deutschland und Frankreich. *„1839/40 gastiert sie am Théatre Italien in Paris."* (2) Im Jahr 1840 heiratet sie den Direktor des Theaters, den 21 Jahre älteren Schriftsteller Louis Viardot. Ihr Haus wird nun, ganz gemäß der Tradition der Pariser Salonkultur, zu einem offenen Zentrum künstlerischen und intellektuellen Austausches. Die Malerei, mit Ingres oder Delacroix, und die Literatur, mit Hugo, Dickens, Heine, George Sand, Alfred de Musset, sind dort ebenso vertreten wie die europäische Musikszene der Zeit, zu der u. a. Chopin, Liszt, Berlioz, Rubinstein, Tschaikowsky und Mendelssohn gehören. Eine außergewöhnliche Freund-

schaft verbindet Pauline Viardot mit der damals schon berühmten Schriftstellerin George Sand, die die 17 Jahre jüngere Künstlerin als ihre ‚Wahltochter' besonders ins Herz geschlossen hat, häufig zu Privataufführungen einlädt und ihr mit der genialen Romanheldin „Consuelo“ schon zu Lebzeiten ein Denkmal setzt. Der erhaltene Briefwechsel dokumentiert nicht nur die Innigkeit dieser Beziehung, sondern auch die Anziehungskraft, die beide und insbesonders Pauline generell auf andere Menschen ausgeübt haben müssen. So schreibt George Sand am 1. Dezember 1847 u. a. an sie: *„Meine geliebte Tochter, ich habe Sie immer bewundert und zärtlich geliebt, das ist ein ganz natürliches Gefühl meiner Seele, eine Regung, die ich nicht unterdrücken kann und die Sie in jedem Menschen wecken müssen, der für das Schöne und Gute aufgeschlossen ist. Bei Ihnen stoße ich auf mehr Verständnis für meine Bemühungen und auf mehr spontane Zuneigung als bei denen, die mir ihr Leben verdanken. ... Ich weiß, daß Sie mich in Ihren Armen auffangen würden, falls ich ins Unglück stürzen sollte (...).“* (3)
Gleich nach der Heirat hat Viardot seinen Posten in andere Hände gegeben, um die junge Sängerin fördern und auf weiteren Tourneen begleiten zu können. Diese wird nicht, wie ihre Schwester, zur weltberühmten Diva der italienischen Oper, sondern sie realisiert in ihrer künstlerischen Arbeit einen eher kosmopolitischen Ansatz. Bald spricht sie fünf Sprachen und vertieft sich dazu in die spezifischen kulturellen Eigenheiten und in die musikalische Ausdruckswelt des jeweiligen Landes, in dem sie lebt und arbeitet. Italienische Volkslieder, spanische Volkstänze, französische Salonmusik, russische Märchenstücke und deutsche Kunstlieder werden zu ihren musikalischen, russische und deutsche Dichtungen zu ihren sprachlichen Inspirationsquellen. Oft tritt der Klavierpart gleichwertig neben den des Gesangs, insbesondere bei ihren Vertonungen der Gedichte von Goethe, Mörike, Puschkin und Turgenjew. Den Schriftsteller Iwan Turgenjew hat Pauline Viardot-Garcia im Jahr 1843 bei ihrem ersten Rußlandaufenthalt als Gastsängerin an der Oper in Petersburg kennengelernt – sie ist übrigens die erste Ausländerin, die russische Opernrollen in russischer Sprache zu Gehör bringt, und eine wichtige Vermittlerin russischer Musik –, und zwischen beiden entwickelt sich eine langjährige tiefe Beziehung. Turgenjew verbringt den größtenTeil seines weiteren Lebens, und das sind rund 40 Jahre, mit der Künstlerin. Er inspiriert sie mit seinen Dichtungen, unterstützt sie maßgeblich bei der Herausgabe einer Reihe von Werksammlungen, berät bei Textarrangements und Übersetzungsfragen, verfaßt Libretti für einige ihrer Opern, und: er lebt stets in ihrer Nähe.
Seit ihrem Debüt als Sängerin und darstellende Künstlerin besticht Pauline Viardot-Garcia, das ist in zeitgenössischen Kritiken zu lesen, immer wieder durch ihren Stimmumfang. Sie ist Mezzosopranistin, beherrscht als junge Sängerin aber zunächst auch extrem hohe Sopranpartien und erschließt sich dann mit zunehmendem Alter die Contra-Alt-Lage. Vor allem wird sie berühmt durch ihre überragende geistige Ausstrahlung und hohe Kultur

der Gestaltung. Tatsächlich hat sie wohl, so steht es in mehreren Lexika, dem Fach Gesang in jener Zeit weltweit zu einer Steigerung des Ansehens verholfen. Beschert ihr schon 1849 in der Pariser Oper die eigens für sie verfaßte und von ihr selbst mit auskomponierte Rolle als Fidès in Meyerbeers „La prophete" einen Riesenerfolg, so erreicht sie mit der Titelrolle in der von Berlioz 1859 in Paris neu herausgegebenen Gluck-Oper „Orfeo" den Höhepunkt ihrer Karriere. Innerhalb von drei Jahren steht sie über 150mal als Orpheus auf der Bühne. Die Fachwelt ist sich darüber einig, daß sie in dieser Rolle einzig ist. Einer ihrer größten Bewunderer ist Berlioz selbst, der über sie schreibt: *„Ihr Talent ist so umfassend, so vielseitig, es berührt so viele Aspekte der Kunst und vereint so viel Wissen mit einer so hinreißenden Spontaneität, daß es im selben Augenblick Staunen und zugleich tiefes Gefühl hervorruft; es überrascht und bewegt, es fordert heraus, und es überzeugt."* (4)

Nach diesem Gipfel des Erfolges zieht sich die Künstlerin Anfang der 60er Jahre von der ganz großen Bühnenkarriere zurück. Im Jahr 1863 läßt sie sich mit ihrer Familie und, Tür an Tür mit dem Freund Turgenjew, in Baden-Baden nieder. In ihrem Garten richtet sie ein kleines Opernhaus ein, in dem sie *„... mit ihren Schülern und Kindern eigene Bühnenwerke vor der internationalen Baden-Badener Gesellschaft"* (5) aufführt. Sie dehnt ihre Lehrtätigkeit weiter aus und führt darin die Garcia-Methode fort. Erfolgreich bildet sie nun bereits ihre eigenen Kinder aus. Die älteste ihrer drei Töchter, Louise Pauline Marie, – zu diesem Zeitpunkt schon 22 Jahre alt, steht ihrerseits am Beginn einer hoffnungsvollen Karriere als Sängerin (Contra-Alt), Komponistin und Gesangspädagogin, und der Sohn Paul Louis Joachim (1857–1941), der später als Geiger, Dirigent, Musiktheoretiker und Komponist bekannt werden wird („Histoire de la musique", Paris 1905), wirkt schon als Sechsjähriger an den Baden-Badener Opernaufführungen mit.

Mit ihrer Darstellunskunst hat Pauline Viardot-Garcia eine ganze Reihe von KomponistInnen, wie Chopin, Berlioz, Meyerbeer, Saint-Saens, Brahms, Clara und Robert Schumann, Liszt und Wagner inspiriert und an der Ausgestaltung von für sie komponierten Rollen häufig selbst als Komponistin mitgewirkt. Zu ihrem eigenständigen kompositorischen Werk gehören neben Opern und Operetten (6) auch Chor-, Klavier- und Kammermusiken und die rund 200 zwischen 1841 und 1905 geschaffenen Lieder, die von den anderen großen Komponisten der Zeit sehr bewundert worden sind. Im Bereich der Vokalwerke liegt der Schwerpunkt auf Vertonungen für die weibliche Stimme, deutlich orientiert an Viardot-Garcias eigenen umfassenden Möglichkeiten als Mezzo-Sopranistin. Insbesondere ihre Transkriptionen von Chopin-Mazurken und Schubert-Walzern für Stimme und Klavier sind zu ihren Lebzeiten gerühmt worden.

In der Badener Zeit lädt Pauline Viardot-Garcia mehrfach befreundete KünstlerInnen aus Weimar als Mitwirkende zu ihren Veranstaltungen ein. Da wird ohne Rücksicht auf gesellschaftliche Etikette, finanzielle und politische Grenzen, aber mit umso größerer Ausgelassenheit, Freiheit und Kreativität komponiert, improvisiert, rezitiert, diskutiert und gefeiert. Eine anschauliche Beschreibung des künstlerischen Treibens liefert der Sänger Feodor von Milde in drei Briefen, die er im August 1869 von seinem Gastspielaufenthalt in Baden-Baden nach Weimar an seine Gattin, die Sängerin Rosa von Milde (siehe dort) schickt. Der entscheidende Satz darin lautet, kurz und prägnant: *„Das eigentliche Baden-Baden besteht für mich in Madame Viardot ...“* (7).

Pauline Viardot-Garcia kommt ihrerseits in jenen Jahren häufig mit ihrer Familie und stets in Begleitung Turgenjews mehrmals für einige Monate nach Weimar. Sie wohnt dann mit diesem für gewöhnlich im **„Russischen Hof“**. Das um 1800 erbaute Hotel, das zunächst den Namen „Alexanderhof“ trug, ist im 19. Jahrhundert ein bevorzugter Treffpunkt von KünstlerInnen und Intellektuellen: 1841 haben

schon Clara und Robert Schumann dort logiert und als prominentesten Besucher Franz Liszt empfangen. 1854 wird Liszt dort gemeinsam mit Hoffmann von Fallersleben den oppositionellen „Neu-Weimarer Verein“ gründen. Pauline Viardot-Garcia unternimmt von ihrer Weimarer ‚Residenz‘ aus zahlreiche Besuche in die Kunstszene der Stadt. Dabei ist sie nicht nur bei Franz Liszt zu Gast, sondern auch bei Hans und Ingeborg von Bronsart (siehe dort) und Rosa und Feodor von Milde. Außerdem wirkt sie, von Publikum und Fachwelt immer noch bewundert, ja bejubelt, als Gastsängerin an Aufführungen bei Hof, am Theater und in privaten Salons mit. Über einen Abend mit ihr im Musiksalon von Emilie Merian-Genast (siehe dort) schreibt Rosa von Milde an ihren Freund Hemsen im Brief vom 24. Februar 1869: *„Ich brauche Ihnen nicht zu schildern, wer Madame Viardot ist, ihr Ruhm erfüllt die Welt. Daß sie ohne Stimme – über 50 Jahre alt* (sie ist erst 48 Jahre alt; Anm. d. Hrsg.) – *noch so hinreißend zu singen versteht, daß man den Anspruch an Wohlklang ganz vergißt, nimmt von der berühmten Gesangmeisterin nicht Wunder. Sie malt, dichtet, spielt entzückend Clavier, spricht fünf Sprachen geläufig, componiert! In letzterer Beziehung, als Componistin, war sie hier; man wird eine Märchenoperette von ihr für häuslichen Gebrauch, auf einen Text von Turgenjew componiert, für den 8. April einstudieren. Sie brachte die ganze Tasche voller Lieder mit, deren einige wir auch gesungen haben. Sie hat viele Texte von Mörike komponiert, dessen ich bei der Gelegenheit gern wieder dachte. Urtheilen Sie selbst, ob man ihr nicht huldigen muß?“* (8)

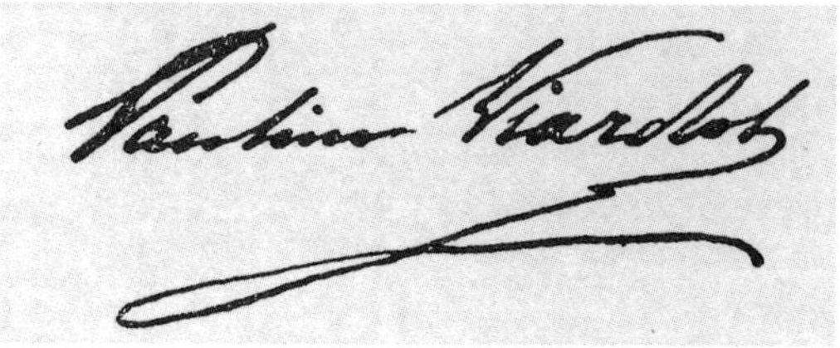

Adelheid von Schorn und Franz von Milde erwähnen Aufführungen und Besuche in den Jahren 1858 (als Norma in der gleichnamigen Bellini-Oper und als Rosine in Rossinis „Barbier von Sevilla“), 1864 (Hofkonzert), 1869 (Aufführung der eigenen Märchenoper „Der letzte Zauberer“, Text von Turgenjew, Übersetzung von Cornelius) und 1870 (zum Musikfest, dort u. a. mit Glucks „Orpheus“, als Klytemnestra in Glucks „Iphigenie“, als Fides in Meyerbeers „Prophet“ und zu den Konzerten des Musikvereins mit dem Vortrag eigener Lied-Kompositionen).

Zu Ruhm und Ansehen gelangt in Weimar rund ein Jahrzehnt später, im Jahr 1879, auch die schon erwähnte Tochter Louise Pauline Marie, verh. Héritte (geb. 1841 in Paris, gest. 1918 in Heidelberg) mit der Erstaufführung ihrer komischen Oper „Lindoro“ am Weimarer Hoftheater. Als Musikerin hat sie zu dieser Zeit in Europa längst einen Namen: 1880 bringt sie in Stockholm ihre Kantate „Das Bacchusfest“ zur Aufführung, 1911 gibt sie in London ihre „Memories and Adventures“ heraus. (9)

Nachdem Pauline Viardot-Garcia gezwungen ist, wegen des deutsch-französischen Krieges im Jahr 1870 ihren Musensitz in Baden-Baden aufzugeben, und sie die Sommerzeit mit Turgenjew noch in Weimar zugebracht hat, verlegt sie ihren Hauptwohnsitz wieder nach Paris. Inzwischen ist sie nicht nur mit nahezu allen namhaften VertreterInnen der europäischen Musikwelt bekannt, sondern betätigt sich auch als Förderin junger Kompositionstalente wie Gounod, Massenet, Fauré und Brahms, dessen berühmte Alt-Rhapsodie sie in ersten Aufführungen bekanntmacht. Mit Clara Schumann, die von ihr gesagt hat, sie sei die begabteste Frau, die sie jemals im Leben getroffen habe, verbindet sie eine lebenslange Freundschaft.

Pauline Viardot-Garcia bleibt mit größter Selbstverständlichkeit bis zu ihrem Lebensende künstlerisch und intellektuell aktiv. Im Alter von 77 Jahren soll sie, rückblickend, ihr so überaus bewegtes und reiches Leben als *„ruhig und ereignisarm"* [10] bezeichnet haben! um

---

Abb. S. 132 Pauline Viardot-Garcia als Orphée, Lithographie von Pietsch, ohne weitere Angaben, in: George Sand, Leben und Werk in Text und Bildern, Frankfurt am Main 1987, S. 143

Abb. S. 135 Titelblatt eines Unterrichtswerkes von Pauline Viardot Garcia

Abb. S. 136 Aufgang zu Altenburg, Foto Louis Held in: La Mara, Aus der Glanzzeit der Weimarer Altenburg, Leipzig 1906

Abb. S. 137 Unterschrift Pauline Viardot-Garcia, abgebildet in: La Mara, Aus der Glanzzeit der Weimarer Altenburg, a.a.O. S. 353

[1] Das neue Lexikon der Musik, Stuttgart, Weimar 1996, Bd. 4, S. 181

[2] Komponistinnen von A bis Z, von Antje Olivier und Karin Weingartz-Perschel, Düsseldorf 1988, S. 339

[3] George Sand, Nimm Deinen Mut in beide Hände, Briefe, übersetzt und herausgegeben von Annedore Haberl, München 1990, S. 241, Brief vom 1. Dezember 1847

[4] Pauline Viardot-Garcia, Twelve Lieder, ed. by Catherine Sentman Anderson, Bryn Mawr. 1994, Zitat aus dem englischsprachigen Vorwort, von der Autorin des Artikels, Ulrike Müller, ins Deutsche übersetzt

[5] Das neue Lexikon der Musik, a.a.O. S. 18

[6] Die wichtigsten Bühnenwerke sind: „Trop des Femmes" (1867; Text von Iwan Turgenjew), „L'Orge" (1868), „Le dernier sorcier" (1869), „Conte de fèes"(Operette), „Au Japon" (Pantomime), „Cendrillon" (1904), „Phèdre et Atholie", „Andromaque"

[7] Ein ideales Künstlerpaar, Rosa und Feodor von Milde in ihren Briefen, hrsg. von Franz von Milde, Leipzig 1918, Band 2, S. 30, Brief vom 9. August 1869

[8] Ein ideales Künstlerpaar, a.a.O., Band 2, S. 21

[9] Vgl. Lexikonartikel über Louise Pauline Marie Héritte-Viardot in: Komponistinnen von A bis Z, a.a.O., S. 151

[10] Siehe Anm. 4

FÜRSTIN CAROLYNE von SAYN-WITTGENSTEIN (1819–1887)

Als Carolyne von Iwanowski, einziges Kind reich begüterter Eltern, am 26. April 1836 dem sieben Jahre älteren Fürsten von Sayn-Wittgenstein, Rittmeister in russischen Diensten und Hofadjutant des Gouverneurs von Kiew, ihr Ja-Wort gibt, bekommt sie vom Vater, der ihr diese Ehe befohlen hat, eine schallende Ohrfeige. Die hat sie sich von ihm erbeten, denn einem alten polnischen Rechtsbrauch zufolge dokumentiert eine derartige Züchtigung, daß die Ehe erzwungen wurde, und kann eine später eventuell gewünschte Scheidung begründen. Carolyne ist zu diesem Zeitpunkt gerade erst siebzehn. In den letzten Jahren hat sie in Begleitung der überaus lebenslustigen Mutter, die seit langem von ihrem Mann getrennt lebt, halb Europa bereist. Wo auch immer das aparte Mädchen erscheint, wird sie ob ihres raschen originellen Verstandes, den temperamentvollen Diskussionsbeiträgen, mit denen sie die geistige Szenerie beflügelt, zum auserkorenen Liebling der adligen Gesellschaft, und sie gewöhnt sich schnell an diese Rolle.

Das Zusammenleben mit ihrem Vater, dem sie sehr zugetan ist, kann im Vergleich dazu kontrastreicher nicht gedacht werden: Peter Iwanowski, der zurückgezogen auf einem seiner Güter lebt und neben seinen Verwalterpflichten mit Leidenschaft philosophischen und naturwissenschaftlichen Studien nachgeht, braucht Carolyne als geistiges Gegenüber. So wird es dem jungen Mädchen bald zur Gewohnheit, nächtelang an geistigen Ausflügen des Vaters teilzunehmen. Um munter zu bleiben, gewöhnt sie sich, auch darin dem bewunderten Vorbild nacheifernd, das Rauchen schwerer Zigarren an, und sie wird auch später öfters zigarrenrauchend inmitten einer noblen Gesellschaft anzutreffen sein. Der vertrauensvolle Umgang zwischen Vater und Tochter verhindert allerdings nicht das Unleidliche: Carolyne wird zwangsverheiratet. Das junge Fürstenpaar zieht nach Woronince, einem Gut, zwischen Kiew und Odessa gelegen, das der Vater Carolyne als Hochzeitsgabe übereignet hat. Dort bringt sie 1837 Marie, ihr einziges Kind, zur Welt. Der Obhut von Amme und Gouvernante überlassen wächst die Tochter heran, während Carolyne ihrer alten Leidenschaft frönt und, die Nacht zum Tage machend, wissenschaftliche Studien betreibt. In der Abgeschiedenheit von Woronince vertieft sich die junge Frau in die Schriften von Fichte, Schelling und Hegel. Sie studiert den Talmud, begeistert sich an Dante, schreibt eine Rezension zu Goethes „Faust". Ein Streifzug zu Pferde über die nicht endenwollende podolische Steppe die vor der Haustür beginnt, eine Kahnfahrt zu der kleinen Insel im See, das sind die einzigen Abwechslungen in der Einförmigkeit des Alltags. Den Fürsten, dem ihr rastloser Wissensdurst unheimlich ist, vermißt sie nicht, wenn er sich in Woronince mehr und mehr rar macht. Haus und Garten, prächtig herausgeputzt, sehen selten Gäste, vor allem solche, die ihr, geistig ebenbürtig, den so bitter entbehrten Gedankenaustausch ermöglichen. So vergehen zehn eintönige Ehejahre, bis das Ereignis eintritt, das für die Fürstin schicksalsbestimmend wird: Die Begegnung mit Franz Liszt am 2. Februar 1847.

Sie trifft den von der gebildeten europäischen Elite vergötterten ungarischen Komponisten auf einem Wohltätigkeitskonzert. Hingerissen lauscht sie seinem Spiel, und als er sie anschließend aufsucht, um sich für ihre großzügige Spende von 100 Rubel zu bedanken, wird auch sie von dem besonderen Zauber erfaßt, der von seiner Persönlichkeit ausgeht. Von diesem Tag an beschäftigt sie nur ein Gedanke: wie es ihr gelingen könnte, ihn wiederzusehen. Zu ihrer großen Freude sagt er zu, als sie ihn nach Woronince einlädt. Sie kommen einander näher; er erwidert ihre Zuneigung. Eine weitere Begegnung in Odessa bestärkt beide in dem Wunsch, das Leben miteinander zu verbringen. Als Liszt die Fürstin, diesmal für mehrere Wochen, besucht, erfährt sie von seinen kompositorischen Plänen. Von der romantischen Vorstellung beseelt, seine Muse zu werden und ihm bei der Verwirklichung seiner schöpferischen Ideen zu helfen, beschließt Carolyne daraufhin die Flucht aus den Fesseln der Ehe. Im April 1848 verläßt sie Rußland zusammen mit ihrer Tochter Marie, deren Erzieherin und einer Kammerfrau. Sie begibt sich auf Reisen unter dem Vorwand, eine Kur in Karlsbad antreten zu wollen: in der Tasche 1 Million Rubel – der Erlös aus dem Verkauf eines Gutes, das ihrem Mann gehört und Kompensation für das in die Ehe eingebrachte Vermögen. Parallel dazu reicht sie die Scheidungsklage ein und erklärt in Briefen an ihren Gatten und dessen Mutter, daß sie gewillt sei, von nun an mit Liszt zusammenzuleben. Glücklich passiert sie die russische Grenze, im Gewand die Zeilen, die Liszt ihr zuletzt geschrieben hat: *„O, daß ich Sie wiedersehe, denn alles nur, Herz und Seele, Glaube und Hoffnung, lebt nur in Ihnen, durch Sie und für Sie. Möge Gottes Engel Sie geleiten, Sie meines Lebens strahlender Morgenstern!".* (1) In Schlesien, auf dem Gut eines Freundes, feiern beide ihr Wiedersehen, Zukunftspläne werden geschmiedet.

Die umsichgreifende 48er Revolution macht Europa unsicher und läßt es Carolyne geraten erscheinen, nach Weimar zu ziehen und sich unter den Schutz der Gattin des Großherzogs Carl Friedrich, der Großfürstin Maria Pawlowna, einer Schwester des Zaren Nikolaus, zu begeben. Zudem ist die Großfürstin Liszt, der seit sechs Jahren in der Residenzstadt das Amt des Hofkapellmeisters „in außerordentlichen Diensten" versieht, sehr gewogen. Als standesgemäßes Domizil vorerst nur für Fürstin und Tochter gedacht und um die Zeit bis zur sehnlich erwarteten Scheidung zu überbrücken, bietet sich dort ein herrschaftliches Haus an: **die Altenburg (heute in der Jenaer Straße 3).** Sie steht hoch über der Stadt auf einer fichtenumsäumten Waldwiese. Von dort aus schaut man weit über das Tal mit dem kleinen Fluß bis hinüber zum Schloß; von fern grüßt der Ettersberg. Eine breite Auffahrt, die alte Jenaer Poststraße, führt zum schmalen, von zwei Pilastern begrenzten Portal. Für Gäste, die sich Zeit nehmen wollen, gibt es einen Treppensteig durch's Gehölz. Der Vater der Schriftstellerin Amalie Winter (siehe dort), Friedrich von Seebach, Oberstallmeister des Großherzogs Carl August, hat die Altenburg für sich und seine Familie erbauen lassen. Mehr breit als hoch, von einem flachen Schieferdach gekrönt, erhält die vordere Front ihre Prägung durch drei Fensterreihen, das Mittelfenster größer als die übrigen und von zwei schmalen Flügeln eingerahmt, verstärkt den klaren klassischen Charakter des Gebäudes, das *„... in dem typischen Gelb der weimarischen Häuser"* (2) überaus anziehend wirkt. In den ersten Stock ziehen Carolyne und Marie ein, und in dessen schönsten und größten Raum wird, wie sollte es anders sein, die inzwischen eingetroffene fürstliche Bibliothek untergebracht. Für Liszt, der nach Jahresfrist zu ihnen zieht, richtet die Fürstin in der Gartenstille des Seitenflügels ein Schlafzimmer ein, daneben das später durch ihre Werke, die darin entstanden sind, berühmt gewordene „chambre blue", ihrer beider Arbeitszimmer. Parterre und zweiter Stock sind für die Gäste und für gesellige Veranstaltungen vorgesehen. Hier entsteht in den kommenden Jahren ein bedeutendes Zentrum europäischen Kunst- und Geisteslebens. Die *„Glanzzeit der Altenburg"* (3) wird auch die fruchtbarste, schaffensreichste Zeit für Franz Liszt. In ihren Mauern entstehen seine 12 sinfonischen Dichtungen, die Faust- und die Dantesinfonie, Konzerte und Sonaten für Klavier. Mit der Graner Messe und Entwürfen zu mehreren oratorischen Messen betritt er, von der Fürstin stark beeinflußt, zum erstenmal sakrales Terrain. Für Carolyne ist es nicht nur die

Begeisterung für Liszts neuen Weg als Komponist, die sie dazu bringt, den Geliebten immer wieder anzuspornen: die enge Zusammenarbeit ist ihr eine Herzenssache. Im Arbeitszimmer stehen ihre Schreibtische nah beieinander. In der gemeinsamen Arbeit entstehen so die von Liszt als Autor gezeichneten literarischen Schriften zum modernen Musikverständnis. Doch es fragt sich letzten Endes *„... wer den größeren Anteil an den Arbeiten des Künstlers hat. Die beiden Menschen waren sich geistig so ebenbürtig, daß keiner von dem anderen zu empfangen brauchte – sie begeisterten sich gegenseitig."* (4)

Indessen stagniert die Scheidungsangelegenheit, obwohl die Fürstin sie von Weimar aus mit Energie betreibt. Zar Nikolaus ist 1855 gestorben; er hatte das heikle Problem nicht thematisiert, um seiner Schwester Schwierigkeiten zu ersparen. Sein Neffe und Nachfolger, Alexander II. kennt keine solchen Rücksichten. Er fordert – ganz im Sinne der Staatsräson – die *„Untertanin"* Carolyne von Sayn-Wittgenstein auf, zwecks gütlicher Einigung unverzüglich zu ihrem Gatten zurückzukehren. Diese lehnt das Ansinnen ab. Sie befürchtet, daß ihr die Rückreise verweigert wird. Mehr noch: sie hat begründete Angst vor einer Deportation, falls sie sich widerspenstig zeigt. Rußland reagiert mit dem ‚Bannstrahl': die vom Vater geerbten Güter werden konfisziert, das Vermögen der Tochter übertragen und sie selbst unter Vormundschaft gestellt. Fürst von Wittgenstein, der 1855 selbst nach Weimar kommt, will sich seinerseits wieder verheiraten. Er verlangt die Scheidung, und da er protestantisch

ist, steht dem nichts im Wege. Außerdem fordert er ein Siebtel ihres Vermögens und verfügt, um den guten Sitten Genüge zu tun, daß die 16jährige Marie von nun an am Weimarer Hofe erzogen werden soll. Carolyne gehorcht widerstrebend, und es ist verständlich, daß seine Anordnung von Mutter und Tochter bei jeder sich bietenden Gelegenheit unterlaufen wird, was wiederum zu weiteren unerquicklichen Auseinandersetzungen zwischen den Eltern führt. Zudem verweigert die katholische Kirche Carolyne immer noch die Scheidung. Das geschieht vor allem deswegen, weil die Wittgensteins, denen daran gelegen ist, daß die Fürstin für ihren Ausbruch aus der Ehe büßt, ihren Einfluß geltend machen. Für die Fürstin gestaltet sich nun das Leben außerhalb der Mauern der Altenburg immer unerfreulicher. Der Hof darf sie als Verbannte nicht mehr empfangen. Auch im Theater und bei allen anderen öffentlichen Anlässen wird sie ‚geschnitten', allem voran von der ‚Hofclique' und der bürgerlichen ‚besseren Gesellschaft'. Man zeigt ihr, daß sie unerwünscht ist, indem man sich ‚auffällig-unauffällig' entfernt, sobald sie in Erscheinung tritt! Ein mit Häme bedachter Skandal bricht aus, als weimarische Geschäftsleute sie wegen einer ausstehenden Geldsumme öffentlich vorladen lassen, und noch peinlicher wird alles, als Hof und russische Gesandtschaft mit hineingezogen werden. Als Reaktion darauf und auf die Intrigen Dingelstedts, des Intendanten des Hoftheaters, denen Liszt mehr und mehr ausgesetzt ist, entwickelt sich auf der Altenburg eine kulturelle Gegenbewegung. Oppositionell und liberal Denkende, Frauen und Männer der Kunst und der Wissenschaft, ganz gleich, welchen Standes, versammeln sich dort. Es entsteht die *„... anregendste, geistvollste Geselligkeit, (...) die (...) sich um die gescheite und gelehrte Frau und den seltenen Künstler (...) schart."* (5)

Bei der Fürstin mehren sich Anzeichen einer tiefen Niedergeschlagenheit. Zwar können Häme und Gehässigkeit der ‚in dem Nest da unten' sie nicht sonderlich beeindrucken, doch ist es das eigene Gewissen, das sie warnend zu vernehmen glaubt. Es fordert: Tue Buße, denn als du deiner Leidenschaft folgtest, hast du das Sakrament der Ehe gebrochen und also eine Todsünde begangen! Carolyne ist eine überzeugte Katholikin. Sie weiß, das Sakrament der Ehe ist eigentlich unauflösbar. Trotzdem läßt sie für ihren Herzenswunsch, die Verbindung mit ihrem Geliebten zu legalisieren, nichts unversucht, um Rom zu einem Dispens zu bewegen. Selbstzweifel und innere Zerrissenheit Carolynes suchen sich ihren Weg als Flucht in eine *„ekstatische, verzweifelte Religiosität"* (6), und zugleich kann sie nicht genug Menschen um sich sammeln und Feste arrangieren, um die Gewissensstimme zu übertönen. Liszt leidet mit ihr. Er ist nach langen Gesprächen auch bereit, den Weg mitzugehen und sich noch enger an die Kirche zu binden. Schon zu diesem Zeitpunkt erwägt er, für immer einer religiösen Gemeinschaft beizutreten. Doch vor allem will er zu ihr halten, der Frau, die für ein Leben mit ihm alles aufgegeben, kirchliche und bürgerliche Gesetze mißachtet hat, als sie ihm folgte. *„‚Ich lerne von Ihnen, was Liebe ist,' hat ihr Liszt einmal gestanden."* (7)

Im Jahr 1859 überschlagen sich die Ereignisse: Ein Freund der Fürstin bietet sich an, für 70 000 Rubel beim Bischof in St. Petersburg die Einwilligung in die Scheidung zu beschaffen. Am 2. August verlobt sich ihre Tochter Marie mit Fürst Konstantin von Hohenlohe-Schillingfürst. Diese Verbindung wurde von der Mutter arrangiert und zielt darauf ab, durch Maries Einheirat in ein altes Adelsgeschlecht die eigene ‚gesellschaftliche Schieflage' zu korrigieren. Marie, die für den ihr zugedachten Gatten nichts empfindet, fügt sich letztlich dem Willen der Mutter, nicht ohne bittere Tränen zu vergießen. Sie heiratet am 15. Oktober und zieht aus Weimar fort. Am 13. Dezember stirbt, einundzwanzigjährig, Daniel, der einzige und heißgeliebte Sohn von Franz Liszt aus der Verbindung mit Marie d'Agoult, an einer Lungenentzündung. Im Jahr darauf, am 17. Mai 1860, verläßt die Fürstin Weimar: Das russische Konsistorium hat im Scheidungsprozeß zu ihren Gunsten entschieden, und sie reist nach Rom, um vom Vatikan die notwendige Bestätigung rascher zu bekommen. Sie wird nie mehr nach Weimar zurückkehren.

Nach vielem Hin und Her erhält sie am 22. September auch von Papst Pius IX. die Genehmigung – Carolyne ist nach 13 Jahren am Ziel! Doch dann trifft sie eine Entscheidung, die sich furchtbar rächen wird: Sie wartet mit der Hochzeit bis zum 22. Oktober 1861, Liszts 50. Geburtstag, um seinen Ehrentag mit ihrer beider feierlichen Vermählung zu krönen. Am 21. Oktober trifft Liszt in Rom ein und hält sich bereit. Da machen ein tragischer Zufall und die Bosheit ihrer Verwandtschaft alles zunichte: Ein Cousin der Fürstin, der ihrer Verbindung mit dem ‚Klavierspieler' ablehnend gegenübersteht, trifft kurz vorher ebenfalls in Rom ein. Er erfährt ganz nebenbei von der bevorstehenden Hochzeit und, seine engen Verbindungen zum Vatikan nutzend, erreicht er mit der Behauptung, Carolyne sei damals nicht zur Ehe mit Fürst Wittgenstein gezwungen worden, die Anordnung des Aufschubs der Hochzeit. Es sei eine erneute Prüfung der Scheidungsakte notwendig geworden! Die Anordnung wird Carolyne am Abend des 21. Oktober zugestellt.

Jetzt resigniert die Fürstin endgültig; sie läßt sich nicht auf die geforderte Akteneinsicht ein. In einem an ihre Freundin gerichteten Brief bemerkt sie dazu, daß sie *„... eine Art abergläubische Angst gepackt habe, dem Schicksal noch einen letzten Sieg zu entreißen."* (8) Auch als Fürst Nikolaus von Wittgenstein 1864 unerwartet früh stirbt und sie dadurch ihre vollständige Freiheit gewinnt, bleibt sie bei ihrem Verzicht (vermutlich, weil sie sich inzwischen in erster Linie zum Dienst an der Kirche berufen fühlt). Ihr einziges Lebensziel, wie sie es ausdrückt, ihr Glück, will sie nun der Kirche opfern. Und auch Liszt bringt sie dazu, daß er ihr zuliebe, wenigstens vorübergehend, in Rom bleibt, kirchenmusikalische Studien betreibt und schließlich 1865 die Weihen nimmt. Da hat er ebenfalls resigniert, und er schreibt am 21. Juni 1872 der geliebten Frau nicht ohne Bitterkeit: *„Das einzige Kapitel, das ich glühend gewünscht hätte, meiner Lebensgeschichte anzufügen, fehlt ihr ... Niemand hat mich danach zu fragen, Sie aber am wenigsten von allen."* (9)

Carolyne, die hofft, durch kirchenpolitische Beiträge ihrer Kirche nützlich zu sein, widmet sich in den Jahren, die ihr bis zum Tod bleiben, hingebungsvoll theologischen Studien. Bei ihrer schriftstellerischen Tätigkeit kehrt sie zu alten Woronincer Gewohnheiten zurück, die lebensnotwendigen Bedürfnisse, wie regelmäßiger Schlaf, geregelte Mahlzeiten als auch Bewegung an frischer Luft, der Arbeit am Text unterzuordnen, so daß sich ihr Tagesablauf gänzlich daran ausrichtet.

Reisen und geselliger Umgang werden nach und nach eingeschränkt und unterbleiben schließlich ganz. In den letzten Jahren geht die Fürstin nicht mehr aus dem Haus. Nur die schriftlichen Lebenszeichen und gelegentlichen Besuche der wenigen treuen Freundinnen und Freunde erhellen ihren Tag. Krankheiten bleiben nicht aus und machen das Leben zur Qual.

Am 31. Juli 1886 stirbt Franz Liszt, der Mittelpunkt ihres Lebens. Er hat sie zur Alleinerbin seines musikalischen Vermächtnisses bestimmt. Am 8. März 1887 nimmt ihr der Tod die Feder aus der Hand. Zu ihrer Totenfeier in „Santa Maria" del Popolo, am 12. März erklang, wie sie es sich gewünscht hatte, Liszts Requiem, und im deutschen Friedhof zur Seite der Peterskirche ward ihr das Grab bereitet. *„Da schläft sie in vatikanischer Erde"*. (10) es

---

Abb. S. 138 Fürstin Carolyne Sayn-Wittgenstein, nach einem Petersburger Daguerreotyp 1847 (Ausschnitt), aus: La Mara, Aus der Glanzzeit der Weimarer Altenburg, Leipzig 1906, S. 32

Abb. S. 141 Die Altenburg, Foto aus der Zeit der Jahrhundertwende, ohne nähere Angaben, in: La Mara (Hrsg.), Aus der Glanzzeit der Weimarer Altenburg, Leipzig 1906, Frontispiz

(1) La Mara, Aus der Glanzzeit der Weimarer Altenburg, Zitat aus Liszts Brief an die Fürstin, Bd. I Nr. 25, Leipzig 1906, S. 38 f

(2) Jutta Hecker, Die Altenburg, Weimar 1958, S. 31

(3) La Mara, Aus der Glanzzeit der Weimarer Altenburg, a.a.O.

(4) Adelheid von Schorn, Zwei Menschenalter, Stuttgart 1924, S. 74

(5) Adelheid von Schorn, Das nachklassiche Weimar, Zweiter Teil, Weimar 1912, S. 37

(6) Jutta Hecker, Die Altenburg, a.a.O., S. 137

(7) Ebenda

(8) Adelheid von Schorn, Zwei Menschenalter, a.a.O., S. 104

(9) La Mara, Aus der Glanzzeit der Weimarer Altenburg, Zitat aus Liszts Briefen an die Fürstin, Bd. III Nr. 59, 319, 323, a.a.O., S. 428

(10) La Mara, Aus der Glanzzeit der Weimarer Altenburg, a.a.O., S. 441

Weitere Literatur: Angelika Pöthe, Carl Alexander, Mäzen in Weimars „Silberner Zeit", Köln-Weimar-Wien 1998; Friedrich Preller, Eine Künstlerjugend, Weimar 1930; Eduard Genast, Aus Weimars klassischer und nachklassischer Zeit, Stuttgart, 3. Auflage, o.J.; Wanda von Puttkammer, Der Hof von Weimar, Berlin 1932

JENNY LIND (1820–1887)

Die in Schweden geborene Sopranistin Jenny Lind gilt als *„die phänomenalste Sängerin des 19. Jahrhunderts, bezaubernd durch den sympatischen, elegischen Klang ihrer herrlichen Sopranstimme, angestaunt ob ihrer Koloratur, ihres tadellosen Trillers, ihres Stakkato, ihrer unglaublichen Sprünge, bewundernswürdig wegen ihres Ausdrucks und geschmackvollen Vortrags"*. (1) Sie gastierte auch in Weimar und hinterließ dort sowohl als unbestrittene Meisterin ihres Fachs als auch als Persönlichkeit einen überwältigend positiven Eindruck mit nachhaltiger Wirkung auf die MusikerInnengeneration der Weimarer Liszt-Ära.

Die wichtigsten Stationen in Jenny Linds Künstlerinnenbiographie seien hier kurz wiedergegeben: Sie absolvierte zunächst ein Gesangstudium an der Stockholmer Opernschule und wurde mit ihrem Debüt als „Agathe" in Webers „Freischütz" am Stockholmer Hoftheater im Jahr 1838 schlagartig bekannt. Drei Jahre lang trat sie nun, bewundert und umjubelt, am Stockholmer Hoftheater auf. Die Ersparnisse aus eigener Lehrtätigkeit ermöglichten ihr schließlich, im Jahr 1841 unter dem Schutz einer schwedischen Familie nach Paris zu gehen, um dort – in größter Zurückgezogenheit und *„mit einem Fleiß, einer Energie und Ausdauer (…), welche wohl ebenso selten und bewundernswürdig waren als ihre künstlerische Begabung"* (2)

– ein halbes Jahr lang den Unterricht des weltberühmten Gesangspädagogen Manuel Garcia zu besuchen und intensiv dessen Methode zu studieren. Ab 1844 setzte sie ihre Laufbahn auf internationalen Bühnen fort. In Berlin lernte sie Deutsch, und hier begann auch ihr eigentlicher märchenhafter Aufstieg als „schwedische Nachtigall", der sie in fast alle Hauptstädte Europas führte. Einzig in Paris sang sie nie, da sie an der dortigen Oper nicht engagiert worden war. Ihre größten Triumphe feierte sie in England. Ihre beliebtesten Rollen waren: „Norma" in der gleichnamigen Oper von Bellini, „Amina" in der „Nachtwandlerin" und die „Regimentstochter" von Donizetti. 1849, im Alter von 29 Jahren, zog sie sich vom Opernfach zurück und wandte sich ausschließlich dem Konzert- und Oratoriengesang zu. Eine Tournée durch Amerika (1850–1852) brachte ihr eine Summe von 770 000 Franken ein, von der sie 500 000 Franken für wohltätige Zwecke nach Schweden spendete. Im Jahr 1852 heiratete sie den Pianisten Otto Goldschmidt (1829–1907). Der in Hamburg geborene Goldschmidt stammte aus einer weitverzweigten jüdischen Musikerfamilie und war Schüler von Chopin und Mendelssohn. Jenny Lind lebte mit ihm zunächst einige Jahre in Dresden und *„(…) dann in London, wo sie sich an der Leitung des von ihm geleiteten Bachchors beteiligte."* (3) Im Jahr 1870, 50jährig, hatte Jenny Lind ihren letzten öffentlichen Auftritt, und zwar auf dem Rheinischen Musikfest zu Düsseldorf, in der Titelrolle des von ihrem Mann komponierten Oratoriums „Ruth". Bereits seit 1856 hatte Jenny Lind ihren Hauptwohnsitz in England, wo sie schließlich im Jahr 1887 auch starb.

Die Glanzzeit der Karriere Jenny Linds zwischen 1844 und 1849 korrespondiert mit den Anfängen von Franz Liszts großer Weimarer Zeit (1841 erstes Klavierkonzert in Weimar, 1842 „Kapellmeister in außerordentlichen Diensten", 1844–1846 Dirigent mehrerer großer Konzerte in Weimar, 1848–1858 musikalischer Leiter der Hofkapelle und des Musiktheaters), doch ist Jenny Lind nicht durch Liszt nach Weimar gekommen. Bereits seit Hummels überaus erfolgreicher Hofkapellmeistertätigkeit der Jahre 1819–1837 – die Großfürstin Maria Pawlowna (siehe dort) hatte ihn gefördert und erwies sich zugleich als eine seiner talentiertesten Klavier- und Kompositionsschülerinnen – ist die Weimarer Bühne ein Anziehungspunkt für die europäische Theater- und Musikszene. Auch Wilhelmine Schröder-Devrient (1804–1860), die eine halbe Generation vor Jenny Lind als dramatische Sopranistin zu den erfolgreichsten Opernsängerinnen in Europa gehörte, ist mehrmals, triumphal gefeiert, am Hoftheater aufgetreten (1830, 1840, 1842 und 1843). Daß nun auch Jenny Lind nach Weimar kommt, ist vor allem dem Vermittlungsgeschick und den Beziehungen des großen Weimarer Hofschauspielers und Sängers Eduard Genast (1797–1867) zu verdanken, der seinerzeit auch schon die Auftritte der mit ihm befreundeten Wilhelmine Schröder-Devrient vermittelt hat. Genast, der zwischen 1833 und 1851 am Weimarer Theater als Opernregisseur tätig ist, reist – nach mehreren vergeblichen brieflichen Bemühungen – Ende 1845 im Auftrag des Weimarer Theaterintendanten von Spiegel nach Berlin, um Jenny Lind im persönlichen Gespräch für einen Auftritt zu gewinnen. Mit Unterstützung durch die mit beiden bekannte Charlotte Birch-Pfeiffer kommt es tatsächlich zu dem gewünschten Engagement. In seinen Erinnerungen schildert Eduard Genast seine erste Begegnung mit der Sängerin, als er diese verabredungsgemäß mit der Kutsche aus Berlin abholt: *„Am 21. Morgens sieben Uhr hielt ich meinen Wagen vor der Wohnung der ‚schwedischen Nachtigall' und brauchte keine Minute lang zu warten; die strenge Pünktlichkeit gehörte unter die vielen seltenen und trefflichen Eigenschaften, welche Jenny Lind schmückten. Daneben lernte ich auf der Reise (...) die einfache Natürlichkeit und den reinen edlen Sinn der hochgefeierten Sängerin kennen. Als Reiselektüre hatte sie Goethes ‚Geschwister' bei sich und erbat sich von mir die Erklärung einiger Stellen. Das gab mir Gelegenheit, ihr mancherlei von dem mitzuteilen, was ich wußte. Sie nahm daran das lebhafteste Interesse und erzählte mir darauf mit prunkloser Bescheidenheit von ihrem eigenen Leben und Bildungsgange."* (4)

Adelheid von Schorn (siehe dort) beschreibt im ersten Band ihrer Kulturchronik „Das nachklassische Weimar" die Weimarer Debüts und Erfolge bedeutender junger Künstlerinnen Mitte der 40er Jahre: die Auftritte der erst 17jährigen Opernsängerin Rosa Agthe (verh. von Milde, siehe dort) im Jahr 1845, das stürmisch gefeierte Gastkonzert zweier Violinspielerinnen, der Schwestern Terese und Maria Milanollo, im Januar 1846 und schließlich, im selben Monat, die Auftritte von Jenny Lind: *„Bald darauf erschien die ‚schwedische Nachtigall' Frau Jenny Lind in Weimar. Sie sang Ende Januar in ‚Norma' die Titelrolle, und ‚Amina' in der ‚Nachtwandlerin'. Sie war damals wohl die vortrefflichste Sängerin, sie übertraf auch die Schröder-Devrient, denn ihre Stimme war herrlich, ihre Technik vollendet; ihr Spiel vielleicht nicht so großartig, aber einheitlich und durchdacht, ihre Erscheinung höchst anmutig und weiblich. Mit den schwedischen Volksliedern, die sie in einem*

Konzert und bei den Genasts vortrug, errang sie aller Herzen. In dieser Gesellschaft war auch der Dichter Andersen zugegen und las einige seiner Märchen vor." (5)

Jenny Lind steht nicht nur mehrmals auf der Bühne des **Weimarer Hoftheaters,** sondern ist auch bei dem seit 1844 bestehenden „Ettersburger Kreis" zu Gast, dem von der Erbherzogin Sophie (siehe dort) und dem Erbherzog Carl Alexander initiierten Kunst- und Literatur-Salon auf dem nahe Weimar gelegenen Ettersburger Schloß. Einer der ersten und treuesten auswärtigen Gäste dieses Kreises kommt gleichfalls aus dem skandinavischen Kulturkreis, der schon erwähnte dänische Dichter Hans-Christian Andersen. Wie die Literaturwissenschaftlerin Angelika Pöthe den Tagebüchern des Märchendichters entnommen hat, muß Jenny Lind im intimen Gespräch der zwei eng miteinander befreundeten Männer eine Sonderrolle als weibliches *„Medium für die Gefühle beider"* (6) gespielt haben – wohl als eine Art überzeitliches Symbol der Jugend, der Schönheit und künstlerischen Vollkommenheit, das Raum gewährt für die erotischen Schwingungen zwischen einem jungen *„schönen Prinzen ..."* und einem älteren *„... häßlichen Dichter"* (7). Außerdem hat es eine Reihe persönlicher Begegnungen zwischen Jenny Lind und Hans-Christian Andersen in Weimar gegeben.

Zwischen den großen Sängerinnen auf der Musiktheaterbühne des nachklassischen Weimar, den einheimischen wie den auswärtigen, bestehen einige auf den ersten Blick nicht sichtbare Verbindungslinien. So ist Jenny Linds großer Pariser Lehrer Manuel Garcia der Bruder der weltberühmten Sängerin, Komponistin und Gesanglehrerin Pauline Viardot-Garcia (siehe dort), die in den 50er Jahren selbst häufig in Weimar gastiert. Bei Manuel Garcia nimmt außerdem im Sommer 1850 – diesmal ist es in London – der später so hochverdiente Weimarer Wagner-Sänger Feodor von Milde Unterricht, inzwischen verehelicht mit der später ebenso bedeutenden Wagner-Sängerin Rosa Agthe; und deren großes Vorbild war schon während ihrer Weimarer Studienzeit: Jenny Lind. (Natalie von Milde: *„Die technische, stimmliche und seelische Reinheit der großen Künstlerin auch zu erreichen, dahin zielte das Streben der Weimarer Novize."* (8)) Pauline Viardot-Garcia wiederum gibt nicht nur häufiger Gastspiele am Weimarer Musiktheater, sondern ist ebenso auch im Liszt-Kreis auf der Altenburg und als Besucherin musikalisch-literarischer Gesellschaften anzutreffen, so z. B. bei den Familien von Schorn, von Milde und Genast. In der nächsten Generation wird dann Emilie Merian-Genast (siehe dort), die Tochter von Eduard Genast, erfolgreich als Sängerin auf der Weimarer Musiktheater-Bühne stehen und in ihren eigenen Salon einladen. In deren Vaters Haus findet sich Jenny Lind als Gastkünstlerin im Jahr 1846 erstmalig ein. Das Zusammentreffen all dieser Verbindungslinien besagt auch: Weimar ist in jenen Jahren in Bewegung, hat – bei allem steten Gerangel mit seinen philiströsen Seiten – Anteil am großen künstlerischen Aufbruch in Europa, ja, setzt dafür entscheidende, vorwärtsweisende Akzente. Bühnenarbeit und Salongeselligkeit spiegeln einen bemerkenswert kosmopolitischen Geist im Überschreiten der Grenzen zwischen Nationen, Sprachen, Ständen, Geschlechtern, Kunstgenres und auch der Grenzen fachspezifischen Konkurrierens. Es wird von- und miteinander gelernt, gearbeitet, gefeiert, es wird Kunst gemacht, vermittelt und selbst genossen. Ein beliebter Ort künstlerisch-geselliger Begegnung ist in jenen Jahren auch das Kirms-Krackow-Haus (siehe Artikel über Charlotte Krackow), Jenny Lind ist dort mehrfach zu Gast. An einer Wand im Musikzimmer des Hauses hängt noch heute eine bekannte bildnerische Darstellung der schwedischen Meistersängerin – zur Erinnerung an eine der berühmtesten auswärtigen Besucherinnen der Weimarer Nachklassik. um

Abb. S. 144 Jenny Lind, Stich nach einem Gemälde von Eduard Magnus (Ausschnitt), undatiert

Abb. S. 145 Opernsängerin Jenny Lind bei einem Konzert in London (1847), ohne Bildnachweis in: Chronik der Frauen, Dortmund 1992, S. 348

(1) Hugo Riemann, zitiert in einem Artikel über Jenny Lind in: Lexikon der Frau, hrsg. von Encyclicos Verlag, Zürich 1954, S. 430
(2) Eduard Genast, Aus Weimars klassischer und nachklassischer Zeit, Stuttgart, 3. Aufl. o. J., S. 283
(3) Lexikon der Frau, a.a.O., S. 430
(4) Eduard Genast, Aus Weimars klassischer und nachklassischer Zeit, a.a.O., S. 283
(5) Adelheid von Schorn, Das nachklassische Weimar, Erster Teil, Weimar 1911, S. 252
(6) Angelika Pöthe, Carl Alexander, Mäzen in Weimars „Silberner Zeit", Köln-Weimar-Wien 1998, S. 75
(7) Angelika Pöthe, Carl Alexander, a.a.O., S. 76
(8) Natalie von Milde, Briefe in Poesie und Prosa von Peter Cornelius an Feodor und Rosa von Milde, Weimar 1901, S. 9

HELENE von NOSTITZ (1878–1944)

Die Schriftstellerin Helene von Nostitz hat nur zwei Jahre, von 1908 bis 1910, in Weimar gelebt, doch schuf sie in dieser Zeit in ihrem Haus in der **Tiefurter Allee 4** *„(...) einen Mittelpunkt für Literatur, Bildende Kunst und Schauspiel."* (1) In ihrem 1924 im Inselverlag Leipzig erschienenen, von der Cranach-Presse in Weimar gedruckten essayistischen Werk „Aus dem alten Europa" finden sich außerdem mehrere eindrucksvolle Beschreibungen zu Atmosphäre und Lebensgefühl der Weimarer Kunstszene dieser Jahre rund um den Kreis des „Neuen Weimar". *„Angesichts der schroffen Übergänge und der bunten Gegensätze unserer merkwürdigen, zerrissenen und doch in neuer Wiedergeburt bebenden Zeit entsprang mir die Notwendigkeit einer Bestätigung und des Wacherhaltens eines schon vergangenen Denkens und Stiles in seinen für mich belangvollsten Äusserungen"* (2), so erläutert die Autorin in der Einleitung ihre Schreibmotivation und ihren Standort. Und in der Tat: das Zusammentreffen von alter und neuer Welt, dem Hochadel des ausgehenden 19. Jahrhunderts und dem kulturellen Aufbruch zu Beginn des 20. Jahrhunderts, charakterisiert sowohl den Beziehungskontext als auch den Reflexionshorizont und den historischen Standort der Autorin. Nicht zuletzt auf der Grundlage dieser ‚Mischung' entwickelt sie einen besonders sensiblen Sinn für die aktuelle Verfaßtheit Weimars zwischen dem poetischen Charme allgegenwärtiger Kulturgeschichte, der Gefahr der Erstarrung in epigonaler Klassikseligkeit und neuen avantgardistischen Ideenbewegungen in der Kunst.

So heißt es in dem Essay „Haus Hohe Pappeln“: *„Eine eigene Verwandtschaft liegt zwischen den Bauten aus Goethes Zeit und van de Veldes in den breiten schweren Dächern und dem organisch aus der Erde Gewachsenen. Etwas von dieser Weltluft, die bei aller Bescheidenheit Goethe und die Fürsten seiner Zeit umgab und Weimar diesen Zauber verleiht, der die dumpfe Enge der Kleinstadt nie aufkommen läßt, weht auch in den Bauten, die van de Velde geschaffen hat. So wanderte man am Abend immer neubeglückt durch die schönen Alleen von einem Freundeskreis zum anderen (…). Jedes Haus war in seiner Art ganz verschieden.“* (3)

Helene von Nostitz stammt aus der Welt des alten Adels. Ihr Geburtsname lautet: Helene von Beneckendorff und von Hindenburg. Die Mutter, Sophie von Hindenburg, ist eine geborene Gräfin Sophie zu Münster, der Vater Generalmajor Conrad von Beneckendorff und von Hindenburg und der Großvater mütterlicherseits, Fürst Münster von Derneburg, der deutsche Botschafter in Paris und London. Die Frau, die mit Fürst Münster in erster Ehe verheiratet war, eine geborene Prinzessin Galitzin, stammt aus Rußland. Helene wächst also nicht nur unter großzügigen materiellen Bedingungen, sondern auch in vielfältiger kultureller Tradition auf und zugleich in einem Klima, das ihren musischen Neigungen förderlich ist. Im Klavierspiel und dann auch in der Aquarellmalerei bringt sie es zu Leistungen, die den Rahmen des für junge Damen ihrer Kreise üblichen begabten ‚Dillettierens‘ weit überschreiten, auch wenn sie von ihrem Können später niemals unmittelbar beruflich Gebrauch machen wird. Die Ausbildung ihrer intellektuellen Qualitäten hingegen leidet darunter, daß dieser Lernbereich in der traditionellen Bildung für höhere Töchter noch immer zu kurz kommt. Die junge Frau lebt *„(…) in der Hindenburgschen Villa in Berlin, in der deutschen Botschaft in Paris und auf den Landsitzen der Familie ihrer Mutter …“*. (4)

Die künstlerisch sehr interessierte Mutter unternimmt mit ihr Reisen nach Rußland, England, Italien und Frankreich. Im Jahr 1900 hält sie sich länger in Paris auf und lernt – in einem Pavillon der Weltausstellung – Auguste Rodin kennen, der sie und ihre Mutter in den Jahren 1902 und 1903 auf deren italienischem Landsitz bei Livorno am Mittelmeer besucht und sie im Jahr 1907 in Paris porträtiert. Im Oktober 1904 heiratet sie dann den späteren Diplomaten Alfred von Nostitz-Wallwitz (1870–1953). Ihr Mann gehört zu diesem Zeitpunkt noch dem sächsischen Staatsdienst an, steht aber bereits mit bedeutenden VertreterInnen der Avantgarde, wie z. B. mit Harry Graf Kessler, in Kontakt, so daß beiden Ehepartnern gemeinsam ein vielfältiges Netz an künstlerischen Bezügen offensteht. Im Verlaufe ihrer Ehe bringt Helene von Nostitz fünf Kinder zur Welt, von denen jedoch zwei schon früh sterben. Zwischen 1904 und 1918 lebt sie, in Abhängigkeit vom beruflichen Standort ihres Mannes, mit ihrer Familie in Dresden, Weimar, Auerbach im Vogtland, Leipzig und Wien, mit Beginn der 20er Jahre läßt sie sich dann endgültig in Berlin nieder.

Helene von Nostitz gehört zu den geistreichen, weltläufigen und wohlhabenden Aristokratinnen des aufbrechenden 20. Jahrhunderts, die – selbst vielseitig begabt – epochemachenden Persönlichkeiten des kulturellen Lebens ihrer Zeit als Gesprächspartnerin einen Spiegel bieten für deren künstlerisches Wollen und Schaffen und uns Heutigen dadurch, zum Beispiel in Gestalt von Briefen, wertvolle Zeitzeugnisse überliefert haben. Ihre bevorzugten literarisch-künstlerischen Gesprächspartner sind, anders als zum Beispiel bei ihrer Weimarer Vorgängerin Adelheid von Schorn (siehe dort) vorzugsweise Männer. Künstlern wie Auguste Rodin, Hugo von Hofmannsthal, Rainer Maria Rilke, Ernst Hardt und Richard Dehmel offeriert sie in ihren Essays, im brieflichen Dialog oder im Salongespräch ein Gegenüber, das zwar in traditioneller weiblicher Positionierung anerkennt und bewundert, das aber nicht als Muse in den Höhen und Tiefen erotischer Annäherung oder uferloser Verehrung verschwindet, sondern das selbst – als eigenständiges Ich – wissend und kunstsinnig in Erscheinung tritt. Helene von Nostitz spricht in ihren Werken auch über ihre eigenen Empfindungen, häufig und gern in Verbindung mit erzählerischen Porträts, Kunstbetrachtungen, Naturerlebnissen, kulturhistorischen Stimmungsbildern. Das geschieht jedoch nicht tatsächlich als persönliche Äußerung, sondern mit Hilfe eines Kunstgriffes. Dieser soll hier wenigstens kurz erläutert werden, weil er von einer größeren Gruppe schreibender intellektueller – meist adliger – Frauen zu Beginn des 20. Jahrhunderts angewandt worden ist und einen eigenen zeittypischen Stil ausgeprägt hat, der auch in Weimar seine Bedeutung hatte und immer noch hat. Im Sprachgestus bescheiden-sensibler Aufmerksamkeit und in der Beschwörung wortlos ‚mitschwingenden' Verständnisses bietet das weibliche Ich dem jeweils im Mittelpunkt stehenden Künstler (und all denen, die sich mit diesem identifizieren) einen ‚zum Unendlichen hin offenen' Vertrauensraum an, durch welchen es selbst, dem Künstler in gebührendem Abstand folgend, auf einer überpersönliche Ebene in die Welt imaginierter gemeinsamer Kunstideale mithinaustreten kann. Entsprechend erscheint das weibliche Ich fast immer schon als ein ‚vom Alltag gereinigtes', in ideale Kunstsphären aufgestiegenes. In dem Maße, wie die Autorin Helene von Nostitz ihr weibliches Ich beispielsweise den Bildhauer Rodin zum gottnahen schöpferischen Genie verklären läßt, inszeniert sie es – und damit vermutlich zugleich sich selbst – im Bezug zu diesem Genie, und zwar in einer Idealposition als das ‚zum tiefen, inspirierenden Mitempfinden', ‚hingebungsvollen Lieben und Leiden' bestimmte weibliche Geschöpf per excellénce. Wenn die Hingabe nur auf der Ebene einer ideellen künstlerischen Begegnung stattfindet wie bei Helene von Nostitz, sichert das immerhin, durch den Erhalt des Idealszustandes und damit des Äußerungsraumes, das Überleben des eigenen Mythos ebenso wie der realen fern-nahen Beziehung. (Helene von Nostitz' BriefpartnerInnenschaft mit Rilke hat eine entsprechend solide Lebensdauer.) Welcher männliche Künstler aber nun vermag einem derartig einladenden Selbstdarstellungsangebot zu widerstehen? In ihrem Essay „Rodin" schreibt Helene von Nostitz: *„Warum bedeutet das tiefere Begreifen einer anderen Seele unbeschreibliches Weh? Nur das Weltall um uns, der Gang der Gestirne lässt diese qualvolle Erkenntnis erdulden und auflösen. Und Rodin stand mitten im Weltall, wie er selbst oft sagte: (...). Der Donnergang der Gestirne umkreiste ihn und machte jede seiner Bewegungen in Wort und Werk zu einer Symphonie gewaltigster Art. (...) eines Tages las ich ihm in der Übersetzung ‚Faust', den er noch nie gehört hatte. Man sah geradezu greifbar die Begegnung dieser beiden ausserordentlichen Menschen Goethe und Rodin. Rodins Haupt reckte sich, er spürte die Nähe des Genius, Gretchens Gestalt ergriff ihn mit zerreißender Gewalt."* (5) Vor solchen Größenordnungen muß Gretchens – oder auch Helene von Nostitz' – tatsächlich gelebter Lebensalltag als Frau zur unwesentlichen Banalität schrumpfen. Und in der Tat: selbst im (der Öffentlichkeit zugänglichen) Briefwerk der Schriftstellerin, wie zum

Beispiel dem erwähnten Briefwechsel mit Rilke, ist kein Platz für gelebte Tagtäglichkeiten – immerhin hat die Briefschreiberin ‚so nebenher' auch noch fünf Kinder geboren und großgezogen. Über persönliche Krisen, Konflikte oder auch den konkreten politischen Alltag wird so gut wie nicht gesprochen. Auf der anderen Seite erscheint die Autorin, und das ist vielleicht ihr eigentliches Manko, auch noch nicht wirklich als gleichwertige Denkerin oder Künstlerin.

Helene von Nostitz' gedankliches und sprachliches Verfahren erinnert in gewissen Zügen an das der Caroline von Wolzogen (siehe Heft 1 Stadtrundgänge WEIMAR WEIBLICH), und auch die Zugänglichkeit zu den Texten beider Autorinnen ist vergleichbar schwierig. Manche stilistische Wendung, die im Zeichen hoher künstlerischer Empfindsamkeit steht, manch entsagungsvoller Seufzer, wirkt auf uns heute eher gekünstelt als poetisch. Daß Helene von Nostitz' Sprache zum Teil ins Klischeehafte abgleitet, ist einer zusätzlichen modischen Arabeskenhaftigkeit, einer Art literarisierendem Jugendstil geschuldet. (*„So werde ich sie immer sehen, unter diesen breiten Bäumen mit der Träne im Auge, den Rosen in der Hand, wie ein Denkmal zwischen den Jahrhunderten stehend."* (6)) Ihre

Stärke sind Beschreibungen von Künstlerräumen, die selbst wie frühimpressionistische Gemälde wirken, so zum Beispiel diejenige von van de Veldes „Haus Hohe Pappeln“: *„In dem runden Raum, aus dem eine weiße Treppe aufwärtsführt, steht ein schwarzer Flügel und daneben eine schwarze Lampe. In der Mitte mattrosa Sofas. Auf dem Boden liegt ein Teppich, der die Farben des Sonnenuntergang widerspiegelt. In dem Schreibzimmer, das niedrig und halbdunkel zur Konzentration einladet und wo die nervige Büste van de Veldes von Kolbe steht, leuchten bunte exotische Schmetterlinge aus Glaskästen, sonst sind nur noch die Bücher farbig – keine Gemälde an den Wänden. Dabei schaut aber die Landschaft, schauen die Bäume ringsum, in neuer Gestalt hinein und werden durch die Umrahmungen der Fenster in den Rhythmus eines Bildes gezwungen. Am stärksten äußert sich dieses im Eßzimmer, wo die etwas gleichgültigen Thüringer Hügel dadurch die Wichtigkeit eines japanischen Holzschnittes bekommen.“* (7)

Im Frühjahr 1905 kommt Helene von Nostitz zum ersten Mal zu einem Besuch nach Weimar. Die jungen Eheleute sind einer Einladung ihres gemeinsamen Freundes Harry Graf Kessler gefolgt. Er ist zu dieser Zeit Direktor des Weimarer Kunstmuseums und darum bemüht, *„(…) die Stadt Goethes wieder zu einem kulturellen Brennpunkt zu machen“* (8). Anlaß des Weimarer Treffens ist ein Vortrag, den Hugo von Hofmannsthal in der Shakespeare-Gesellschaft hält. In dieser Zeit entwickelt sich die Freundschaft zwischen Helene von Nostitz und Hugo von Hofmannsthal, die durch den Besuch des Schriftstellers beim Ehepaar von Nostitz in Dresden ein Jahr später noch vertieft wird. Rilke wird dann vermutlich durch Kessler und Hofmannsthal auf Helene von Nostitz aufmerksam gemacht. Die erste persönliche Begegnung zwischen Helene von Nostitz und Rainer Maria Rilke findet im Januar 1910 in Jena statt, als dieser aus seinem neuen Werk vorliest, den „Aufzeichnungen des Malte Laurids Brigge“. Auch mit dem Dichter Richard Dehmel gibt es im Rahmen dieser Lesung das erste Zusammentreffen. Mit beiden folgen weitere Treffen in Weimar. Zu den wenigen Frauen in Weimar, auf die Helene von Nostitz ausführlicher literarisch Bezug nimmt, gehört Elisabeth Förster-Nietzsche (siehe dort). In dem Essay

„Cranachstraße" heißt es: *„Auch die Schwester Nietzsches kam öfter abends aus dem Nietzsche-Archiv (…) hinunter. Ihr im Alter noch kindliches Gesicht, von kleinen Locken umrahmt, war voller Bereitschaft, mitzufühlen, mitzuschwingen, soweit in ihrem Gefühl die Welt ihres Bruders berücksichtigt wurde, die für sie die Welt war und blieb, der sich alles unterordnen mußte. In diesem Fanatismus lag Grösse und Einheit, die immer befruchtend auf das Gespräch wirkte."* (9) Wenn sie in dem Essay „Nietzsche-Archiv" noch einmal hervorhebt: *„Die tief liebevolle Schwester läßt die Persönlichkeit ihres grossen Bruders (…) greifbar vor uns erstehen, …"* (10), steht sie mit ihrer verharmlosenden Sicht unter berühmten ZeitgenossInnen nicht allein.

Nachdem Helene von Nostitz Weimar wieder verlassen hat, widmet sie sich vor allem ab 1818 in Berlin wieder der Salonkultur. In einer Dachgeschoßwohnung am Nollendorfplatz führt sie *„(…) einen der letzten Salons in der Tradition der romantischen Geselligkeit."* (11) Bekannte Künstlerinnen und Künstler, Wissenschaftler und Diplomaten sind bei ihr zu Gast, wie Annette Kolb, Albert Einstein, Theodor Däubler und Ernst Toller. Außerdem hält sie Vorträge und wendet sich größeren schriftstellerischen Projekten zu, zum einen ihrer Sammlung „Aus dem alten Europa", zum anderen ihrem Erinnerungsbuch „Rodin in Gesprächen und Briefen", das sie im Jahr 1927 veröffentlicht. In den USA, wohin sie zwei längere Vortragsreisen unternimmt, erscheinen eine Hindenburg-Monographie sowie eine Ausabe der Rodin-Gespräche in englischer Sprache. Zu ihrem literarischen Werk gehören außerdem Essays und Bücher über die Stadtgeschichte von Dresden, Berlin und Potsdam. Helene von Nostitz spielt in den 20er und 30er Jahren *„eine maßgebliche Rolle im gesellschaftlichen und literarischen Leben der Stadt …"*, u. a. als *„Präsidentin des PEN-Clubs Berlin und Vorstandsmitglied des Lyceumclubs."* (12) Ihr Privatleben ist von mehreren Lebenskrisen überschattet. Im Sommer 1944 stirbt sie nach schwerer Krankheit in Bassenheim bei Koblenz. Das Grab von Helene von Nostitz befindet sich im Schloßpark von Koblenz. um

---

Abb. S. 148 Fotografie (Ausschnitt) ohne Bildnachweis und ohne Jahr in: Oswald von Nostitz (Hrsg.), Rainer Maria Rilke – Helene von Nostitz, Briefwechsel, Frankfurt am Main 1976
Abb. S. 151 Auguste Rodin, Büste der Helene von Nostitz, Glaspaste, zwischen 1902 und 1907, Musée Rodin Paris
Abb. S. 152 Tiefurter Allee 2, Fotos von Ulrike Müller, 1999

(1) Gitta Günter, Wolfram Huschke, Walter Steiner (Hrsg.), Weimar, Lexikon zur Stadtgeschichte, Weimar 1993, S. 335
(2) Helene von Nostitz, Aus dem alten Europa, Berlin 1924, S. 6
(3) Ebenda, S. 144
(4) Vgl. Petra Budke, Jutta Schulze, Schriftstellerinnen in Berlin 1871 bis 1945, ein Lexikon zu Leben und Werk, Reihe: Der andere Blick, Frauenstudien in Wissenschaft und Kunst, Berlin 1995, Artikel über Helene von Nostitz, S. 274/75
(5) Helene von Nostitz, Aus dem Alten Europa, a.a.O., S. 156, 158 f
(6) Ebenda, S. 155
(7) Ebenda, S. 142
(8) Oswald von Nostitz (Hrsg.), Rainer Maria Rilke/Helene von Nostitz/Briefwechsel, Frankfurt 1976, S. 9
(9) Ebenda, S. 136
(10) Ebenda, S. 153
(11) Petra Budke, Jutta Schulze (Hrsg.): Schriftstellerinnen in Berlin 1871 bis 1945, a.a. O., S. 275
(12) Ebenda

Verzeichnis der Straßen und Plätze, die nach Weimarer Frauenpersönlichkeiten in der Zeit zwischen Nachklassik und Aufbruch in die Moderne benannt sind:

Bettina-von-Arnim-Straße

1946 benannt nach der Schriftstellerin Bettina von Arnim (1785–1859)

Carolinenpromenade

Wanderweg von Weimar nach Tiefurt (am rechten Ilmufer entlang), 1918 (bis 1946) und erneut 1991 benannt nach der Großherzogin Caroline von Sachsen-Weimar-Eisenach (1884–1905)

Marienstraße

1841 benannt nach der russischen Großfürstin und Großherzogin von Sachsen-Weimar-Eisenach, Maria Pawlowna (1786–1859)

Maria-Pawlowna-Promenadenweg

Wanderweg von Schloß Tiefurt zum Schloß Kromsdorf, 1999 eingeweiht, benannt nach der russischen Großfürstin und Großherzogin von Sachsen-Weimar-Eisenach, Maria Pawlowna (1786–1859)

Rießnerstraße

1910 benannt nach der Wohltäterin Weimars, Amalie Henriette Rießner (1774–1849)

Sophienstiftsplatz

1896 benannt nach dem von Großherzogin Sophie von Sachsen-Weimar-Eisenach (1824–1897) zwischen 1875 und 1878 auf diesem Platz errichteten Sophienstift, dem Neubau für die 1854 von ihr gegründete Schule für „Töchter höherer Stände"

Außerdem gab es:

Kaiserin-Augusta-Straße

1890 benannt nach der deutschen Kaiserin Augusta (1811–1890), 1937 umbenannt, heute: Steubenstraße

Paulinenstraße

benannt nach der Erbgroßherzogin Pauline von Sachsen-Weimar-Eisenach (1852–1904), seit 1946 Schopenhauerstraße, benannt nach Johanna Schopenhauer (1766–1838)

Sophienstraße

1878 benannt nach der Großherzogin Sophie von Sachsen-Weimar-Eisenach (1824–1897), 1938 und 1946 umbenannt, heute: Carl-August-Allee

VERWENDETE LITERATUR (Auswahl)

Arnim, Bettina von, Lieder und Duette, herausgegeben und kommentiert von Renate Moering, Kassel 1996

Budke, Petra, Schulze, Jutta, Schriftstellerinnen in Berlin 1871–1945, ein Lexikon zu Leben und Werk; Reihe: Der andere Blick, Frauenstudien in Wissenschaft und Kunst, Berlin 1995

Deetjen, Werner, Auf Höhen Ettersburgs, Weimar 1924; Wiederauflage als 1. Heft der Reihe Ettersburger Hefte, Weimar 1993

Genast, Eduard, Aus Weimars klassischer und nachklassischer Zeit, Erinnerungen eines alten Schauspielers, neu hrsg. und eingeleitet von Robert Kohlrausch, Stuttgart, 3. Auflage o. J.

Gerhard, Ute, Unerhört – Die Geschichte der Frauenbewegung, Hamburg 1990

Großherzog Carl Alexander und Fanny Lewald-Stahr in ihren Briefen 1848–1889, eingeleitet und hrsg. von Rudolf Göhler, Berlin 1932

Günther, Gitta, Huschke, Wolfram, Steiner, Walter (Hrsg.), Weimar, Lexikon zur Stadtgeschichte, Weimar 1993 (korrigierte Neuauflage 1998)

Hecker, Jutta, Die Altenburg, Weimar 1964

Milde, Natalie von (Hrsg.), Maria Pawlowna. Ein Gedenkblatt zum 9. November 1804, Hamburg 1904

Jena, Detlef, Maria Pawlowna, Großherzogin an Weimars Musenhof, Graz-Wien-Köln 1999

La Mara, Aus der Glanzzeit der Weimarer Altenburg, Leipzig 1906

Lewald, Fanny, Für und wider die Frauen, Neuauflage, hrsg. und eingeleitet von Ulrike Helmer, Frankfurt 1989,

Lexikon der Frau, hrsg. von Encyclicos Verlag, Zürich 1954

Milde, Franz von (Hrsg.), Ein ideales Künstlerpaar, Rosa und Feodor von Milde, ihre Kunst und ihre Zeit, Leipzig 1918

Milde, Natalie von (Hrsg.), Maria Pawlowna, Ein Gedenkblatt zum 9. November 1904, Hamburg 1904

Müller, Ulrike (Hrsg.), Frauenpersönlichkeiten der Weimarer Klassik, Stadtrundgänge WEIMAR WEIBLICH, Heft 1, Weimar 1998

Nostitz, Helene, Aus dem alten Europa, Berlin 1924

Olivier, Antje, Weingartz-Perschel, Karin, Komponistinnen von A bis Z, Düsseldorf 1988

Preller, Eine Künstlerjugend, Weimar 1930

Pataky, Sophie von (Hrsg.), Lexikon deutscher Frauen der Feder, Berlin 1898

Pöthe, Angelika, Carl Alexander, Mäzen in Weimars „Silberner Zeit", Köln-Weimar-Wien 1998

Pöthe, Angelika, Schloß Ettersburg, Weimarer Geselligkeit und kulturelles Leben im 19. Jh., Köln-Weimar-Wien 1995

Putkammer, Wanda von, Der Hof von Weimar, Berlin 1932

Schorn, Adelheid von, Das nachklassische Weimar, Erster Teil: Unter der Regierungszeit Karl Friedrichs und Maria Paulownas, Weimar 1911; Zweiter Teil: Unter der Regierungszeit von Karl-Alexander und Sophie, Weimar 1912

Schorn, Adelheid, Zwei Menschenalter, Erinnerungen und Briefe, Berlin 1901

Wagner, Rainer, Günther, Gitta, Weimar - Straßen-, Platz- und Flurnamen, damals und heute, Jena 1996

Weber, Christiane, Villen in Weimar, Bände 1/2/3, Arnstadt und Weimar 1996/97 u. 99

REGISTER DER FRAUENPERSÖNLICHKEITEN (Auswahl)

BILDNACHWEIS

Stiftung Weimarer Klassik

Herzogin-Anna-Amalia-Bibliothek: 11, 32, 49

Goethe- und Schiller-Archiv: 45, 52, 53, 62, 123

Goethe-Nationalmuseum: 24, 25, 26, 37, 42, 43, 106, 118, 119, 120, 128

Kirms-Krackow-Haus 35, 47, 81, 144, 145

Sonstige: 30, 62, 63, 64, 65, 75, 92, 93, 127, 129

Stadtmuseum Weimar: 75, 82, 86, 89, 90, 91, 96, 97, 98, 99

Archiv der Kulturinitiative WEIMAR WEIBLICH: 6, 23, 28, 36, 44, 48, 51, 56, 78, 102, 104, 109, 112, 116, 117, 135, 152

Archiv des Sophienhauses Weimar: 58, 59, 60, 61

Archiv Foto Renno (Fotoatelier Held): 84, 87

AUTORINNEN

Unter den Artikeln ist der Name der jeweiligen Autorin mit einem Kürzel vermerkt:

Renate Ragwitz	rr
Ulrike Müller	um
Eva Schwarzenberger	es
Christa Schleevoigt	cs
Daniela Dumath	dd

DANKSAGUNG

An dieser Stelle danken die Frauen der Kulturinitiative WEIMAR WEIBLICH, insbesondere die Herausgeberin:

– der Landeszentrale für politische Bildung Thüringen und Eva Müller für die finanzielle Förderung und konstruktive Zusammenarbeit

– Dr. Birgit Bauer, Staatssekretärin und Frauenbeauftragte der Thüringer Landesregierung für die finanzielle und ideelle Unterstützung

– dem Unabhängigen Frauenverband, Bundesbüro Berlin, für die finanzielle Förderung von WEIMAR WEIBLICH

– den Mitarbeiterinnen der Fotothek der Stiftung Weimarer Klassik, der Anna-Amalia-Bibliothek, des Goethe- und Schiller-Archivs und des Stadtmuseums Weimar für die entgegenkommende Bereitstellung und Zuarbeit von Dokumenten und Büchern

– Daniela Dumath für ihren Gastartikel über Rosalie Falk

– dem Frauenzentrum Weimar e.V. für die Überlassung der Forschungsmaterialien zu Natalie von Milde

– dem Stadtchronisten Dr. Hubert Anft für die Möglichkeit der Einsichtnahme in einige seiner Vortragstexte über Weimarer Frauenpersönlichkeiten

– dem Stadtarchiv Weimar für die Bereitstellung von historischen Adreßbüchern

– Katharina Hertel für die kreative und aufwendige Gestaltung des Heftes

– Bettina Straube für ihre engagierte Mitarbeit bei Recherche und Redaktion

– Antje Finkenwirth für die Unterstützung bei der Endredaktion